Hermann Knoblauch

SchicksalsGewebe

Alles ist mit Allem verbunden

Hermann Knoblauch
SchicksalsGewebe – Alles ist mit Allem verbunden
32 theosophische Essays

Herausgegeben von Bärbel Ackermann
Cheflektorat: Bärbel Ackermann
Lektorat: Manola Märtens, Heidrun Bethge, Dietmar Hepper

1. Auflage 2024
ISBN 978-3-924849-90-0

Design, Satz, Umschlag: Matthias Winter
Druck: Libri Plureos GmbH, Friedensallee 273, 22763 Hamburg

Verlag Esoterische Philosophie GmbH, Hannover
www.Esoterische-Philosophie.de

Verlag
Esoterische Philosophie

Hermann Knoblauch

SchicksalsGewebe

Alles ist mit Allem verbunden

32 theosophische Essays

Herausgegeben von
Bärbel Ackermann

Dieses Buch ist

Hermann Knoblauch

gewidmet, einem Pionier des Geistes,
der zeitlebens nicht müde wurde,
seinen Teil für den Frieden
in der Welt zu leisten.

Bärbel Ackermann

Hermann Knoblauch
1908 – 2000

Nationaler Leiter (1964 – 2000) der Theosophischen Gesellschaft
Point Loma – Covina (Kalifornien), Deutschland,
in der Tradition der US-amerikanischen Gründungsgesellschaft

Inhalt

Vorwort 18
Bärbel Ackermann

Wissen hinter dem Wissen

Bewusstsein und Analogie in der Natur 21

Eine Reise in die Unendlichkeit 25

Theosophie als Chance 31

Schlüssel zum Aufbrechen verkrusteter Denkschablonen 39

Leben im Einklang mit der Natur –
Gedanken über Raum und Zeit 55

Isis Entschleiert und *Die Geheimlehre* – Historisches Erbe 69

In Harmonie mit dem Unendlichen 77

Tod, Wiedergeburt und Evolution des Menschen

Die siebenfältige Natur des Menschen –
das kosmische Bindeglied 93

Der Tod – ein Geheimnis? 103

Gibt es Beweise für die Wiedergeburt? 111

Der Mensch zwischen Geist und Materie 121

Der Ursprung des Menschen 125

Der Mensch im Kosmos – Ursprung und Ziel 135

Wissenschaft am Scheideweg – es gibt nichts Totes

Die Relativität von Raum, Zeit und Bewusstsein 143
Die technische und geistige Revolution unserer Zeit 147
Alles lebt – es gibt nichts Totes 167
Mikrokosmos und Makrokosmos 173
Schwingungen und Zyklen – Gesetze des Lebens 177
Die Urknall-Theorie – Der Big Bang: Anfang oder Ende? . . . 181
Wirklichkeit und Illusion 195
Der Prüfstein für Wahrheit: Universalität 201

Weisheit der Zeitalter

Die großen Weisen und ihre Lehren –
Teil 1: Woher hatten sie ihr Wissen? 209
Die großen Weisen und ihre Lehren –
Teil 2: Mysterienschulen und Avatâras 223
Gott, Götter oder unveränderliches Prinzip?
Teil 1: Der Ursprung der Götter 231
Gott, Götter oder unveränderliches Prinzip?
Teil 2: Das göttliche Prinzip 241
Mysterienschulen – Antworten auf die großen Lebensfragen . . 251
Weihnachten – die Zeit der Wintersonnenwende 259

Faszination Ägypten und Astrologie

Astrologie – Teil 1: Verloren gegangenes Wissen 265
Astrologie – Teil 2: Die Sterne zwingen nicht,
sie machen nur geneigt! 279
Ägypten – auf den Spuren des Unbekannten – Teil 1 295
Ägypten – auf den Spuren des Unbekannten – Teil 2 307
Das ägyptische Totenbuch – der Papyrus des Ani 319

Nachwort 341
Bärbel Ackermann

Anhang

Was sich in einem Leben alles getan hat 349
Das elektromagnetische Spektrum 351
Bildnachweis 352

Vorwort

Bärbel Ackermann

Liebe Leserin, lieber Leser,

wenn Sie dieses Buch aufschlagen, erwartet Sie ein einzigartiges Panorama unseres so vielschichtigen Lebens. Lassen Sie sich auf innere Welten des Bewusstseins ein, die in aller Wahrheit unser „Zuhause“ sind. In unruhigen Zeiten wie diesen brauchen wir eine verlässliche Zukunftsperspektive, die der Natur selbst zugrunde liegt, denn die Menschheit geht gegenwärtig durch eine der dunklen Perioden ihrer Geschichte.

Notwendiger denn je ist daher das Wissen um die Realität kausaler und ethischer Werte, die nicht nur den Menschen einbeziehen, sondern ebenso die gesamte Natur, von der wir untrennbare Teile sind. Der Materialismus unserer Zeit hat die Evolution des Geistes jedoch in einem Maße erschwert, dass wir heute oft die wahren Lebensgrundlagen nicht erkennen. Hinzu kommt, dass wir allzu leicht geneigt sind, nur das als wahr anzuerkennen, was uns unsere fünf Sinne vermitteln, obwohl die eigentliche Realität in den unsichtbaren Bereichen unseres Seins liegt.

Dieser Realität widmete sich Hermann Knoblauch zeit seines Lebens. Er entwirft das Panorama einer von Leben, Bewusstsein, Geist und Intelligenz geleiteten Evolution und entblößt den Absolutheitsanspruch einer einseitig ausgerichteten Sichtweise, die nur experimentell erforschbare Materie anerkennt. Denn diese einseitige, analytisch selektierende Betrachtungsweise verhindert bislang den Blick auf das kausale Beziehungsgeflecht, das das Irdische mit dem Kosmischen verbindet, das Innere mit dem Äußeren.

Viele der Vorträge und Seminare, die Hermann Knoblauch jahrzehntelang als nationaler Leiter der Theosophischen Gesellschaft Point Loma (Covina) hielt, sind in diesem Buch, zum Teil in Auszügen, veröffentlicht. Sie geben einzigartige, das wissenschaftliche Denken aufrüttelnde Impulse. Seine Aussagen sind weder spekulativ, noch fügen sie bestehenden Theorien neue hinzu. Sie gründen sich allein auf nachvollziehbare Gesetze der Natur, die unantastbar die Zeitalter hindurch existieren und auch in naher und ferner Zukunft nicht durch menschliches Zutun verändert werden können.

Wissenschaft am Scheideweg

Theosophie bedeutet, die Welt in ihrer *kausalen* Realität zu erkennen, einer Realität, die uns für die Zukunft offensteht. Doch diese Zukunft beginnt, wie Hermann Knoblauch immer wieder in aller Deutlichkeit betont, nicht in einem Jahr, nicht in drei Wochen, auch nicht morgen. Denn „Zukunft" resultiert aus dem „Heute", aus dem „Jetzt". Daher geht sein Ruf insbesondere auch an die Jugend. In seiner stets prägnanten Art macht er immer wieder bewusst, dass die Grundlagenforschung vielfach von falschen Axiomen ausgeht. Dies verhinderte bislang den Durchbruch zu einem humaneren Denken, zum Aufbrechen starrer und kristallisierter Gedankenformen.

Theosophie bedeutet auch, die Welt in ihren irdischen wie kosmischen Zusammenhängen zu erkennen. Hieraus ergibt sich ein Bild aus einer übergeordneten Warte, das erkennen lässt, welchen Platz der Mensch in dem großen Lebensdrama einnimmt. Sie bedeutet ebenso ein „Anders Denken" – mit anderen Worten, Dogmatismus und wissenschaftsgläubigem Denken eine auf ethischen Werten basierende Weltanschauung gegenüberzustellen.

Hypothesen und Theorien

Wie weit wir von einem über das Materielle hinausgehenden Hintergrunddenken entfernt sind, wird durch den heutigen Theorien- und Hypothesendschungel deutlich. Stets fordert Hermann Knoblauch zu einem Umdenken auf. Dies sei notwendig, wenn wir nicht schon in naher Zukunft Opfer einer leblosen, materialistisch geprägten Wissenschaft sein wollen. Denn obwohl die Natur eine Einheit bildet, gibt es unzählige einander widersprechende Theorien, die trotz ihrer konträren Aussagen jeweils als die Wahrheit postuliert werden. Viele Beispiele zeugen aufgrund neuer Erkenntnisse jedoch von einem Umdenken. So dringen auf dem Gebiet der Nanotechnologie Wissenschaftler in völlig neue Bereiche vor. In der Biologie werden laufend unbekannte Mikroorganismen entdeckt, Lebewesen in ihren eigenen, uns fremden Welten. Auch die Quantentheorie brachte das vorherige mechanistische Weltbild ins Wanken und bestätigt doch nur, dass es außerhalb unserer sichtbaren Materie andere Realitäten gibt, die wir gerade erst zu erforschen beginnen.

Die Urknalltheorie

Theosophie sprengt ebenso die Grenzen eingefahrener materialistisch-dogmatischer Denkschablonen. Ein schwerwiegendes Beispiel ist die Urknall-Hypothese. Hierzu macht Hermann Knoblauch unmissverständliche Aussagen. Er zeigt, wie Theorien und Hypothesen so lange zurechtgebogen werden, bis sie den Anschein der Richtigkeit erwecken, obwohl der Geist sich weigert, sie nachzuvollziehen. Ein Rätsel bleibt nach wie vor, wie aus dem Nichts oder aus einem winzigen Aggregat von Materie Welten und schließlich Lebewesen mit Geist und Intelligenz entstehen können, ohne Plan, ohne Geist und Intelligenz. Wie kann aus toter Materie Leben entstehen? Leben kann nur aus dem Leben selbst entstehen!

Darwinismus

Auch den unverständlicherweise immer noch populären Darwinismus, der in Bezug auf geistige Entwicklung mehr Schaden angerichtet hat, als allgemein erkannt wird, stellt er stets als das dar, was er ist: er beschreibt die reine Transformation der Formen, die mit geistiger Evolution nicht das Geringste zu tun hat. Damit setzte er Akzente, die in naher oder ferner Zukunft Anerkennung finden werden, da es für sie keine Alternative gibt. Man fragt sich, wie gesunder Menschenverstand in blinder Gefolgschaft jahrzehntelang der Natur seine mechanistischen Denkschablonen aufzwingen konnte. Doch der menschliche Geist lässt sich auf Dauer nicht vergewaltigen. So ist die Theosophie durch einen ihrer wichtigsten und mutigsten Interpreten Wegweiser in eine Zukunft, die, unbeirrt von menschlichen Schwächen, von Geist, Intelligenz und Bewusstsein gelenkt und geleitet wird.

Philosophie und Religion

Dass die Religionen und Philosophien einen gemeinsamen Ursprung haben und daher kosmischen Gesetzmäßigkeiten folgen, wird durch seine Ausführungen ebenfalls erkennbar. Die Lehren über Karman und Reinkarnation haben vor allem in den östlichen Religionen eine große Bedeutung und stoßen im Westen auf ein immer größeres Interesse. Auch die Kreuzigung Jesu, der Ruf am Kreuz und die Taufe finden sich übereinstimmend in Allegorie und bildlicher Darstellung in vielen Überlieferungen wieder. Ihre ursprüngliche Bedeutung erfährt so eine bisher kaum bekannte tiefere Darlegung.

Auf der Grundlage alter Überlieferungen legt Hermann Knoblauch überzeugend dar, dass jeder der großen Weisen, wie Gautama, der Buddha, Śankarâchârya in Indien, Lao-tse in China oder in anderen Ländern Jesus, Empedokles, Pythagoras oder Apollonios von Tyana, dieselben Prinzipien lehrte und die Aussagen daher in ihrer Essenz übereinstimmen.

Faszination Ägypten

Ägyptenliebhaber – und nicht nur sie – können sich freuen, denn Hermann Knoblauch geht auch auf die wenig bekannte tiefere Bedeutung der Tempel und Pyramiden Ägyptens ein. Erstaunlich ist, dass das Wissen der alten Ägypter heute noch so aktuell ist wie vor Tausenden von Jahren. Davon zeugen auch die Papyri, die die vor- und nachtodlichen Zustände des Menschen offenlegen und hier in kaum bekannter Weise erläutert werden. Tatsächlich gehen sie uns alle an, denn die geschilderten Vorgänge beruhen auf unveränderbaren Naturvorgängen.

Es gibt es also: das „Wissen hinter dem Wissen"! Hier schließt sich der Kreis vom „alten" Wissen zur „Unendlichkeit" – in der wir leben und unser ganz spezielles individuelles Dasein haben.

Alte Astrologie und interplanetarische Zusammenhänge

Das Himmelsgewölbe ist ein weiteres Thema, das seit jeher die Menschen fasziniert. Der Einfluss der zwölf Konstellationen des Zodiak oder Tierkreises auf unsere Erde, auf die verschiedenen Zeitalter und nicht zuletzt auf uns Menschen ist zeitloses, doch stets streng gehütetes Wissensgut. Obwohl Hermann Knoblauch bei einem der bekanntesten Astrologen Deutschlands studiert hat, geht es ihm nie darum, Horoskope zu erstellen und astrologische Deutungen vorzunehmen. Sein Anliegen ist vielmehr gemäß der alten Astrologie, die in früheren Zeiten die „Wissenschaft der Wissenschaften" war, interplanetarische Zusammenhänge aufzuzeigen. Auf ungeahnte Weise offenbart er seinen Lesern ihr Eingebundensein in das grenzenlose Universum, in die unermesslichen Räume, in denen wir die Äonen hindurch unsere Heimat haben.

Leben und Tod – das ewige Stirb und Werde

Aufgrund der tiefgehenden Ausführungen über den Tod und die nachtodlichen Bewusstseinszustände wird die unmittelbare Konsequenz unserer Gedanken und Handlungen für die Zukunft und damit auch für die nachtodlichen Zustände erkennbar: Immer werden wir exakt das ernten, was wir gesät haben. Das macht deutlich, in welchem Ausmaß wir unser Schicksal selbst bestimmen können. Hierin liegt nicht nur die einzige von Menschen nicht manipulierbare Gerechtigkeit, sondern auch unsere Hoffnung auf eine menschenwürdigere Zukunft. Daher: Theosophie als Chance!

Ethik – der Prüfstein für Wahrheit

Hermann Knoblauch weist auch immer wieder darauf hin, dass in allen Bereichen des menschlichen Zusammenlebens und in allen irdischen und kosmischen Zusammenhängen eine universale Ethik wirksam ist. Von dieser übergeordneten Ethik unterscheidet er die verschiedenen Moralsysteme: die von Menschen zusammengestellten zweckdienlichen Übereinkünfte, die nur einen begrenzten Gültigkeitsbereich haben. Ethik ist daher keine Moral. Er führt aus, dass es im gesamten Universum nichts Totes gibt, dass das Universum vielmehr aus Myriaden lebender Wesen der unterschiedlichsten Art, Ausdehnung und Evolution gebildet ist. Als Vordenker bringt er wieder in das öffentliche Bewusstsein, dass kein Mensch zu wahrem Wissen gelangen kann, wenn er diese übergeordneten Zusammenhänge, diese innere Verwandtschaft aller Wesenheiten nicht berücksichtigt, denn sie sind ein wirkungsvoller Prüfstein für Wahrheit.

Appell als Vermächtnis

In aufrüttelnden Appellen richtet sich Hermann Knoblauch an Wissenschaft und Forschung und auch an jeden Einzelnen von uns: Wir müssen uns wieder auf die inneren, eigentlichen Werte unseres Daseins besinnen, auf die tatsächlichen Realitäten, die ursächlich unser Leben bestimmen. Wir müssen davon abgehen, die Natur lediglich als einen aus toter, lebloser Materie bestehenden Mechanismus zu betrachten. Dieses fatale Denken ist die Grundlage für die eingefahrene, eingleisige materialistische Sackgasse, in der wir uns trotz vieler auch positiv zu wertender Errungenschaften der Wissenschaften befinden. Wir sollten umkehren, solange es noch Zeit ist. Umkehren und uns hinwenden zu einer von Leben, Geist und Bewusstsein beseelten Natur, in der es nichts Totes gibt, in der selbst die als tot erscheinenden Formen von Leben erfüllt sind.

Wenn wir uns diesen Erkenntnissen Schritt für Schritt nähern, öffnen sich ganz erstaunliche Einblicke in eine uns bisher verborgene Welt; sie lassen den tieferen Sinn des Lebens erkennen und geben neue Hoffnung.

Wenn Sie sich, liebe Leserin und lieber Leser, nun mit einer hoffnungsfrohen Erwartung dem einen oder anderen Thema zuwenden, werden Sie erstaunt sein und die Welt mit „anderen Augen“ sehen!

Bärbel Ackermann
Vorsitzende der Theosophischen Gesellschaft
Point Loma – Covina (USA), Deutschland,
– in der Tradition der US-amerikanischen Gründungsgesellschaft –

Hannover, Herbst 2024

Wissen hinter dem Wissen

Bewusstsein und Analogie in der Natur

Wir leben in einem wunderbaren Gewebe von Welten, von werdenden Welten, soweit sie sich uns in ihren physisch sichtbaren Teilen zum Ausdruck bringen. Doch was meinen wir mit „Natur", mit „Naturgesetzen"? Aus wissenschaftlicher Sicht sind Naturgesetze empirisch festgestellte Abläufe, bestimmte „Reaktionen" in unserer Umwelt. Diese Definition ist jedoch nur *ein* Schlüssel zum Verstehen der Lebensabläufe.

Wie sich feststellen lässt, arbeitet die Natur überall nach derselben Methode in Analogie, ob im Mikrokosmos oder im Makrokosmos, im Sonnensystem oder im Atom – alles verläuft nach dem Hermetischen Grundsatz: „Wie oben, so unten, wie unten, so oben."

Diese alten philosophisch-wissenschaftlichen Erkenntnisse finden in zunehmendem Maße Bestätigung durch die moderne Forschung. Je mehr sie studiert und analysiert werden, umso mehr nehmen sie aufgrund der subtilen Psychologie, ihrer oft faszinierenden intellektuellen Folgerichtigkeit und der Tiefe spirituellen Durchdringens die Vorstellungskraft gefangen. Zu diesen alten uns bekannten Denkern und Philosophen zählen besonders Platon und Pythagoras. Sie glaubten an ein auf unsichtbaren Ursachen aufgebautes, hervorgebrachtes

Universum, das durch die Qualitäten, Attribute und Kräfte funktioniert und wirkt, die aus jenen unsichtbaren Ursachen in die äußere, physische Manifestation hervorströmen. Durch den Schlüssel der Analogie können die „unsichtbaren Ursachen“ dem menschlichen Geist durchaus verständlich werden, nur das gewohnte „materielle“ Denken hindert uns, Analogieschlüsse in dieser Richtung zu ziehen.

Analogien zwischen Sonnensystem und Atom

Im Jahre 1913 entwickelte der dänische Physiker Niels Bohr eine außerordentlich interessante Auffassung vom physischen Atom. Sie nähert sich in gewissem Grade der Anschauung der Theosophie, auch wenn die Bohr'sche Theorie später modifiziert wurde. Bohr sagte, das physische Atom sei eine Art Sonnensystem en miniature, oder umgekehrt, jedes Sonnensystem ist ein kosmisches Atom. Der große Wert der Bohr‘schen Auffassung besteht darin, dass sie analog ist, sie folgt dem Muster, das durch andere und größere Strukturen und Prozesse der Natur gegeben ist. Wie die Natur an einer Stelle arbeitet, das wiederholt sie mit Notwendigkeit an anderen Stellen. Sie folgt einem fundamentalen Gesetz, einem fundamentalen Aktionsablauf, der überall wirksam ist.

Die Verbindung analoger Schlussfolgerung mit der wissenschaftlichen Erkenntnis, dass die Substanz der Materie essenziell Kraft ist, macht das Bohr'sche Atommodell so anziehend, zumindest in seinem allgemeinen Umriss, denn mit dem Schlüssel der Analogie kann „Bewusstsein“ und damit der Aufbau der Natur in einigen Teilen verstanden werden.

Die wesentlichen Vorstellungen scheinen in fast allen modernen Theorien über die atomare Struktur mehr oder weniger die gleichen zu sein. Ihnen zufolge ist das Atom hauptsächlich aus leeren Räumen aufgebaut, und die Partikel der Substanz, die es enthält, kann man als „Elektrizität“ bezeichnen, die aus ihren „positiven“ und „negativen“ Qualitäten oder Teilen mannigfaltig zusammengesetzt ist. Oder anders gesagt: Unsere Welt besteht aus Hohlräumen, in denen sich elektrische Partikel in bestimmten Bahnen bewegen. Theosophie erklärt, dass diese physisch feststellbaren Hohlräume von Wesenheiten ätherischer Art angefüllt sind. Es gibt keine Leere, sondern nur eine unendliche Fülle. So lässt sich ein ewiges, praktisch unfassbares „Leben" erahnen.

Da alles schwingt und jedes Atom und jedes Elementarteilchen gemäß der Theosophie einen essenziellen Kern enthält, gibt es nichts Totes, keine toten Körper, alles ist von ungeheurem Leben erfüllt. So hat jedes Lebewesen individuelles Bewusstsein, das in menschliches, tierisches, pflanzliches und mineralisches Bewusstsein unterschieden werden kann.

Bewusstsein ist fundamental

Max Planck antwortete auf die Frage: „Glauben Sie, dass Bewusstsein auf der Basis von Materie und ihren Gesetzen erklärt werden kann?" „Nein, ich halte Bewusstsein für fundamental. Ich betrachte die Materie als vom Bewusstsein abgeleitet. Wir können nicht hinter das Bewusstsein dringen. Alles, worüber wir sprechen, alles, was wir für existent halten, setzt Bewusstsein voraus."* Edison, einer der größten Erfinder (er war Mitglied der Theosophischen Gesellschaft), sagte in Bezug auf Atome: „Ich glaube, dass Atome im gewissen Maße im Besitz von Intelligenz sind."

Thomas Alva Edison (1847 – 1931) wurde 1878 Mitglied der Theosophischen Gesellschaft

* „Interviews with great Scientists", in: *The Observer,* 25. Januar 1931.

So lassen die Erkenntnisse, beispielgebend von Planck und Edison, und das Wissen der Theosophie sowie moderne Forschung die Schlussfolgerung zu, dass Raum und Zeit Offenbarungs-Möglichkeiten von und für Bewusstseinseinheiten sind. Die Analogie ist einer der Schlüssel zum Verstehen unserer selbst sowie der Welt. Die Welt verstehen heißt, sich selbst zu verstehen. Darum lautet die Aufforderung aller Weltlehrer: Geht nach „innen“, wende Deinen Blick nach „innen“. „Wahrheit erkennen heißt, sich selbst zu erkennen.“

»Als Raumfahrer ungeahnten Ausmaßes durchqueren wir das All mit Geschwindigkeiten, die wir uns nicht mehr vorzustellen in der Lage sind. Und doch fühlen wir uns sicher auf unserem Raumschiff Erde.«

Eine Reise in die Unendlichkeit

Angesichts der Unendlichkeit des Weltalls und der Winzigkeit unserer Erde stellt sich die Frage: Wo sind die Grenzen menschlichen Forschens und Bewusstseins? In diesem Vortragsauszug wird deutlich, dass unser Bewusstsein nicht an physikalische Gesetze gebunden ist. Der Kern unseres Bewusstseins ist vielmehr grenzenlos, unsterblich und daher sind wir essenziell unsterblich. Die Unendlichkeit ist unser Zuhause.

Alles im Weltall folgt der Analogie: „Wie oben, so unten", und da wir Menschen sind, unsere Umwelt also vom menschlichen Bewusstsein ausgehend betrachten, wähnen wir uns in der Mitte zwischen Mikrokosmos und Makrokosmos. Dies führte zu dem geozentrischen Weltbild des Mittelalters, nach dem sich Sonne und Sterne um die Erde drehen und nicht umgekehrt. Von dieser Theorie ist man längst wieder abgekommen, doch nach wie vor wird fast ausschließlich angenommen, dass „Leben", insbesondere in Bezug auf unsere menschliche Evolution, einzig und allein auf unserem Planeten Erde möglich ist. Lässt dies nicht darauf schließen, dass die wirkliche Grundlage des Lebens noch nicht gefunden wurde und weitere Erkenntnisse erforderlich sind, um seine Interpretation zu ermöglichen? Wahre

Wer hat nicht schon einmal in einer klaren Winternacht den Sternenhimmel betrachtet und dabei das Gefühl einer gewissen Ehrfurcht bekommen?

Wissenschaft sollte sich nicht nur in vordergründigen Erkenntnissen und Klassifikationen erschöpfen, sie sollte vielmehr die wechselseitigen Beziehungen der im Weltall wirkenden Kräfte zu ergründen suchen. So wie Konkretisierung den Spuren der Abstraktion folgt, muss das Niederste dem Höchsten entsprechen und das Materielle dem Geistigen. Hinzu kommt, dass sich unser Bewusstsein nicht in materielle Grenzen zwängen lässt. Wir können Zeit und Raum kraft unserer Imagination zu inneren und äußeren Welten ausdehnen, die wir nun besuchen wollen.

Wer hat nicht schon einmal in einer klaren Winternacht den Sternenhimmel betrachtet und hierbei das Gefühl einer gewissen Ehrfurcht bekommen? Und wer möchte nicht einmal einen Flugkörper besteigen, der uns in die Unendlichkeit der Räume, in die Erhabenheit des für uns fast Unvorstellbaren bringt? Nun, dieser Flugkörper mag unser menschliches Bewusstsein sein; es befähigt uns, diese Reise anzutreten. Dabei beschränken wir uns nicht auf die Lichtgeschwindigkeit – die physikalisch gesehen enorm hoch ist –, denn kraft unseres Bewusstseins sind wir in der Lage, in Bruchteilen von Sekunden Zeit und Raum zu durcheilen.

Wie schnell ist das Licht?

Mit Lichtgeschwindigkeit würde eine einzige Sekunde benötigt, um die Erde 7 ½ Mal zu umkreisen. Das wäre im Verhältnis zu den Möglichkeiten unseres Bewusstseins etwa so, als wolle eine Schnecke an einem Tag um die Erde kriechen. Mit dem Licht wären wir, bei einer Entfernung von ca. 384 000 km, in etwa einer Sekunde auf dem Mond; um die Sonne zu erreichen, brauchten wir bei einer Entfernung von rund 150 Millionen km ca. 8 ⅓ Minuten; doch bis zum nächsten Fixstern, dem Alpha Centauri, brauchten wir bei einer Entfernung von 41 Billionen km schon 4,3 Jahre und zum Polarstern gar 447 Jahre. Um zu Sonnen am anderen Ende unserer Galaxie zu kommen – wir befinden uns immer noch in unserer Milchstraße –, brauchten wir über 80 000 Jahre, je nachdem, welchen Teil der Milchstraße wir besuchen, denn unser Sonnensystem liegt ja nicht in der Mitte, sondern mehr am Rande der Milchstraße.

Nun können wir uns fragen: Werden wir als Raumfahrer so alt? Berücksichtigen wir auch die physikalischen Erfahrungen oder die spezielle Relativitätstheorie Albert Einsteins, nach der bei höchsten Geschwindigkeiten, die zum Beispiel 0,005 % unter der Lichtgeschwindigkeit liegen, die Zeit für den bewegten Gegenstand nicht mehr so fortschreitet, wie wir es gewohnt sind. Nehmen wir einmal an, ein Raumschiff fliegt mit dieser Geschwindigkeit und die im Flugkörper befindlichen Uhren zeigen bei der Rückkehr eine Reisedauer von einem Jahr an. Tatsächlich aber sind in dieser Zeit auf der Erde 100 Jahre vergangen. Diese Theorie ist zwar schwer verständlich, wird aber bis auf den heutigen Tag von Wissenschaftlern angenommen.

Wir benötigen auf unserer Reise nun schon bis zu 2,3 Millionen Jahre, um die nächstgelegene Galaxie, die Andromedagalaxie, zu erreichen. Dies bedeutet andererseits aber auch, dass das Licht dieser Sterne, das wir auf unserer Erde sehen, ebenso lange unterwegs ist, bevor wir es sehen. Wir sehen also die Andromedagalaxie so, wie sie vor 2,3 Millionen Jahren ausgesehen hat. Mit dem Teleskop der

Ein Observatorium auf dem Roque de los Muchachos auf der spanischen Insel La Palma: In Sternwarten wie dieser kann Licht von Galaxien beobachtet werden, das mehrere Milliarden Jahre unterwegs war.

Sternwarte auf dem Mount Palomar in Kalifornien empfangen wir Lichtstrahlen von Galaxien, die 2 Milliarden Jahre unterwegs waren, bevor sie auf eine fotografische Platte gebannt werden konnten. Mit dem in der Eifel stehenden Radioteleskop sollen elektromagnetische Wellen empfangen werden, die 8 bis 10 Milliarden Jahre hinter sich gelassen haben.

Bewusstsein und Analogie

Doch nun trennen wir uns auf unserer Reise in die Unendlichkeit von der Lichtgeschwindigkeit und geben unserem Bewusstsein die Möglichkeit, über und hinter die Räume der Milchstraße vorzudringen. Wir nähern uns anderen Universen und Sonnensystemen, fliegen hindurch, sehen neue, uns unbekannte Planeten, die ebenfalls nach mathematischen, harmonischen Gesetzen um ihre Sonne kreisen. Wir meinen nun, wirklich im unendlichen, physikalisch fast leeren Raum zu fliegen, und wir fliegen immer schneller. Universen erscheinen zu guter Letzt nur noch wie ein Pünktchen am Horizont, das vielleicht Teil eines noch größeren Universums ist, das seinerseits wiederum zu einem noch größeren Körper oder System gehört. Haben wir diesen Gedanken bis hierher verfolgt, können wir getrost sagen, hier hört unsere Reise auf.

Es wird nun dunkler im sogenannten „unendlichen Raum". Wir glauben, im Zentrum einer unermesslichen Himmelsgrube zu sein. Aber dies ist nur Schein, eine Illusion, die berühmte „Mâyâ" unseres derzeitigen Betrachtungsortes. Sie ist nur deshalb eine Mâyâ, weil wir nicht in der Lage sind, mit unseren physischen Sinnen die Unendlichkeit zu erfassen. Doch mit dem Instrument des „Selbst"-Bewusstseins können wir gewisse Schlüsse, gewisse Analogien ziehen: Auch unser Universum, wie zum Beispiel die Milchstraße, ist nur ein Molekül beziehungsweise eine Zelle, die gleich den Zellen unseres physischen Körpers hilft, ein Lebewesen aufzubauen. Und wie eingangs gesagt wurde, spiegelt das Kleine das Große wider, oder umgekehrt, was sich im Großen vollzieht, geschieht in Analogie dazu im Kleinen. Das Atommodell bietet hierfür ein wunderbares Anschauungsbild.

Was bedeutet dies nun? Planeten, Sonnen, Universen oder Pflanzen, Tiere und Menschen: sie alle sind zusammengesetzt, zusammengesetzt aus jeweiligen Körpern, die latent oder aktiv „Bewusstsein" enthalten. Wir können Materie daher als „verkörpertes Bewusstsein" bezeichnen, das sich auf der Stufe der Entwicklung des Menschen als relatives „Selbst"-Bewusstsein zum Ausdruck bringt. Bewusstsein ist stets an Wesenheiten gebunden. In seiner Essenz ist es immateriell bewusst, und das bedeutet wiederum „Intelligenz", die sich auf der Stufe des „Selbst"-Bewusstseins zum Ausdruck bringt und schöpferisch wirksam ist.

Wer wollte da noch sagen, dass in den Gefilden der Unendlichkeit der Mensch das einzige Geschöpf, das einzige mit „Selbst"-Bewusstsein begabte Wesen ist, das auf unserem Planeten „Erde" – einem Staubkorn in der Unendlichkeit – sein Leben hat?!

Theosophie als Chance

Seit jeher hat die Philosophie einen entscheidenden Einfluss auf die Kultur aller Nationen ausgeübt. So ist die Suche nach den eigentlichen Wurzeln unseres Daseins immer auch zugleich die Suche nach Wahrheit. Sie birgt die Faszination des Unbekannten, die keine Generation ruhen ließ, des Menschen eigene Vergangenheit zu enträtseln. Doch was ist Theosophie? Unterscheidet sie sich von anderen Philosophien, haben sie einen gemeinsamen Ursprung? Was ist ihre Quelle? Warum Theosophie als Chance?

Was ist Theosophie? Was sind ihre Kernaussagen, und welche Chance bietet sie angesichts der gewaltigen Herausforderungen unserer Zeit? Ist sie in der Lage, die tieferen globalen Zusammenhänge so aufzuzeigen, wie sie sind, und nicht so, wie sie täglich mediengerecht suggeriert werden?

„Philosophie" bedeutet laut Lexikon „Liebe zur Weisheit" – eine Begriffsbestimmung, die den Kern wahrer Philosophie beschreibt. Die griechische Philosophie schaffte die Grundlage für das abendländische Denken. Sokrates (469–399 v. Chr.) ist der Schöpfer des Begriffs. Platon (427–347 v. Chr.), als Schüler von Sokrates, wird durch die Ideenlehre richtungsweisend für die gesamte Philosophie. Aristoteles (384–322 v. Chr.) gibt der Ideenlehre die logische,

Sokrates (469 - 399 v. Chr.) war ein für das abendländische Denken grundlegender griechischer Philosoph. Statue des italienischen Bildhauers Piccarelli aus dem 19. Jh. vor dem Gebäude der Nationalakademie in Athen.

naturwissenschaftliche Begründung. Stoiker, Epikureer und Neuplatoniker prägen die Grundzüge des abendländischen Denkens. Demokrit (460– um 380 v. Chr.) bringt die Atomlehre, die bis zur Atomspaltung durch Otto Hahn (1879–1968) so sehr falsch verstanden wurde. Leibniz (1646–1716) greift die Ideen wieder auf und prägt die Monadenlehre, seine berühmte „Monadologie".

Mit der Renaissance thematisieren Spinoza (1632–1677) und Leibniz die Spannung zwischen Geist und Materie, ein Thema, das bis zur heutigen modernen Wort-Philosophie unverändert aktuell ist. Doch Philosophie sollte auch die „Wissenschaft von den Wissenschaften" sein, und somit gehört auch moderne Naturwissenschaft, wie Einsteins (1879–1955) Relativitätstheorie oder Plancks (1858–1947) Quantentheorie, strenggenommen zur Philosophie beziehungsweise zur Religion im Sinne von Ciceros (106–43 v. Chr.) „gewissenhaft beobachten".

Die Wurzeln der Philosophie sind weit verzweigt. Bei den Ägyptern, von denen die Griechen einen großen Teil ihrer Philosophie ableiteten, wie zum Beispiel Platon und Pythagoras (um 570–497/6 v. Chr.), bedeutete Philosophie so viel wie „Weisheit", doch nahm sie insbesondere Bezug auf Religion und Theologie. Einen Teil ihrer Philosophie hatten die Ägypter von der ostasiatischen Philosophie abgeleitet; die indische ist inzwischen maßgebend für viele der geisteswissenschaftlichen Richtungen unserer Zeit. Auch die Bhagavad-Gîtâ* (Teil des großen indischen Epos „Mahâbhârata"), die nach Anschauung der Hindus einige 10 000 Jahre alt ist, gewinnt zunehmend an Interesse. Desgleichen die chinesische Philosophie, die insbesondere durch Konfuzius (551–479 v. Chr.) und Lao-tse (4. oder 3. Jh. v. Chr.) vertreten ist und ständig an Bedeutung zunimmt.

Die Wurzeln der Theosophie

Die Wurzeln der Theosophie reichen jedoch noch weiter in die Vergangenheit zurück als die der bisher angesprochenen Philosophien. Sie beinhaltet in der Synthese die drei Denkmöglichkeiten des Menschen: Wissenschaft, Religion und Philosophie, Kunst und Musik sind hierin eingeschlossen. Kein Gebiet menschlichen Denkens ist ausgeschlossen, vielmehr beinhaltet Theosophie nicht nur die sichtbaren Manifestationen und Wesenheiten, sondern vor allem die unsichtbaren Kräfte, Sphären und Welten sowie deren Offenbarungen in unserer physischen Welt.

Theosophie bedeutet also, in die verborgenen Tiefen der universalen Natur einzudringen, sie zu verstehen und damit die Verantwortung für sie zu tragen. „Natur" in ihrer tieferen Bedeutung umfasst daher nicht nur das Phänomenale, das Manifestierte, Sichtbare, sondern in erster Linie das Noumenon, das, was hinter dem für uns Sichtbaren steht, das Ursächliche.

Aktion und Reaktion, das Sichtbare und das Unsichtbare gehören stets zusammen. Es ist der große Fehler unseres derzeitigen Denkens,

* William Q. Judge: *Bhagavad-Gîtâ – Studienausgabe.* Hannover, 2014.

dass wir fast immer nur eine Seite betrachten: entweder die Aktion, meistens aber die Reaktion. Hierin liegt der hauptsächliche Grund, warum die Rätsel und Probleme des Lebens nicht befriedigend gelöst werden können und warum trotz aller Anstrengungen seitens der Wissenschaft die Erforschung der Naturkräfte an der Realität des verursachenden Prinzips vorbeigeht.

Die Evolution des Menschengeschlechts findet seit Jahrmillionen statt, doch nicht die Veränderung oder Vervollkommnung der menschlichen Form, des Körpers, ist die wirkliche Evolution, wie allgemein irrtümlich angenommen wird, sondern die Erweiterung des Denkvermögens. Der Mensch hat die Möglichkeit, seine Erkenntnis und sein Selbstbewusstsein ständig zu erweitern. Allein hierin liegt die wahre menschliche Evolution. Sie zu erkennen bedeutet Fortschritt, sie zu ignorieren bedeutet, die Natur zu einem Gegner unserer selbst zu machen.

Die am weitesten evolvierten Menschen – die weisesten vergangener Generationen – haben aufgrund ihres erweiterten Bewusstseins, ihrer Möglichkeit, das Noumenale zu erkennen, Aufzeichnungen über ihre Erkenntnisse gemacht. Diese Aufzeichnungen sind es, die seit Zeitaltern von Generation zu Generation überliefert werden und die in heutiger Zeit in der Theosophie so weit ihren Ausdruck finden, wie der Mensch in der Lage ist, sie aufgrund seiner derzeitigen Entwicklung zu erfassen. Daher ist die Theosophie keine neue Religion, keine neue Philosophie und auch keine neue Wissenschaft, denn sie ist universales Wissen, das Wissen hinter dem Wissen. Sie beinhaltet die Weisheit der Zeitalter, die Weisheit der uns vorangegangenen Generationen, in unsere moderne Sprache gekleidet, sodass sie für jeden zugänglich ist und verstanden werden kann.

Theosophie ist streng wissenschaftlich, analogisch und empirisch aufgebaut; sie ist streng religiös im Sinne von „gewissenhaft beobachtend". Daher enthält sie keine Dogmen, ist frei von jeglichem Glauben und weder sektiererisch noch kirchlich geprägt. Sie ist ebenso philosophisch im ursprünglichen Sinn des Wortes „Liebe zur Weisheit" – die „Wissenschaft von den Wissenschaften".

Drei fundamentale Lehrsätze

Die Gründerin der modernen Theosophie, Helena Petrowna Blavatsky, ist der Welt bis heute ein Mysterium geblieben. Ihre literarischen Standardwerke übertreffen alles auf diesem Gebiet jemals Veröffentlichte. Ihr Erstlingswerk *Isis Entschleiert* (1877) und die berühmte *Geheimlehre* (1888) zählen auch heute noch zu den gefragtesten Büchern ihrer Art. Mehr siehe www.Blavatsky.de

Die große Theosophin Helena Petrowna Blavatsky eröffnete ihr berühmtes Standardwerk *Die Geheimlehre* mit der Aufstellung von drei fundamentalen Lehrsätzen*. Der erste Lehrsatz beinhaltet das Postulat eines unerforschlichen Prinzips. Der zweite besagt, dass das Universum das Feld, die Arena, die Szene beständiger, ewiger, nie endender Periodizität ist; das heißt zyklischer Bewegung, der Manifestation des ewigen Lebens in dem zyklischen Erscheinen und Wiederverschwinden von Welten, Sonnen, Sternen, Planeten und den anderen Himmelskörpern in der kosmischen Unendlichkeit, die so unbestimmt und ungenau „Raum" genannt wird. Blavatsky sagt, indem sie die Lehre der alten Weisheit zum Ausdruck bringt, dass die Welten wie Funken kommen und gehen und daher in mystischer Weise „Funken der Ewigkeit" genannt werden. Der Lebenszyklus jedes der größeren Körper ist notwendigerweise von unermesslicher Dauer.

Der dritte Lehrsatz, und keineswegs der unbedeutendste, besagt, dass das Universum und alles, was in ihm enthalten ist, *einen*

* Vgl. Helena Petrowna Blavatsky: *Die Geheimlehre.* Hannover, 2012, Band I, S. 42.

unermesslichen, ewigen Organismus bildet. Es besagt nicht nur, dass das Universum *eins* ist mit allem, was es enthält, sondern im Besonderen, dass das Wesen des Menschen, sein Körper, seine Körper, seine Seele, seine Seelen und sein Geist nur das Kind, die Früchte von dahinterstehenden Kräften sind.

Hier stoßen wir auf eine Lehre, die eine der notwendigsten ist, um den großartigen Umfang der Theosophie verstehen zu können: die Lehre von den „Hierarchien". Sie besagt, dass der Kosmos, das Universum sozusagen aus Stufen oder Abstufungen von Wesenheiten, Bewusstheiten oder Intelligenzen aller möglichen Arten besteht, in denen sich das universale Leben offenbart. Sie sind alle miteinander verbunden, stehen zueinander in Beziehung und sind einander beigeordnet, sodass sie als eine Einheit für *einen* gemeinsamen Zweck und für ein gemeinsames Ziel zusammenwirken.

Daher ist unschwer zu erkennen, dass wir nicht bloße physischkörperliche Kinder der Erde, den Schmetterlingen ähnliche, nur für einen Tag geborene Wesenheiten sind, sondern dass wir tatsächlich Funken aus dem Herzen des Seins, von dem zentralen Feuer des universalen Lebens sind.

Könnten wir diese wunderbare Wahrheit im Herzen fühlen und sie auf das tägliche Leben übertragen, so würde es keine stärkere Macht in der Welt geben, die unsere Lebensführung beherrscht. Nichts könnte uns auf einen edleren Pfad stellen als sie, auf jenen Pfad, der im Dienste einer alles einschließenden „universalen Bruderschaft" steht. Darum: „Theosophie als Chance"! – archaische Weisheit.

Die Weite des Kosmos mit seinen unvorstellbar vielen Sonnensystemen und Universen erschwert zudem den Glauben an einen persönlichen, außerkosmischen Gott, der die Welt regiert. Daher auch „Theosophie" – göttliche Weisheit. „Theosophie ist gleichbedeutend mit dem Sanskṛitwort Brahma-Vidyâ, göttliche Erkenntnis."* Die

* Helena Petrowna Blavatsky, zitiert in: Judith M. Tyberg: *Die Sprache der Götter – Sanskṛit als Schlüssel zu den Mysterienlehren*. Hannover, 2012, S. 244.

hierin liegende Aussage bedeutet: Nicht Gott, sondern Götter wirken im Universum.

Diese hoch evolvierten Wesenheiten sind für uns Götter. Sie gehören einer fortgeschritteneren Evolutionsstufe an und sind uns Menschen auf unserem Wege der Evolution weit, weit vorausgeeilt. Da alles im Universum miteinander verbunden und vernetzt ist, sind sie die Regenten, die Führer für die hinter ihnen einherziehende Heerschar von Wesenheiten, für ihre weniger entwickelten Nachkommen, zu denen auch die Menschheit gehört. Sie alle entstammen dem nicht fassbaren Reservoir des DAS oder JENES, das weder einen personifizierenden Namen hat noch in irgendeiner Weise begrenzt werden kann. Wenn im Osten gefragt wird: „Wer oder was ist Gott?“, so lautet die vornehme Antwort: „Wer oder was ist Gott nicht?“ Der Gottesbegriff, so wie er heute im Allgemeinen interpretiert wird, war den alten Völkern völlig unbekannt.

Wie aber kam es zu dem modern gewordenen Aberglauben, dass es im gesamten Universum keine höherentwickelten Wesenheiten als den Menschen gibt, der sich für die Krone der Schöpfung hält, einer Schöpfung, die aus dem Nichts ins Dasein getreten sein soll? Diese Annahme ist umso unverständlicher, da selbst aus der jüdischen Geschichte sowie der Genesis hervorgeht, dass der Mensch aus Lehm oder Erde gemacht und der Geist oder das Leben ihm eingehaucht worden sei.

Heute dünkt sich der Mensch, mehr Wissen als seine Urahnen zu haben. Ihre Weisheit, ihre Erfahrungen werden als Aberglauben bezeichnet. Doch entgegen heutiger Sicht waren sie nicht in dem modernen Aberglauben befangen, dass Geist, Intelligenz, Bewusstsein, Vernunft oder auch das Gewissen im Menschen so ganz von selbst aus der Materie entstanden oder die Schöpfung eines einzigen persönlichen Gottes seien. Diese sich in unserem technisch so aufgeklärten Zeitalter immer noch hartnäckig haltenden Theorien zählen aus spiritueller Sicht zu dem unglaublichsten Aberglauben unserer Zeit!

Aus diesem Aberglauben, dem nichts weiter als unbewiesene Theorien zugrunde liegen, erwachsen die Spannungen in der Welt sowohl zwischen den einzelnen Menschen als auch zwischen den Völkern. Die hieraus resultierende Entwicklung führt notwendigerweise zu entsprechenden Aktionen und Reaktionen, die sich in der Zukunft noch weitaus verheerender auswirken werden als bisher. Die ersten Anzeichen der Naturkatastrophen sind längst unübersehbar! Zudem haben weltweit Kriege und kriegerische Auseinandersetzungen dramatisch zugenommen. Ursache und Wirkung sind offensichtlich, und die hierin liegende Aussage mag als Mahnung erkannt werden. Darum Theosophie als Chance. Sie führt zu den unsterblichen Wurzeln unseres eigenen Daseins – jeden Einzelnen, ganz individuell. Sie führt zu der Erkenntnis, dass jeder Mensch das Ergebnis seiner eigenen äonenlangen Entwicklung ist.

Schlüssel zum Aufbrechen verkrusteter Denkschablonen

Das wissenschaftlich geprägte Weltbild unserer Zeit ist von den kausalen Realitäten noch weit entfernt. Bemerkenswert ist, dass zwei der wichtigsten Naturgesetze fast völlig ignoriert werden: das Gesetz der Hierarchien und das Gesetz der Zyklen. So verwundert es nicht, dass die Vorstellungen über die Entstehung von Planeten und ursprünglicher Materie von völlig falschen Voraussetzungen ausgehen und ihre Erforschung Milliarden-Etats verschlingt.

Woraus resultiert dieses Trugbild, und welche Chancen hat der Mensch, sich aus den Ketten von „Mâyâ", der großen Täuschung der Materie, zu befreien?

Die drei *fundamentalen Lehrsätze** der archaischen Weisheitslehre wurden bereits im vorherigen Artikel „Theosophie als Chance" erwähnt. Der zweite Lehrsatz behandelt die zyklische Wiederkehr allen Seins. Das Leben einer Pflanze, eines Tieres oder eines Menschen verläuft stets in Zyklen. Der Baum wächst aus einem Samen hervor, aus einer ihm innewohnenden Essenz, er hat seine Lebenszeit und

* Vgl. Helena Petrowna Blavatsky: *Die Geheimlehre.* Hannover, 2012, Band I, S. 42.

stirbt. Weitere Beispiele lassen sich überall in der Natur beobachten. Jedes Tier, jeder Mensch reift aus einem Samen mit der ihm eigenen innewohnenden Essenz, seinem Charakter, heraus, hat seine Jugend, seine Reife, sein Alter und seinen körperlichen Tod. „Essenz" bedeutet in diesem Zusammenhang nicht die wissenschaftlich erforschte DNS, die Desoxyribonukleinsäure; vielmehr bedeutet sie die spirituelle, sich in weitaus feineren Schwingungsbereichen befindende Essenz.

Der Pulsschlag der Sonne

Viele verschiedene Zyklen, auch Zyklen, die sich innerhalb größerer Zyklen abspielen, sind bekannt: Sekunden, Minuten, Stunden, Tage, Wochen, Monate, Jahre. Innerhalb des Jahres kehren Frühling, Sommer, Herbst und Winter wieder, Zyklen, die deutlich an ihren Wirkungen zu erkennen sind. So haben auch „Mutter" Erde oder „Vater" Sonne ihre Zyklen, über die aus wissenschaftlicher Sicht bisher jedoch wenig bekannt ist. Mit jedem Pulsschlag der Sonne werden zum Beispiel ihre vitalen Kräfte durch das Sonnensystem gepumpt. Es ist ihr Rhythmus von etwa 11 Erdenjahren, der an dem periodischen Auftreten der Sonnenflecken erkennbar wird. Auch die Entwicklung von Bäumen lässt sich zum Pulsschlag der Sonne in Beziehung setzen: der durchschnittlich 11-jährige Zyklus kann an einem gefällten Baumstamm an den Ringen nachgewiesen werden.

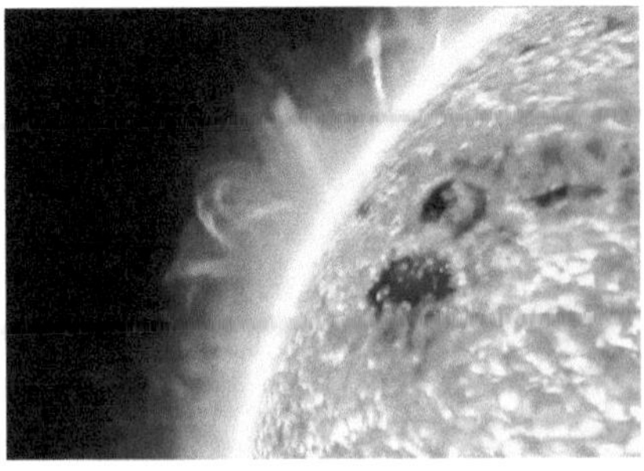

Protuberanzen zeigen die Vitalität der Sonne, die als Lebenselektrizität unser gesamtes Sonnensystem durchpulst.

Die Protuberanzen folgen in ihrer Häufigkeit dem 11jährigem Sonnenfleckenrhythmus und sind keineswegs lediglich heiße Gase, sie sind vielmehr die Vitalität der Sonne, die als

Messungen von radioaktivem Kohlenstoff ^{14}C in Baumringen bestätigen den elfjährigen Aktivitätszyklus der Sonne. Der durch die Sonnenaktivität beeinflusste ^{14}C-Gehalt in der Atmosphäre wird in Baumringen gespeichert. Kleinste Änderungen dieses Gehalts können gemessen und daraus die Sonnenaktivität in der Vergangenheit rekonstruiert werden.

Lebenselektrizität unser gesamtes Sonnensystem durchpulst. Ohne diese prâṇische Ausströmung der Sonne gäbe es kein Leben, weder auf Erden noch im Sonnensystem. Alles ist innig miteinander verbunden und vernetzt, eines baut auf dem Anderen auf, ist Lebensspender und -empfänger zugleich.

In Bezug auf unsere Erde ist der „Messianische Zyklus" von 2160 Jahren seit alters bekannt. Er stellt ein Zwölftel des siderischen Zyklus von 25 920 Jahren dar, außerdem gibt es einen Zyklus von etwa 5000 Jahren. Dieser und der Messianische Zyklus gingen etwa um die Jahrhundertwende vom 19. zum 20. Jahrhundert zu Ende, und neue begannen.

Jeder Zyklus hat sowohl seinen Aufstieg als auch seinen Abstieg, wodurch völlig unterschiedliche kosmisch-planetarische Einflüsse wirksam werden. Dieses Wissen ist selbst in der Astrologie, der einst königlichen Wissenschaft, fast völlig verloren gegangen.

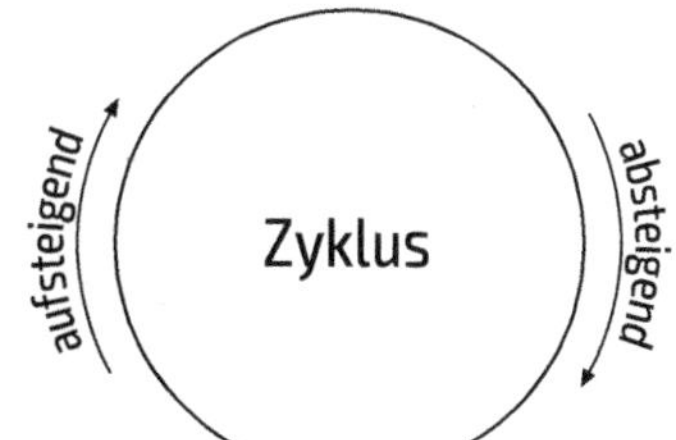

Die Zyklen eröffnen uns einen Ausflug in unsere eigene Vergangenheit. Wenn wir uns in das evolutionär bedingte Zeitgeschehen vertiefen, werden wir mit Erstaunen feststellen, wie lebendig die Vergangenheit für uns wird. Die Zyklen sind dann plötzlich nicht mehr etwas außerhalb von uns selbst Stehendes, sondern sie sind erfüllt mit unserem eigenen Leben! In ihrem Auf und Ab haben wir Zeitalter hindurch gelebt, gelernt, gelitten, geliebt und unsere Aufgaben so gut wie möglich erfüllt.

In nachtodlichen Bewusstseinszuständen wanderten wir durch die mannigfaltigen Sphären des Seins, eingebunden in das große Vorratshaus der Natur, um zyklisch bedingt wieder daraus hervorzugehen, um im ewigen Kreislauf des Stirb und Werde zu lernen, zu evolvieren.

Mit diesem Hintergrund können die im Folgenden beschriebenen Zyklen nicht nur verstanden werden, es kann ihnen auch Leben eingehaucht werden: das eigene!

In Ägypten begann mit König Menes die bekannte beziehungsweise aufgezeichnete, in Hieroglyphen wiedergegebene Geschichte. Hieroglyphe bedeutet „heilig eingegraben". Erst seit dieser Zeit ist die ägyptische Kultur bekannt. Was *vor* diesem Zeitpunkt war, ist der Wissenschaft nicht bekannt. In den aufgezeichneten 3000 Jahren ägyptischer Geschichte ist der Abstieg vom Spirituellen ins Materielle deutlich feststellbar. Es entspricht nicht den Tatsachen, wenn in Büchern, Dokumentationen oder anderen Veröffentlichungen ein Aufstieg der ägyptischen Kultur bis zur Zeitenwende, also etwa bis zur Zeit Kleopatras, behauptet wird, denn genau das Gegenteil ist der Fall. Je weiter wir in die Vergangenheit zurückgehen, desto hochstehender und philosophisch weitreichender war die ägyptische Kultur. Die Degeneration des alten Ägypten begann also bereits mit Menes vor 5000 Jahren! Auf die Frage, warum dies so ist, kann auch hier die Natur eine Antwort geben: Ein Zyklus ist nicht lediglich ein Zyklus. Wäre er nicht an lebende Wesenheiten gebunden, gäbe es ihn nicht. Jeder Zyklus ist daher die Summe, das Resultat von Lebewesen, die ihre Geburt, ihre Jugend, ihre Reife und ihr Alter haben.

In Indien ist, soweit bekannt, die gleiche Tendenz des spirituellen Abstiegs festzustellen. Buddha (um 560–480 v. Chr.) und Śankarâchârya (um 400 v. Chr.) bemühten sich, diesen Abstieg aufzuhalten beziehungsweise die alte, archaische Philosophie neu zu verkünden. In ähnlicher Weise bemühte sich auch Jesus vor etwa 2100 Jahren, diese uralten Weisheiten dem Volke Israel erneut zugänglich zu machen.

Von großer Bedeutung ist also zu wissen, dass sich die Menschheit, die evolutionär zu diesem Zyklus gehört, in einem spirituell absteigenden Zyklus befindet. Es wird gesagt, die ersten 5000 Jahre des „Kali-Yuga“ seien vorbei, Platon sprach von einem „unfruchtbaren oder dunklen Zeitalter“. In dieses dunkle Zeitalter wurde Jesus für die „verlorenen Schafe des Hauses Israel“ geboren. Die ursprünglichen Lehren, die Jesus dem Volke Israel brachte, waren in wesentlichen Prinzipien dieselben, die auch Buddha etwa 500 Jahre zuvor gelehrt hatte, denn beide Religionsstifter schöpften aus der derselben Quelle. Beide verkündeten die uralte Weisheitslehre, das Wissen der Mysterienschulen, der Theosophie, sowohl in ihrer exoterischen als auch in ihrer esoterischen Auslegung.

Der zyklische Zeitpunkt für einen Avatâra, den die Juden gemäß dem kosmischen messianischen Zyklus von 2160 Jahren als ihren Messias erwarteten, war gekommen, aber alles arbeitete gegen die spirituellen Kräfte. Die Zyklen der Zivilisation liefen in fast allen Richtungen abwärts, besonders in spiritueller und psychologischer Hinsicht. So kam es, dass schon weniger als einhundert Jahre nach dem Verschwinden Jesu aus seinem physischen Körper die Lehren stark degeneriert waren. Von den 27 oder 28 heute noch bekannten Evangelien wurden lediglich vier als kanonisch anerkannt, und diese vier sind heute im Neuen Testament zu finden. Diese Tatsache ist überaus bedeutsam im Hinblick auf die Geschichtsforschung. Die hinter Allegorie und Metapher verborgenen Wahrheiten wurden wörtlich ausgelegt, wodurch ihr wahrer Sinn verloren ging.

Es gibt nur eine Natur

Aus diesen wenigen Andeutungen geht hervor, dass weltliche Religionen, je weiter sie sich zeitlich von ihrem Gründer entfernen, degenerieren und durch menschlichen Unverstand entstellt werden. Doch die Quelle, aus der sie hervorkamen, besteht seit Menschengedenken unverändert, weil ihre Basis die Natur selbst ist. Es gibt nur eine Natur! Dieser einen Natur, deren gesamter irdischer wie kosmischer

Aufbau mathematisch derart exakt ausbalanciert ist, dass kein menschlicher Geist ihn jemals nachvollziehen kann, müssen Intelligenz, Bewusstsein, Kräfte und Mächte inhärent sein. Diese Grundprinzipien können jedoch nur an Wesenheiten gebunden sein, wie alles in der Natur ausschließlich durch und mittels Lebewesen besteht, die miteinander und füreinander das große Netzwerk der Natur bilden. Sie werden gelenkt und geleitet von Individuen einer höheren Evolutionsstufe, deren Bewusstsein, Intelligenz sowie Denkvermögen denen des weniger evolvierten Menschen weitaus überlegen sind. Daher auch das Wort Theosophie mit der Bedeutung „Weisheit der Götter". Im Sanskṛit, der ältesten noch gebräuchlichen Gelehrtensprache, kann Theosophie auch Bodhidharma genannt werden, auch ist Theosophie gleichbedeutend mit Brahma-Vidyâ, der „Göttlichen Weisheit", die zu keiner Zeit an einen persönlichen Gott gebunden war. Das Unbegrenzbare wird nicht begrenzt. In den sanskṛitischen Veden wird das Unbegrenzbare auch JENES genannt.*

Das Wissen über die tiefgreifenden Zusammenhänge in der Natur wurden in ihrer spirituellen Auslegung zwar niemals in allen Einzelheiten öffentlich gelehrt, wohl aber in den Mysterienschulen, die zu allen Zeiten bestanden. Erst mit der Schließung der letzten Mysterienschulen Roms und besonders Griechenlands wurden die Lehren der Öffentlichkeit entzogen, und daher sind sie heute so gut wie unbekannt.

Diese nicht zu widerlegenden, nachprüfbaren Tatsachen zu erkennen ist äußerst wichtig, weil sich unsere materialistische Einstellung, das gesamte Weltbild unserer Zeit, auf den zyklischen Ablauf des Seins gründet beziehungsweise darin enthalten ist. Unsere heutige Kultur sowie unsere Wissenschaft gründen sich zum großen Teil auf die Kultur und das Wissen der alten Griechen. Die römische Kultur war bereits noch stärker degeneriert als zur Zeit Menes'. Der Abstieg aus dem Spirituellen begann, wie schon gesagt, vor etwa 5000

* Vgl. auch: William Q. Judge: *Bhagavad-Gîtâ – Studienausgabe*. Hannover, 2014, und Judith M. Tyberg: *Die Sprache der Götter – Sanskṛit als Schlüssel zu den Mysterienlehren*. Hannover, 2012.

Jahren, und das heutige materialistische Denken hat vor gut 2000 Jahren seinen Anfang genommen. Die Auswirkungen dieser Denkweise lassen weitere logische Folgerungen zu.

Unbestreitbar war das degenerierte Denken in allen Bereichen der Grund für das dunkle Mittelalter, und nicht nur das, es ist zugleich die weitverbreitete Grundlage für den Egoismus, der der materialistischen Einstellung zugrunde liegt. Schuld daran ist das Zusammenwirken verschiedenster Faktoren menschlicher Schwächen. So können wir sinngemäß in verschiedenen Berichten etwa Folgendes lesen: „Bis ins Mittelalter hinein herrschte die Ansicht, der Mensch und die Erde seien der Mittelpunkt der Weltordnung. Erst Kopernikus (1473–1543) und Kepler (1571–1630) änderten diese statische Weltsicht zugunsten eines dynamischen Kosmos, zumindest legten sie die Grundlagen dazu, indem sie das heliozentrische Weltbild verkündeten." Doch zu sagen „bis ins Mittelalter" ist eine grobe, fahrlässige Unwahrheit. Diese Lehre wurde im Mittelalter verkündet, wie jeder weiß, aber niemals *bis* ins Mittelalter, denn das Mittelalter war gekennzeichnet durch einen Tiefpunkt der Degeneration und des Nichtverstehens der Lehren früherer Zeitalter.

Das heliozentrische Weltbild, das besagt, dass sich die Erde und die Planeten um die Sonne bewegen, war praktisch allen zivilisierten Völkern des Altertums bekannt, desgleichen die Dynamik des Kosmos und darüber hinaus natürlich weitaus mehr. Was an Wissen über den Kosmos auch heutiger Wissenschaft noch verborgen ist, wurde seit jeher in den Mysterienschulen gelehrt. Doch auch das alte geozentrische Weltbild, bei dem Mensch und Erde als Mittelpunkt betrachtet wurden, hat, um bestimmte Abläufe erkennen zu können, durchaus seine Berechtigung. Und wenn heute in modernsten Werken gesagt wird – ich zitiere sinngemäß –: „Jedoch auch die moderne Kosmologie kann die Existenz des Universums und alle seine ihm ursächlich zugrunde liegenden Eigenschaften nicht erklären", so könnte hinzugefügt werden: Solange wir in dem Aberglauben gefangen sind, alles Sein, alles Leben, Bewusstsein und Intelligenz sowie die Ordnung und Harmonie in der Natur seien durch blinden Zufall

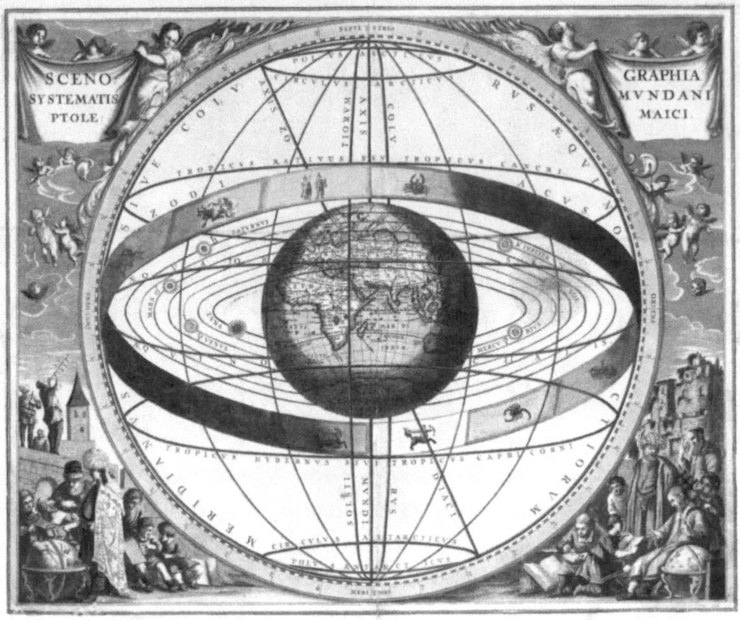

Geozentrisches Weltbild, 140 n. Chr.: Der griechische Astronom Claudius Ptolemäus (ca. 100 – 160 n. Chr.) nahm das bis dahin gültige geozentrische Weltbild auf und versuchte es zu verbessern. Dazu fügte er zusätzliche Hilfskreise (Epizykeln) ein, mit denen die gesehenen Schleifenbewegungen der Planeten erklärt werden. Die Erde steht im Zentrum. Sonne, Mond, Planeten und Sterne umkreisen sie. Darstellung des ptolemäischen Weltsystems von Andreas Cellarius, *Harmonia Macrocosmica*, 1660/61.

oder sonstige Einflüsse aus bloßer Materie entstanden, so lange werden die tieferen Zusammenhänge des Lebens für den nachdenklichen Geist des Menschen wenig oder kaum zufriedenstellend erklärt werden können.

Forschung aktuell

Ein Beispiel soll dies verdeutlichen: Eines der gravierendsten Projekte moderner Forschung in der Physik, das auf völliger Unkenntnis der Materieeigenschaften oder -grundlagen beruhte, war die

Hadron-Elektron-Ring-Anlage* (HERA) in Hamburg, die damals größte Forschungsanlage in Deutschland für die Teilchenbeschleunigung. Ziel der Wissenschaftler war es, die wichtigsten Bausteine der Materie, insbesondere Protonen und Elektronen, mit sehr hohen Energien aufeinanderprallen zu lassen. Hieraus erhoffen sich die Elementarteilchenphysiker neue Erkenntnisse über den Grundaufbau der Materie. Sie untersuchen die angeblich kleinsten Bausteine der Materie und die Wechselwirkung zwischen ihnen. Ebenso erhoffen sie sich ein weiterführendes Verstehen der kosmologischen Entwicklung des Weltalls sowie der physikalischen Prozesse, die in der Sonne vor sich gehen sollen.

Doch die Theosophie und mit ihr alle früheren großen Kulturepochen gingen und gehen auch heute noch davon aus, dass es keine „kleinsten Bausteine" oder Urteilchen der Materie geben kann. Heutige Wissenschaftler jagen einem Phantom nach! Denn dort, wo ihre physikalischen Möglichkeiten aufhören, Materie nachzuweisen, findet der Übergang zu feinstofflicheren Welten oder Schwingungsfrequenzen statt. Kleinste Urteilchen der Materie lassen sich daher nicht feststellen, denn Materie ist kristallisierte Kraft, und diese Kraftpartikel sind eben keine Materie. In einer Unendlichkeit ist es unsinnig, alles auf Materie begrenzen zu wollen. Die einzigen Schranken, die es gibt, zieht sich der Mensch selbst.

Teilchenbeschleunigungsanlagen wie die mit dem enormen Aufwand von 9,5 Milliarden DM errichtete HERA sind, abgesehen von dem horrenden finanziellen Aufwand, Weltenzerstöreranlagen ohnegleichen, denn die Protonen und Elektronen werden durch den ungeheuren Aufprall zerstört. Was die Wissenschaftler jedoch (noch) nicht ahnen, ist, dass durch die Zerstörung neue, in dieser Art in der Natur nicht vorkommende Elementarteilchen entstehen, da ja auch

---

* 2007 wurde die Anlage stillgelegt. Der Betreiber, das Deutsche Elektronen-Synchrotron (DESY), nutzt heute den supraleitenden Linearbeschleuniger FLASH. Weltweit bekannter ist der Large Hadron Collider des Europäischen Kernforschungszentrums CERN bei Genf, der als leistungsstärkster Beschleuniger der Welt gilt und in dem im Juli 2012 das Higgs-Teilchen nachgewiesen wurde (d. Hrsg.).

die Protonen und Elektronen ihrerseits aus noch kleineren Subelementarteilchen zusammengesetzt sind. Die sich hieraus ergebenden Auswirkungen und ihre Spätfolgen für unsere gesamte Atmosphäre sind noch nicht absehbar. FCKW, Abgase, Kohlendioxid, Funkwellen und Ähnliches – wie lange noch kann unsere schöne Erde all diesen die Atmosphäre zerstörenden Giften standhalten?

Allein dieses Beispiel zeigt, wie wichtig es ist, altes Wissen wieder in das Bewusstsein der Menschen zurückzubringen. Das Wissen um die Hintergründe allen Seins ist ja niemals verloren gegangen, doch das darwinistische Erbe verhindert auch heute noch zu einem nicht unerheblichen Teil den zyklisch erforderlichen Aufstieg in eine von Geist und Intelligenz geleitete Evolution. Daher ist es so wichtig, um diese Zusammenhänge zu wissen, zu wissen, wie beherrschend die Stellung des Menschen ist. Der Mensch ist in der Lage, das zyklische Geschehen entweder zu seinem eigenen Wohl oder zu seinem Wehe zu beeinflussen, zu seinem evolutionären Abstieg oder zu seinem Aufstieg, seiner eigentlichen Bestimmung!

Forschung im Hypothesen-Dschungel

Auf Unkenntnis gründen sich in heutiger Zeit die meisten materialistisch geprägten Theorien und Hypothesen, von denen eine auf der anderen aufbaut – das ist unser sogenannter Fortschritt! Die verhängnisvolle Halbwahrheit des Darwinismus über die Entstehung der Arten ist aus dem Grunde nur eine Halbwahrheit, weil sie lediglich die Form, die Manifestation beschreibt, den wirklichen Kern, die geistig-spirituelle Evolution des Menschen jedoch völlig unberücksichtigt lässt. Der Versuch zu verstehen, dass menschliche Eigenschaften wie Selbstbewusstsein, die Fähigkeit des Denkens, Verantwortungsbewusstsein und dergleichen das Ergebnis „toter, lebloser Materie“ sein können, käme einer Gehirnakrobatik gleich. Jeder normal denkende Mensch wird sich bei diesem Versuch fragen, wie es möglich ist, dass eine derartige, der Vernunft widersprechende

Theorie nicht nur noch immer an Schulen gelehrt wird, sondern die Wissenschaft in vielen ihrer Bereiche grundlegend am Fortschritt hindert. Die eindeutige Frage ist doch: Wie kann Leben aus toter Materie entstehen?

Die eigentliche Evolution bezieht sich auf die innewohnende Wesenheit, auf ihren Kern, ihre Essenz, sie ist der Zweck und das Ziel unseres Daseins. Der Körper dient der inneren Wesenheit lediglich als Vehikel, durch das sie sich zum Ausdruck bringt. Daher ist es nicht möglich, mit einer Theorie, die sich auf die reine „Transformation" der Formen bezieht, den Sinn des Lebens zu erklären. Die Menschen werden in die Irre geführt, die Degeneration, die vor etwa 5000 Jahren ihren Anfang nahm, findet auch heute ihren traurigen Niederschlag. Weitere Beispiele aus der Biologie oder anderen Zweigen der Wissenschaft in Bezug auf Leben und Tod verhindern ebenso den Fortschritt aus den Fesseln des materialistisch geprägten Hypothesen-Dschungels. Er hindert uns daran, hinter die Schleier zur Realität der Natur zu gelangen.

Wenn im Mittelalter die Erde als Scheibe angesehen wurde und die damaligen Menschen Angst hatten, an ihren Rand zu geraten, weil sie meinten, hinunterfallen zu können, so ist heute das materialistische Denken derart, dass Forscher nicht wagen, Entdeckungen zu machen, die sich mit dem gewohnten Denken nicht vereinbaren lassen. Theorien müssen aufrechterhalten werden, sie infrage zu stellen hieße, die Wissenschaft als unglaubwürdig dastehen zu lassen. Sollte dennoch, was immer schwerer wird, einem ernsthaften Forscher eine Entdeckung gelingen, die bestehenden Theorien entgegensteht oder die nicht in das gewohnte Schema passt, sehen wir uns wieder mit dem Mittelalter konfrontiert. Nur gut, dass diese mutigen Menschen nicht mehr auf dem Scheiterhaufen verbrannt werden!

Wollen wir zu Weisheit und damit zu innerem Frieden, zu Freiheit und einer menschlicheren Welt gelangen, so müssen wir sie in ihren tieferen Zusammenhängen erkennen und als eine Einheit betrachten. Auch Religion, Wissenschaft und Philosophie sind keine getrennten Denkkästen, unabhängig voneinander, getrennt von den anderen, die für sich selbst bestehen. Sie bilden vielmehr eine Synthese, eine Einheit, und die Anwendung der aus dieser Einheit gewonnenen Erkenntnisse bildet die Gewähr, zu Wahrheit und Weisheit zu gelangen. Der Weg zum Erreichen dieses hohen Zieles liegt in jedem Menschen selbst. Nur er selbst kann, ja muss diesen Weg gehen, wenn er das Ziel einer von Geist und Intelligenz geleiteten Evolution erreichen will. Darum Theosophie als Chance. Ihr Wissen ist der Hoffnungsträger für morgen! Es ist nicht auf Hypothesen, Theorien, Dogmen oder auf Glauben errichtet, vielmehr basiert es einzig und allein auf den Grundgesetzen der Natur. Es ist nachvollziehbar und braucht nicht geglaubt zu werden. Ein wichtiger Schlüssel zum Verstehen der Gesetzmäßigkeiten, die allen Naturvorgängen zugrunde liegen, ist die Analogie.

Theosophie, die gemäß griechischer Definition göttliche Erkenntnis, die Weisheit der Götter ist, bietet Forschungsansätze in allen Wissenschaftsbereichen, erfordert jedoch ein grundsätzliches Umdenken! Alte Gedankenzäune müssen niedergerissen werden, damit die drei gravierendsten Irrlehren, auf denen die gesamte wissenschaftliche Forschung aufbaut, durch ein neues, konstruktives Denken und Studium ersetzt werden können.

Diese drei so folgenschweren Irrlehren sind:

1. Die Annahme, es gäbe tote Materie.
2. Die darwinistische Transformationstheorie, die mit Evolution verwechselt wird.
3. Die Hypothese der Entstehung von Welten quasi aus dem Nichts (zum Beispiel die Urknalltheorie).

Zu Punkt 1:

Es gibt keine tote Materie. Die Formen, die Körper, zerfallen zwar, sind jedoch von einem ungeheuren Leben, von lebenden Wesenheiten aufgebaut und zusammengesetzt, das heißt, sie setzen auch wieder Leben frei.

Zu Punkt 2:

Die darwinistische Transformationstheorie erklärt lediglich die Weiterentwicklung der Körper, das Überleben des Tauglichsten. Eine von Geist und Intelligenz geleitete „Evolution" bleibt völlig unberücksichtigt. Intelligenz, Gefühl, Moral und Ethik sowie die wichtigsten Eigenschaften des Menschen, das Denken und das Selbstbewusstsein, finden im Darwinismus keine Berücksichtigung.

Zu Punkt 3:

Die Entstehung von Welten infolge eines Urknalls oder auf der Basis ähnlicher Hypothesen ist eine rein wissenschaftliche, durch nichts bewiesene Spekulation, die selbst von ernsthaften Forschern infrage gestellt wird. Wie aus einem Urknall, aus lebloser Materie oder dem Nichts intelligente Geschöpfe und schließlich der Mensch entstehen, muss selbst für Wissenschaftler ein unerforschliches Rätsel bleiben!

Es mutet geradezu unglaublich an und ist zudem nicht nachvollziehbar, dass sich auf eben diesen drei spekulativen und niemals bewiesenen Grundsätzen der Wissenschaft unser derzeitiges Weltbild aufbaut. Dies kann nicht drastisch genug betont werden! Diese auf Spekulationen aufgebauten Theorien sind der Grundstein, der Nährboden für die ständig zunehmende Kriminalität, für den Verlust ethischer Werte und nicht zuletzt auch für die gefühlsmäßige Verrohung, die sich zum Beispiel in der Forschung bei Tierexperimenten und in der Massentierhaltung zeigt. Menschliche Grausamkeit stellt alles Vorstellbare in den Schatten. Der Anblick der geschundenen Kreatur in Forschung und Wissenschaft wirft die Frage auf, ob menschliches Handeln dem Anspruch von „Humanitas", Menschlichkeit, gerecht wird.

Auch die Gentechnik muss grundlegend hinterfragt werden. Eine Manipulation der Natur wird auf Dauer die Lebensgrundlagen der Menschheit schwerwiegend verändern. Noch ist nicht absehbar, welche Ausmaße der Eingriff in die komplexe Vernetztheit der Natur haben wird.* Ebenso der Natur widersprechend ist die Transplantationsmedizin, deren Auswirkung auf die Psyche, die Persönlichkeit und die Evolution aller Beteiligten noch längst nicht erkannt wird. „Nächstenliebe" ist ein viel missbrauchtes Wort, das nicht nur aus Unkenntnis manipulativ vermarktet wird.

Drogen- und Alkoholsucht sind weitere tragische Beispiele für die „Seelenleere", die aus dem propagierten materialistischen Weltbild resultiert. „Seelen*leere*" deshalb, weil mit Rauschgiften, Alkohol oder übermäßigem Nikotinkonsum mit der Zeit nicht nur der physische Körper zerstört wird, sondern über den Astralkörper auch die Seele des Menschen. Wohin das materialistisch geprägte Weltbild die Menschheit gebracht hat, wird tagtäglich deutlicher. Es geht nicht mehr nur darum, die Wälder, die Meere, die Luft zu retten, Tiere vor dem Aussterben zu bewahren, Kriege zu verhindern, es geht inzwischen tatsächlich um den Fortbestand der Menschheit schlechthin.

Die vor etwa 2000 Jahren begonnene kulturelle Degeneration deutet auch darauf hin, dass es *vor* ihrem Zerfall Hochkulturen gab, deren wissenschaftlich-philosophischer Erkenntnisstand dem unseres Zeitalters weit überlegen war. Wir schreiben derzeit ein graues Kapitel in der Menschheitsgeschichte, das völlig umgeschrieben werden muss, wenn wir uns nicht selbst weiterhin unsere Lebensgrundlagen zerstören wollen.

Die Theosophie hält die Schlüssel zum Aufbrechen verkrusteter Denkschablonen für alle Zweige der Naturwissenschaften bereit. Sie enthält die Grundlagen für ein neues Denken, in dem Leben und Bewusstsein die tragenden Säulen sind, die an die Stelle von Zufall und toter Materie treten. Sie ersetzt Gewalt und Terror sowie absichtliche Manipulation durch ein von Ethik und Erkenntnis getragenes Weltbild, das dem Menschen wieder seine ursprüngliche Stellung zuweist: Mensch zu sein im Sinne wahrer Humanität, wahrer Menschlichkeit. Es ist ein „anders Denken", ein Umdenken

---

* Antonia Donta: *Gentechnik – Zwischen Hoffnung und Illusion.* Edition Ursachenforschung, Band 4. Hannover, 2015.

erforderlich. Hypothesen und Theorien müssen hinterfragt werden. Das zeitalteralte Wissen über Mensch, Natur und Kosmos ist nie verloren gegangen, es ist der Hoffnungsträger, das Wissen der Zukunft.

Der Aufbau des Kosmos, wenn in Analogie zu dem des Menschen gesetzt, zeigt, dass es keine tote Materie gibt. Eine Aussage von außerordentlicher Bedeutung! Es gibt nur lebende, in Entwicklung begriffene Wesenheiten, die einander aufbauen und durch Evolution das ungeheure Netzwerk der Natur bilden. Leben und Tod bilden in diesem Netzwerk das zyklisch bedingte Stirb und Werde im ewigen Kreislauf der Natur. Eines baut auf dem anderen auf, ewig lernend, ewig evolvierend zu höheren Stufen des Bewusstseins!

Doch liegt es in der Hand des Menschen, wohin er tendiert: Folgt er dem abwärtsführenden Zyklus oder bewältigt er den Aufstieg, es liegt allein in des Menschen Hand!

Gedanken sind die stärksten in Anwendung gebrachten Kräfte im Universum!

Solange
der Ursprung des Menschen,
die Entstehung von Welten,
Sonnen und Universen
auf materieller Basis
gesucht werden, geht die
Ursachenforschung an den
Ursachen *vorbei –*
sie bleibt spekulativ.

Hermann Knoblauch

Leben im Einklang mit der Natur

Gedanken über Raum und Zeit

Mit der Unendlichkeit von Raum und Zeit haben wir eine Perspektive vor uns, die alle Begrenzungen aufhebt und den Sinn des evolutionären Daseins offenbart. Alles, was wir benötigen, ist, unser an die Materie geklammertes Denken aufzugeben, um hinter die Welt der Erscheinungen blicken zu können. Damit löst sich die Illusion von Raum und Zeit zu einem ewigen „Jetzt" auf. Schauen Sie aus dem Fenster der grandiosen Unendlichkeit, wir können sie nie verlassen!

Was verbinden wir mit dem Begriff „Raum", und was ist „Zeit"? Newton (1643–1727) machte zwei wesentliche Aussagen zu diesen Begriffen:

1. „Der absolute Raum bleibt vermöge seiner Natur und ohne Beziehung zu einem äußeren Gegenstand stets gleich und unbeweglich."
2. „Die absolute, wahre und mathematische Zeit verfließt *an sich* und vermöge ihrer Natur gleichförmig und ohne Beziehung zu irgendeinem äußeren Gegenstand."

Newton hat hier versucht, eine Wesensbestimmung des Raumes und der Zeit zu geben. Hiermit gibt sich der Physiker in heutiger Zeit jedoch nicht mehr zufrieden. Raum und Zeit müssen mittels eines Messverfahrens experimentell bestimmbar sein. Doch welches Messverfahren soll angewandt werden, und kann überhaupt von einem absoluten Raum und von absoluter mathematischer Zeit gesprochen werden?

Die Theosophie lehrt: Es gibt nichts „Absolutes", da sich alles, ob Sandkorn oder Universum, ob manifestiert oder unmanifestiert, in nie endender Bewegung befindet. Damit sind sie selbst der Raum und die Zeit oder bilden diese, sodass es weder einen absoluten Raum noch eine absolute Zeit geben kann, denn absolut bedeutet unveränderlich.

Wie sagt doch Goethe (1749–1832) in seinem *Faust**:

„Daran erkenn' ich den gelehrten Herrn!
Was ihr nicht tastet, steht euch meilenfern!
Was ihr nicht fasst, das fehlt euch ganz und gar!
Was ihr nicht rechnet, glaubt ihr, sei nicht wahr!"

Vieles, was zu Goethes Zeit noch als Aberglaube abgetan wurde, ist inzwischen zu wissenschaftlich fundierten Erkenntnissen herangereift, doch von der Anerkennung einer Unendlichkeit von Zeit und Raum sind viele Wissenschaftler noch meilenweit entfernt, und Goethes etwas ironisches Zitat hat nach wie vor seine volle Berechtigung.

Wie bekannt ist oder zumindest angenommen wird, hat ein Punkt keine Dimension oder Ausdehnung. Eine Linie hingegen hat eine Ausdehnung oder Dimension, also Länge. Eine Fläche hat zwei Dimensionen, Länge und Breite. Der Raum hat drei Dimensionen oder Ausdehnungen: Länge, Breite und Tiefe oder Höhe.

Nun hat auch die Zeit im allgemein verstandenen Sinn eine gewisse Ausdehnung. Sie ist zwar nicht an sich kurz oder lang, aber doch

* Mephisto in *Faust II,* 1. Akt, Kaiserliche Pfalz.

Ist Zeit nur eine Illusion?

kurz oder lang als Zeitdauer, und damit ist sie als Zeitbegriff erfahrbar. Soll das nun heißen, Zeit sei eine sogenannte vierte Dimension? Und gibt es darüber hinaus eine fünfte oder sechste? Genau genommen kann es keine vierte, fünfte oder sechste Dimension geben, denn der Begriff Dimension bezieht sich auf unsere materielle Welt.

Mithilfe der Theosophie, die sowohl die archaischen Weisheitslehren als auch Religion, Philosophie und moderne Wissenschaft einzeln und in der Synthese beinhaltet, möchte ich versuchen, einige Gedanken über Raum und Zeit zu geben beziehungsweise zu erläutern, was diese Begriffe beinhalten und was wir uns darunter vorstellen können.

Das Paradoxon der Zeit

Was ist Zeit? Ist Zeit überhaupt existent, das heißt, gibt es überhaupt so etwas wie Zeit, oder gibt es streng genommen nur ein ewiges „JETZT", Jetzt, Jetzt, Jetzt? Denn das „Jetzt", das eben noch bestand, als ich es aussprach, ist nun bereits Vergangenheit, und das „Jetzt", das ich jetzt ausspreche, war eben noch Zukunft. Zeit ist hiernach an Vergangenheit und Zukunft gebunden, die aber beide nicht existent sind. Vergangenheit und Zukunft sind nicht real, sind nicht existent, also kann Zeit auch nicht existent sein, aber sie existiert doch, ohne existent zu sein. Dies werden Sie als ein typisches Paradoxon erkennen, als einen logischen, aber dennoch nur scheinbaren Widerspruch. Wir können folgern, dass Zeit nicht existent sein kann, und trotzdem existiert sie. Dies ist keine neue Erkenntnis, sondern ein ebenso uraltes wie modernes Problem. Wie kann es gelöst werden? Versuchen wir es mithilfe der modernen Wissenschaft, ihrer Erkenntnisse über Schwingungen oder Frequenzen sowie über Zyklen (→ Anhang „Das elektromagnetische Spektrum").

Aus dieser Abbildung lassen sich viele Gedankengänge ableiten, zum Beispiel der folgende: Irgendeine Kraft oder Energie legt in einer bestimmten Zeit eine ganz bestimmte Strecke in irgendeinem Raum zurück. Weil sich aber im Universum nichts geradlinig bewegen kann und alle Dinge in Bewegung sind, befinden sich diese aufgrund ihres Daseins sowohl in eigener kreisender Bewegung als auch in der des Universums, wodurch sie in kreisender eigener Bewegung sowie der universellen Bewegung von Erde, Sonnensystem und Universum Spiralen verschiedenster Größen oder Zeiten durchlaufen und so Zyklen, Frequenzen, Zeiten und Räume aller nur denkbaren Größen oder Ordnungen bilden.

Diese kreisenden Bewegungen bemerken wir nicht, daher erleben wir sie auch nicht bewusst, dennoch kreist der Mond auf seiner Bahn mit etwa 1 km/s um die Erde, mit rund 30 km/s kreist unsere Erde um die Sonne, das sind rund 108 000 km/h. Mit ca. 220 km/s kreist die Sonne zusammen mit allen anderen Sternen unserer Heimatgalaxie um das Zentrum unserer Milchstraße, eine Râja-Sonne. Sie benötigt für einen Umlauf etwa 240 Millionen Jahre. Die Nachbargalaxien der Milchstraße und die Milchstraße selbst bilden die Lokale Gruppe. Dieser Galaxienhaufen bewegt sich mit etwa 630 km/s. Diese Rechnung kann bis in die Unendlichkeit fortgesetzt werden.

Weder in der Zeit oder den Zeiten noch in den Räumen des Raumes kann irgendwo ein Ende oder ein Anfang entdeckt werden, ja es wäre geradezu unsinnig, irgendwo einen Anfang oder ein Ende in diesem Bild festzusetzen. Damit sind die Unendlichkeit von Raum und Zeit sowie die Ewigkeit allen Seins tatsächlich bewiesen. „Wie oben, so unten, wie unten, so oben", lautet das hermetische Axiom.

Das Wissen, dass Kraft nicht etwas Hypothetisches oder Unerklärbares ist, löst einige der Rätsel des Universums und auch unseres eigenen Lebens. Denn Kraft setzt sich aus Partikeln, Kraftzentren, Bewusstseinseinheiten, Monaden oder Seelen zusammen, die sich inhärent und unmittelbar in Bewegung befinden.

Hieraus ergibt sich eine weitere Frage: Wird der Raum nur von Materie gebildet? Müssen nicht auch alle anderen Dinge im Raum vorhanden sein, wenn er auf das Engste mit der Zeit verbunden ist und beide zur Unendlichkeit verschmelzen? Ohne Raum keine Zeit, ohne Zeit kein Raum, sie sind eins, und daher könnte zu Recht von „Zeit" als von einer 4. Dimension gesprochen werden. Raum wird also nicht nur von Materie gebildet, sondern alles, was denkbar ist, gehört zu ihm oder muss in dem Raum-Zeit-Begriff enthalten sein: Götter, Menschen, Tiere, Pflanzen, Atome, Elementarteilchen, und zwar sowohl hier auf Erden als auch auf entfernten Planeten, Sonnen, Universen, Überuniversen und so weiter in der Unendlichkeit.

Diese Überlegung führt zu der Schlussfolgerung, dass es keinen leeren Raum geben kann, denn Raum wird von Partikeln, Bewusstseinseinheiten und vielem mehr gebildet. Raum ohne Inhalt gibt es also nicht, denn der Inhalt bildet den Raum. Die alte Weisheit besagt, dass es nur eine unendliche Fülle gibt, aber keine Leere. Der Raum ist erfüllt von Wesenheiten aller denkbaren Größenordnungen, aller nur denkbaren Zeit-Raum-Entitäten, von Schwingungs-Kraft-Zentren, von unendlich kleinen Zeit-Räumen sowie von unendlich großen Zeit-Räumen, die als Kosmos oder die Unendlichkeit nach allen Richtungen hin feststellbar sind.

Schwingungsfrequenzen, Zyklen, Zeiten

Sämtliche Berechnungen gehen von den menschlich-irdischen Zeitbegriffen aus. Doch das Weltall richtet sich nicht nach dem Menschen, denn dieser ist lediglich ein Teil von ihm und im Größenvergleich ein Staubkorn im Kosmos, wenn auch ein Kosmos von Universen im Mikrobereich. Andere Lebewesen haben ganz andere Zeitbegriffe als wir Menschen hier auf dieser Erde.

Beispiel: Eine Sekunde ist ein Zyklus. Verläuft in dieser Zeit eine Schwingung, ist das

1 Schwingung pro Sekunde = 1 Hz (Hertz).

Weitere Zyklen oder Zeiten sind zum Beispiel

1 Minute = 60 Sekunden

1 Stunde = 60 Minuten = 3600 Sekunden

1 Tag = 24 Stunden = 86 400 Sekunden

1 julianisches Jahr = 365,25 Tage = 31 558 464 Sekunden

Das Licht legt in einer Sekunde 299 792,458 km zurück (= Lichtgeschwindigkeit), in einem Jahr also:

31 558 464 Sekunden × 299 792,458 km/s = 1 Lichtjahr = 9,46 Billionen km (9 460 730 472 580 800 m).

Auch die Planeten unseres Sonnensystems haben unterschiedliche Zeitabläufe. So beträgt die Dauer eines Umlaufs des Merkur um die Sonne etwa 88 unserer Tage, das heißt, ein Jahr für Wesenheiten auf dem Merkur entspricht nach unserer Zeiteinteilung oder der Umdrehungszeit der Erde nur etwa 88 unserer Tage. Das Venus-Jahr ist mit 224 Erdentagen fast ⅔ so lang wie unser Jahr. Der Jupiter benötigt etwa 12 unserer Jahre für einen Umlauf, der Saturn etwa 30 Jahre und der Neptun etwa 165 Jahre, Pluto sogar etwa 248 Jahre. Ein Mensch, der auf dem Neptun 70 Neptun-Jahre lebt, würde auf der Erde 11 550 unserer Jahre alt werden. 70 Pluto-Jahre würden sogar 17 360 unserer Jahre entsprechen.

Umaufbahnen der Planeten um die Sonne. Jeder Planet hat sein eigenes „Jahr".

Der Zeit-Raum-Begriff geht jedoch weit über das Sonnensystem hinaus. Die Zahl der Sonnen innerhalb unserer Milchstraße wird heute auf etwa 100 bis über 400 Milliarden geschätzt. Wichtig ist die Feststellung, dass es sich hierbei um mehr oder weniger sichtbare Sonnen handelt, nicht um die unsichtbare dunkle Materie, die innerhalb der Milchstraße geschätzt 9x häufiger vorkommt als die sichtbare Materie. Wenn wir nun in kosmische Bereiche vordringen und uns zum Beispiel unsere Milchstraße vorzustellen versuchen, so sind wir bei DAS oder JENES angelangt. Diese Vorstellung übersteigt unsere Begriffsmöglichkeit, oder anders ausgedrückt, wir kommen zu dem Begriff der Unendlichkeit. Wir können keine Grenze mehr erkennen, denn wollten wir die Wesenheiten in den Universen zählen, müssten wir zu der Erkenntnis kommen, dass es eine Unendlichkeit gibt. Ausgehend vom Makrokosmos ist hierin die Unendlichkeit endlicher Wesenheiten zu erkennen.

Diese Beweisführung hinsichtlich Zeit-Raum kann analog auch in Bezug auf den Mikrokosmos vorgenommen werden, im Bereich

10^{22} Hz …… 10^{∞} Hz.

Die Frequenz 10^{22} Hz, also 10 Trilliarden Schwingungen pro Sekunde, liegt im Bereich der sogenannten kosmischen Strahlung. Diese Linie der Schwingungsskala als Symbol kann kein Ende haben. Es ist undenkbar, dass bei einer bestimmten Schwingungszahl plötzlich ein Ende sein soll. Somit ist es richtig, die Linie bis 10^{∞} fortzusetzen. So ist zum Beispiel ein Atom ein Sonnensystem im Kleinen oder im Mikrobereich. Um den protonischen Kern (Sonne) kreisen die Elektronen als Planeten. Diese Planeten sind bewohnt, sagen wir, wie unsere Erde von Pflanzen, Tieren, Menschen und anderen Lebewesen. Nichts spricht dagegen, dass es so ist, denn „Bewusstsein" hat innerhalb von Raum-Zeit keine Ausdehnung, es ist ohne jede Begrenzung „unendlich". Bewusstsein ist, vom Menschen aus betrachtet, unendlich groß oder unendlich klein. Angenommen, auf dem Elektron befinden sich menschliche Wesen, die dort ihre Wohnungen haben. Der Körper eines Menschen besteht aus den verschiedenen Organen und Gliedern, die wiederum aus Zellen, Molekülen und einer Unzahl von Atomen gebildet werden. Diese Atome sind ihrerseits aus dem Atomkern und den Elektronen gebildet, also der Sonne und ihren Planeten. Auch sie werden wieder bewohnt oder gebildet von Lebewesen – und so weiter und so weiter bis in die Unendlichkeit. Natürlich ist hier nicht von Körpern und Wohnungen die Rede, wie wir sie in ihrer physischen Zusammensetzung kennen. Bewusstsein und Energie öffnen ganz andere Bereiche für das Denken hinsichtlich evolutionärer Daseinsformen beziehungsweise existenziellen Lebens.

Ist es nicht wunderbar, wie der menschliche Geist diese Abstraktion als Realität durchdenken kann, diese Unendlichkeit der Endlichkeiten? Die gleiche Denkweise kann auch im Bereich des Makrokosmos angewandt werden, indem wir unsere Milchstraße als eine Zelle betrachten, die zu einer unvorstellbar großen Wesenheit gehört.

Diese „Wesenheit“ hat ihre „Wohnung“ auf einem Planeten, der zu einem Sonnensystem gehört, das ebenso unvorstellbar groß ist und seinerseits eine Zelle einer entsprechenden unendlich großen Wesenheit ist. Unsere Vorstellung kann so weit ausgedehnt werden, bis unser endlicher Verstand in seiner Imagination Halt macht.

Diese Gedanken über Raum und Zeit basieren weder auf Dogmen noch auf Hypothesen. Sie dienen als Denkanstöße und zur Nachprüfung, aber auch zum Verstehen, dass Bewusstsein dimensionslos ist, also keine Ausdehnung oder Größe hat. Aus dieser Sicht lassen sich Welten, Universen und Sphären in allen nur denkbaren Schwingungsgraden und unendlich vielen Qualitäten erkennen. Schon allein die physikalisch oder wissenschaftlich erkennbaren Welten weisen auf Zahlen und Räume hin, die sich außerhalb jeden Denkvermögens befinden. Sie deuten die Unendlichkeit des Raum-Zeit-Begriffes an, sodass aufgrund dieser Überlegungen gesagt werden kann, dass die physische Unendlichkeit unendlich oft malgenommen werden muss, oder mit anderen Worten: das Unendliche wird aus endlichen Unendlichkeiten gebildet. Dies ist eine praktische Unmöglichkeit, dennoch ein Paradoxon, das heißt, es hat einen Wahrheitsgehalt.

Evolution in Raum und Zeit

Welche Bedeutung hat die Betrachtung über Raum und Zeit aus diesem 4-dimensionalen Raum-Zeit-Begriff für uns Menschen? Es ist die weitreichende Erkenntnis, dass es eine unendliche Anzahl endlicher Entitäten oder Bewusstseinszentren in unendlich verschiedenen Formen, Größen oder Räumen von unendlich verschiedenen Lebens- oder Daseinsebenen gibt. Was wir als unsere Welt bezeichnen, die für uns so real erscheint, also für uns die „Wirklichkeit“ ist, ist in Wahrheit nur eine Welt aus einer unendlichen Zahl von Raum-Zeit-Manifestationen. Unsere fünf Sinne übermitteln uns aus einem unendlichen Spektrum von Frequenzen oder Schwingungsraten nur einige wenige Oktaven, und selbst diese auch mit modernsten

Hilfsmitteln nur sehr unvollkommen. Wer kann dem menschlichen Geist Grenzen setzen? Wie ändert sich das Bild gegenüber der Natur; wie wird es plötzlich von Leben und Bewusstsein aller nur möglichen Grade erfüllt! Vom Atom bis hin zu hochevolvierten Göttlichkeiten manifestiert sich jede Wesenheit in dem unendlichen Raum-Zeit-Kontinuum.

Hierin liegt auch der Beweis für die Unendlichkeit der Gedanken, denn was sind Gedanken? Gedanken sind Wesenheiten, sie sind endliche Entitäten, Korpuskeln, Atome oder Monaden in unendlicher Zahl im Zeit-Geist-Raum-Begriff. Hieraus kann gefolgert werden, dass es einen Zahl-Zeit-Raum-Begriff als 5-dimensional und unendlich in der Unendlichkeit gibt und dass wir mit diesem 5-dimensionalen Begriff der Wahrheit oder der Realität näher kommen! Was ist also Wahrheit oder Realität?

Mit unserem endlichen Verstand allein werden wir die Wahrheit oder die Realität niemals erfassen oder erkennen, das heißt wirklich verstehen können. Denn je mehr wir uns mit dem Zahl-Zeit-Raum-Begriff befassen, das heißt, je mehr wir uns mit der Kraft des Erkennens und des Verstehens diesen Manifestationen oder Bewusstseinszuständen nähern, desto eher kommen wir zu dem Schluss, dass wir zum gegenwärtigen Zeitpunkt nur über wenig realitätsbezogenes Wissen verfügen. Die Evolution des Menschen muss noch die Unendlichkeit hindurch mit diesem bisher erkannten Zahl-Zeit-Raum-Begriff verschmelzen, weil der Mensch auf der unendlichen Leiter der Evolution nur erst wenige Stufen zu seiner Vollkommenheit erklommen hat. Denn wer vermag zu sagen, dass der Mensch auf der gegenwärtigen Stufe seiner Entwicklung humanitär im Sinne wahrer Menschlichkeit ist?

Bewusstsein und Bewusstseinszentren erfüllen oder bilden den Raum. Könnte von einer 6. Dimension gesprochen werden? Wenn Bewusstsein keine Grenzen hat, weder im Raum noch in der Zeit, noch in der Zahl, es aber vorhanden sein muss, um den Zahl-Zeit-Raum-Begriff zu ermöglichen, so wäre es sehr wohl richtig, Bewusstsein als die 6. Dimension zu bezeichnen. Doch das Wort Dimension bezieht sich lediglich auf diese materielle Welt und ist daher nicht ganz korrekt, aber es gibt kein anderes oder besseres, um diesem Gedanken Gestalt zu geben. Was aber ist „Bewusstsein", dieses geradezu geheimnisvolle Agens, das den Raum erfüllt, bildet und damit der Raum in aller Wahrheit selbst sein muss?

Bewusstsein, Selbstbewusstsein und Gewissen

Bewusstsein hat keine Ausdehnung, es ist weder groß noch klein, dennoch hat es zumindest verschiedene Qualitäten. Es gibt ein Mineral-Bewusstsein, Pflanzen- oder Tierbewusstsein, der Mensch hingegen hat relatives Selbstbewusstsein. Hieraus geht deutlich hervor, dass Bewusstsein nicht allein für sich existieren kann, es ist immer und zugleich an eine Wesenheit gebunden. Da Bewusstsein die höchste Stufe evolutionären Daseins ist, kann es als Geist-Stoff in seinen unendlich vielen und verschiedenen Formen oder Manifestationen bezeichnet werden. Kraft und Stoff oder Geist und Materie sind in ihrer Essenz eins, sie sind Bewusstseinszentren, die sich in ihrer Manifestation befinden. In diesem Sinne ist Bewusstsein die feinste und höchste denkbare Form von Energie und damit die Wurzel aller Dinge. Es ist Energie oder Leben, sowohl für unsere Sphäre oder Schwingung als auch für kosmische oder höchste spirituelle Sphären und Welten. Bewusstsein ist daher unendlich wie das Zahl-Zeit-Raum-Kontinuum. Es ist die Grundlage und die Essenz der „Götter, Monaden, Atome", wie Blavatsky es in der *Geheimlehre* ausführt, für die drei Stufen des Universums. Von Purucker sagt in *Der Mensch in der Unendlichkeit:* „Das Universum besteht aus verkörperten Bewusstheiten."* Und er ergänzt, dass diese Bewusstheiten oder Bewusstseinszentren „zahlenmäßig unendlich sind, denn das gesamte Universum ist von ihnen erfüllt: Es besteht aus nichts anderem

* Gottfried von Purucker: *Der Mensch in der Unendlichkeit.* Hannover, 2022, S. 88.

als aus ihnen, aus einem ungeheuren Aggregat."* Der Mensch hat, im Gegensatz zu den unter ihm stehenden Naturreichen, die Fähigkeit zum Selbst-Bewusstsein. Was aber ist der Unterschied zwischen Bewusstsein, aus dem alles besteht, diesem Zahl-Zeit-Raum-Agens, und dem Selbst-Bewusstsein? Es ist natürlich dasselbe unendliche universale Bewusstsein, doch besteht ein sehr wichtiger Unterschied in Bezug auf den Menschen, der infolge seiner derzeitigen Evolutionsstufe in der Lage ist, die Qualitäten des Bewusstseins zu unterscheiden. Mithilfe seiner Unterscheidungskraft, es könnte auch gesagt werden, mithilfe des spirituell-göttlichen Bewusstseins ist es dem Menschen möglich, die niederen Bewusstheiten zu erkennen, sodass er in der Lage ist, seine Gedanken und somit auch seine Handlungen willentlich zu beeinflussen. Dies ist auch eine Erklärung für das Gewissen. Der Mensch ist gleichzeitig Gott und Teufel sowohl für Andere beziehungsweise seine Umwelt als auch für sich selbst. Da das Gewissen nur auf der menschlichen Stufe evolviert ist, also weder im Tier- oder Pflanzenreich noch auf anderen Stufen der Manifestation, sind mit ihm tiefe Mysterien verbunden, die auf die wesentlich längere Evolution des Menschen zurückzuführen sind.

Die Aussagen des Darwinismus, Gewissen, Liebe, Mitleid, Harmonie und ethisches Empfinden seien so ganz von selbst aus der Materie entstanden, zählen zu den verhängnisvollsten und folgenschwersten Irrlehren unserer Zeit. Darwins Theorien über die sogenannte „Evolution der Materie" werden vonseiten der Wissenschaft teils bestätigt, teils abgelehnt, denn was den Menschen und sein Selbstbewusstsein betrifft, beziehen sich seine Lehren auf die reine Transformation der Körper. Selbstbewusstsein kann nicht aus sogenannter „toter Materie" entstehen. Vielmehr ist der Mensch nur mithilfe des ihm innewohnenden spirituell-göttlichen Bewusstseins, das seiner Individualität zugrunde liegt, in der Lage, zwischen Gut und Böse zu unterscheiden. Er ist in der Lage, seinen freien Willen, sofern er diesen gemäß seiner Unterscheidungskraft „frei" benutzt,

* ebenda, S. 33.

in Gedanken und Taten zum Ausdruck zu bringen. Spirituell-göttliches und niederes Bewusstsein befinden sich mehr oder weniger im Gleichgewicht. Jeder Mensch kann gemäß seiner Erkenntniskraft bestimmen, nach welcher Seite sich sein Waagebalken neigt: zum Guten oder zum Bösen, zum Spirituell-Göttlichen oder zum Dämonischen, zum Materiellen oder zum Spirituellen in Raum und Zeit. So evolviert jeder entweder zum Guten hin, wodurch er zum Wohl seiner Mitmenschen und zu Harmonie und Frieden in der Natur beiträgt, oder aber zum Verderblichen. Disharmonie, Leid, Pein und gegebenenfalls Auslöschung sind die Folgen, denn die Natur stößt Disharmonie als letzte Konsequenz von sich ab oder aus.

Jeder Mensch ist in der Lage, die Freiheit seines Denkens zu entfalten, die Geheimnisse der Natur zu entdecken und sie zu verstehen, denn der wirkliche, innere Mensch ist ein *Denker!*

Die drei fundamentalen Sätze der Geheimlehre

1. **Ein allgegenwärtiges, ewiges, grenzenloses und unveränderliches PRINZIP,**
   über das gar keine Spekulation möglich ist, da es die Kraft menschlicher Vorstellung übersteigt und durch irgendwelche menschliche Ausdrucksweise oder Vergleich nur erniedrigt werden könnte. Es ist jenseits von Raum und Reichen des Gedankens – mit den Worten der Mândûkya „undenkbar und unaussprechlich".

2. **Die Ewigkeit des Weltalls**
   in toto als einer grenzenlosen Sphäre, die periodisch „der Spielplatz ist von zahllosen unaufhörlich erscheinenden und verschwindenden Universen".

3. **Die fundamentale Identität aller Seelen mit der universellen Oberseele,**
   welch Letztere selbst ein Aspekt der unbekannten Wurzel ist.

Helena Petrowna Blavatsky, *Die Geheimlehre.*
Hannover, 2012, Band I, S. 42 ff.

Isis Entschleiert und *Die Geheimlehre* – Historisches Erbe

Vorworte des deutschen Herausgebers Hermann Knoblauch zu den beiden Hauptwerken *Isis Entschleiert* und *Die Geheimlehre* von Helena Petrowna Blavatsky

Vorwort zu *Isis Entschleiert*

Die Zeiten ändern sich mit jedem Jahrhundert, mit jeder neuen Generation. Was sich nicht ändert, ist die Quelle allen Wissens, aus der seit Menschengedenken die großen Kulturen, Wissenschaften, Religionen und Philosophien hervorgingen. Die kulturell-historische Entwicklung der Menschheit zeigt jedoch, wie sich die verschiedenen Zweige der Wissenschaften mehr und mehr voneinander trennten und somit auch die Einheit einer universell anwendbaren Religion-Philosophie-Wissenschaft verloren ging. Die Religionen trennten sich von den Philosophien, und ebenso trennten sich die Wissenschaften von ihnen. Umso notwendiger wurde angesichts der fortschreitenden Spezialisierung die Wiedervereinigung von Religion, Wissenschaft und Philosophie, da wir nur in der Synthese dieser drei großen Denkmöglichkeiten der Kausalität unseres Daseins näher kommen können. So war es die damalige Zeit selbst, die ein Werk wie *Isis Entschleiert* herausforderte.

Helena Petrowna Blavatsky (1831 – 1891) ist der Welt durch ihr enzyklopädisches Wissen bekannt. Eines ihrer Ziele war es, die in der Synthese von Religion, Wissenschaft und Philosophie liegende Einheit des Denkens aufzuzeigen.

Schon bald nachdem Blavatsky am 17. November 1875 zusammen mit William Quan Judge, Henry Steel Olcott und Anderen die Theosophische Gesellschaft gegründet hatte, begann sie mit der Niederschrift ihres ersten Standardwerkes *Isis Entschleiert.* Bereits nach knapp zwei Jahren konnte dieses bedeutende Werk am 29. September 1877 in New York einer interessierten Öffentlichkeit vorgestellt werden. Schon zehn Tage später war die Erstauflage vergriffen. Zu jener Zeit waren die Fronten zwischen den Vertretern der Naturwissenschaften und denen der Theologie hoffnungslos festgefahren. Mit *Isis Entschleiert* bot sich ein Ausweg aus dieser Situation und zugleich die Möglichkeit, Wissenschaft, Religion und Philosophie wieder miteinander zu versöhnen. Wenn wir heute zurückblicken, so zeigt sich, dass in einigen Bereichen bereits eine interdisziplinäre Annäherung erreicht werden konnte.

Am 26. September 1892 veröffentlichte *The Sun,* New York, einen Artikel von William Q. Judge über die Entstehung von *Isis Entschleiert,* in dem es heißt: „*Isis Entschleiert* fand weitverbreitete Beachtung. Alle New Yorker Zeitungen besprachen das Werk und bescheinigten ihm, dass es eine ungeheure Forschungsarbeit an den Tag lege. Das Seltsame daran ist, dass die Autorin, wie ich und viele Andere als Augenzeugen bei der Herstellung des Buches bezeugen können, keine Bibliothek zur Verfügung hatte, in der sie hätte nachforschen können, und auf keine Aufzeichnungen über frühere Untersuchungen oder Lektüren zurückgreifen konnte. Alles war direkt aus der Feder geflossen. Und doch ist es voll von Verweisen auf Bücher im Britischen Museum oder in anderen großen Bibliotheken, und jede Quellenangabe ist korrekt. Was dieses Buch betrifft, handelt es sich also entweder um eine Frau, die in der Lage war, in ihrem Gedächtnis eine derart große Anzahl von Tatsachen, Daten, Zahlen, Titeln und Themen zu speichern, wie es nie zuvor ein Mensch vermochte, oder sie hatte tatsächlich, wie sie selbst versicherte, ‚Hilfe von jenen, die ungesehen und unbemerkt hinter ihr standen'."

Diese Aussage mag für Außenstehende zunächst schwer nachvollziehbar sein. Doch im Zeitalter der Quantenphysik, die erst durch metaphysisches Denken interpretierbar ist, müssen auch andere Bewusstseinsstufen und Daseinsbereiche einbezogen werden. Die Grenzen des empirisch Nachweisbaren haben sich enorm verschoben. Max Planck zum Beispiel betrachtete Bewusstsein als fundamental, was neben anderen intuitiven Forschern und Gelehrten auch Gottfried Wilhelm Leibniz in seiner *Monadologie* zum Ausdruck brachte. Und wer möchte sich angesichts der verheerenden Zustände in der Welt aufschwingen zu sagen, dass es über der menschlichen Bewusstseinsstufe keine weitere gäbe?

Isis Entschleiert brachte Bewegung in das Denken jener Zeit, das von einem sich zunehmend stärker entwickelnden Materialismus gekennzeichnet war. Blavatsky kam, um die Gedankenformen der Menschen zu zerbrechen. Ihr Wirken warf wieder neues Licht auf die von Geist und Intelligenz geleitete Evolution, der sie die

Schöpfungslegenden gegenüberstellte. So treten sie nicht mehr als unüberbrückbare Gegensätze auf, sondern als zwei unterschiedliche Sichtweisen von Teilen der Alten Weisheit. Es ist Blavatskys Verdienst, zeitalteraltes Wissen im Bewusstsein der Menschen neu verankert zu haben. Mit der Theosophie brachte sie jene alte „Lehre der Hoffnung" zurück, die unvergänglich die Zeiten überdauert.

Blavatsky schrieb in dem Bewusstsein, dass den fortschreitenden Wissenschaften für ihre verantwortungsvolle Aufgabe entscheidende Schlüssel fehlten. Sie gab zahlreiche Hinweise, und tatsächlich bestätigten sich ihre wissenschaftlichen Aussagen mit wachsender Erkenntnis bis in unsere Zeit. So ist das Werk auch für den heutigen Leser ein Fundament für die gründliche Aufarbeitung historischer Irrtümer und gravierender Fehlentwicklungen, die bis in die Gegenwart reichen und oft auch den Fortschritt hemmen.

Isis Entschleiert entschlüsselt und erklärt Allegorien, die aus zeitalteralten religiösen Aufzeichnungen bekannt sind, aber bislang zu einseitig interpretiert wurden. Die Bedeutung christlicher Symbolik verbindet sich mit der Ausdeutung anderer Weltreligionen zu einem für damalige und heutige Verhältnisse neuen Bild, das auf einen gemeinsamen Ursprung der Überlieferungen hinweist. Die *Isis* erklärt Meisterschlüssel, die gemäß der Autorin nicht einmal, sondern mindestens siebenmal umgedreht werden müssen, bevor sich sowohl die verborgenen als auch die eher sichtbaren Zusammenhänge in der Tiefe erschließen. Jede Facette hat ihre Bedeutung, ist ein Steinchen im Mosaik der uralten Weisheitsreligion.

Blavatsky war zeit ihres Lebens auf Reisen und auf den Kontinenten Europa, Asien, Afrika und Nordamerika praktisch zu Hause, was gegen Ende des neunzehnten Jahrhunderts für eine Frau unter normalen Umständen fast unmöglich war! Sie offenbart eine schier unglaubliche Fülle an Wissen, und während sich diese Fülle über die Seiten des Werkes ergießt, zeigt sich immer auch ein Stück von dem Menschen und Lehrer Blavatsky. Hinter ihrem treffsicheren Humor, der sie weder den Boden der Ernsthaftigkeit noch ihr Ziel jemals aus den Augen verlieren lässt, scheint das hindurch, was sie wirklich war:

Isis Entschleiert,
6. Auflage, New York, 1893.
Besonders schöne Ausgabe
mit Goldprägung.

ein Diener der Menschheit, der sein eigenes Wohl hintanstellt und sich mit dem Herzen eines Löwen jedem noch so erbitterten Gegner entgegenstellt. Ihre ungeschminkte Offenheit schließlich muss jedem Leser Bewunderung abnötigen. Sie wusste, wofür sie eintrat und welche Kräfte hinter ihr standen.

„Eine Frau, bei deren Tod ein Telegrammwechsel zwischen zwei Kontinenten erfolgte, als sei ein Kaiser gestorben, muss ein außerordentlicher Mensch gewesen sein", schrieb Judge. Und so war es auch, denn „niemand in der gegenwärtigen Generation", schrieb die *New-York Daily Tribune* 1891 anlässlich ihres „Heimganges", wie sie den Tod nannte, „niemand hat mehr dazu beigetragen, dass die lange versiegelten Schatztruhen östlichen Denkens, der Weisheit und Philosophie wieder geöffnet wurden. Niemand hat gewiss so viel zur Aufhellung jener tiefgründigen Weisheitsreligion getan, die vom ewig nachdenkenden Orient ausgearbeitet wurde, wie Blavatsky. Auf sie geht die Entdeckung jener alten literarischen Werke zurück, deren Reichweite und Tiefe die westliche Welt so erstaunt haben, die in dem engstirnigen Glauben großgezogen wurde, dass der Osten nur Unreifes und Kindliches im Bereich des spekulativen Denkens hervorgebracht hätte. Blavatskys eigenes Wissen über östliche Philosophie [...] war immens. Kein unvoreingenommener Mensch, der ihre Werke [*Isis Entschleiert* und *Die Geheimlehre,* d. Hrsg.] gelesen hat, kann dies bezweifeln. Das Werk Blavatskys hat bereits Früchte getragen, und es ist seine offenbare Bestimmung, in der Zukunft noch spürbarere und heilsamere Wirkungen hervorzubringen."

Mit den Standardwerken *Isis Entschleiert* und *Die Geheimlehre* hat Blavatsky ein historisches Erbe hinterlassen. Es ist zeitlos aktuell und wird auch künftigen Generationen ermöglichen, zunehmend tiefer in die kausalen Realitäten unseres Daseins vorzudringen.

Der Leser möge im Sinne wahrer Philosophie – der Liebe zur Weisheit – seinen Teil der Wahrheit in den Seiten dieses erstaunlichen Werkes finden.

Vorwort zu *Die Geheimlehre* (Auszug)

Die Frage, ob *Die Geheimlehre* heute noch aktuell ist, wird jeden überraschen, der mit ihrem Inhalt nur einigermaßen vertraut ist. Dennoch ist es eine Frage, die mit Recht gestellt wird und die jedem Schüler der Alten Weisheit willkommen ist. Tatsächlich hat die literarische Hinterlassenschaft H. P. Blavatskys auch nach über einhundert Jahren nicht an Aktualität verloren, vielmehr ist das Gegenteil der Fall. Ihr weitreichender Inhalt erschließt sich den Forschern aller Richtungen mit jedem Jahrzehnt und mit jedem Jahrhundert ein wenig mehr. Ständig fließen Erkenntnisse, die von H. P. Blavatsky dargelegt und vorausgesagt wurden, in den Wissens- und Erfahrungsschatz der Wissenschaften ein. Durch die hoch technisierte Forschung und die rasante Entwicklung auf nahezu allen Gebieten eröffnen sich ständig neue Möglichkeiten, altes Wissen aus der Vergessenheit zu befreien und in unser modernes Zeitalter hinüberzuretten.

Wir dringen in Mikro- und Makrowelten nicht gekannten Ausmaßes ein. Immer komplexere Lebenszusammenhänge werden dadurch sichtbar. Hier liegt die große Chance für das bevorstehende neue Jahrtausend: Wir öffnen uns wieder den grundlegenden Fragen nach dem Sinn und dem Ziel unserer Evolution. Damit gewinnt *Die Geheimlehre* zunehmend an Bedeutung. Mit der

Historische Ausgabe von *The Secret Doctrine (Die Geheimlehre)* von 1895. Zu diesen drei Bänden der dritten Auflage gab es einen separat erstellten Indexband.

Wiederbelebung der fundamentalen Lehren über Reinkarnation und Karma sind bereits große Wandlungen im Denken eingetreten. Zu Recht wird H. P. Blavatskys Wirken daher als der spirituelle Beginn eines neuen Zeitalters gewertet, in dem das materialistische Weltbild Schritt für Schritt einer umfassenderen Weltsicht weicht, die einer von Geist und Intelligenz geleiteten Evolution Rechnung trägt.

So läutete H. P. Blavatsky, unbemerkt von der breiten Öffentlichkeit, bereits vor nunmehr über einhundert Jahren die Renaissance „ursprünglicher Wissenschaft“ ein. Wissenschaftlerinnen und Wissenschaftler der neuen Generation in der ganzen Welt haben die verderblichen Folgen und zerstörerischen Auswirkungen des krassen Materialismus weitgehend erkannt. Sie beziehen und berufen sich zunehmend auf die alten, zeitalterlang überlieferten Weisheitslehren, die unveränderbar und allen menschlichen Irrungen zum Trotz die Zeitalter hindurch bestehen. Damit treten sie vielfach etablierten Lehrmeinungen entgegen. Theorien und Hypothesen wie die des „Urknalls“ und des „Darwinismus“ sowie die fatale Ansicht, Leben könne aus „toter Materie“ entstehen, werden zunehmend als unhaltbare Axiome erkannt. Sie weichen der wachsenden Anerkennung universaler Prinzipien, die erst in der angewandten Synthese von Natur- und Geisteswissenschaften offenbar werden. Diese Synthese verbindet die drei großen Denkrichtungen des Menschen: Religion, Wissenschaft und Philosophie. Erst in dieser Einheit können der tiefere Sinn und die kausalen Zusammenhänge des Lebens in ihrer vernetzten Komplexität erfasst und verstanden werden. *Die Geheimlehre* ist in diesem Sinne Wegweiser und Führer in eine neue wissenschaftliche Zukunft.

Mit der neuerlichen Herausgabe der *Geheimlehre* verbinde ich die Hoffnung, dass die in ihr enthaltenen Lehren noch stärker als bisher in das wissenschaftlich geprägte Weltbild der Gegenwart Eingang finden. Denn die Herausforderungen des neuen Jahrtausends werden immens sein, und das naturwissenschaftliche Weltbild wird in seinen Grundlagen revolutioniert werden. Die Geheimlehre hat in dieser Hinsicht schon viel bewirkt, aber ihr Potenzial ist noch längst nicht ausgeschöpft. Doch H. P. Blavatsky gibt einen wichtigen Fingerzeig, sie sagt:

„Die Natur überlässt nur dem ihre inneren Geheimnisse und teilt wahre Weisheit nur demjenigen mit, welcher die Wahrheit um der Wahrheit willen sucht und welcher nach Wissen begehrt, um anderen, nicht seiner eigenen, unwichtigen Persönlichkeit Wohltaten zu erweisen."

Voraussetzung hierfür ist ein nachhaltiges Pflicht- und Verantwortungsbewusstsein gegenüber Mensch und Natur, denn alles Übel in der Welt entspringt einer einzigen Wurzel – dem Egoismus.

H. P. Blavatskys herausragendes Ziel war es, die Wissenschaften zu einer Synthese zusammenzuführen, um sie gemeinsam aufgehen zu lassen in jener alles verbindenden *Universalen Bruderschaft,* der Ethik als wahrer Grundbaustein menschlichen Geistes zugrunde liegt – doch das Werk möge für sich selbst sprechen.

In Harmonie mit dem Unendlichen

Die Unendlichkeit ist unsere wahre Heimat!

Als Wanderer in Raum und Zeit sind wir eingebettet in das ewige Stirb und Werde, in Leben und Tod. Das kleine Gastspiel, das wir hier auf Erden geben, ist, gemessen an der Unendlichkeit, wie das Aufblitzen eines kurzlebigen Sonnenstrahls, der sich seinen Weg durch die dichten Wolken bahnt.

In diesem Vortrag sind die subtilsten Mysterien unseres Daseins in eine Sprache gekleidet, die Herz und Verstand gleichermaßen ergreift. Sie lässt uns Raum, mitzuschwingen, uns einzufühlen, aufzuwachen, und sie gibt das wunderbare Erkennen, eins zu sein mit allem, was lebt, teilzuhaben an der Harmonie der Unendlichkeit, und das Wichtigste: ihr Mitgestalter zu sein.

Wenn Sie nun Ihre Reise in die Unendlichkeit beginnen, brauchen Sie nicht einmal aufzutanken, denn aufgetankt werden Sie auf den folgenden Seiten auf höchst faszinierende Weise!

Lassen Sie uns nun gemeinsam einen gedanklichen Ausflug in die Harmonie der Unendlichkeit machen: in die unendliche Zeit und in den abstrakten Raum. Nicht in einen besonderen Teil des Raumes, wie den unserer Erde, den des Planeten Venus oder Mars, der Sonne oder des Polarsterns, nein, ich meine Raum im Allgemeinen, Raum, der überall ist – abstrakten Raum.

Versuchen Sie nun, sich ebenso in abstrakte Zeit hineinzuversetzen. In keinen besonderen Zeitpunkt, wie jetzt, gestern oder morgen, vor tausend oder zehn Milliarden Jahren oder auch in die gleiche Zeitspanne der Zukunft, nein, sondern in die abstrakte Zeit, irgendwann.

Haben wir zumindest eine Vorstellung von der Zeitlosigkeit im abstrakten Raum, so können wir uns nun fragen: Was ist Unendlichkeit? Können wir sie erfassen, begreifen, obwohl wir doch nur einen endlichen Verstand, ein endliches, an einen Körper gebundenes Gehirn haben?

Im Folgenden möchte ich den Versuch machen, dieses fast unlösbare Rätsel zumindest etwas zu lösen.

Fast alle Kriege werden praktisch aufgrund der verschiedenen Ansichten und Missverständnisse über dieses „Unendliche" geführt. Es wurde mit den allerverschiedensten Namen bezeichnet: mit „Gott", „Göttliches", „Parabrahman" oder anderen. Die treffendste und tiefgehendste Bezeichnung jedoch dürfte die aus dem Sanskrit stammende sein: TAT – DAS oder JENES –, das heißt das, was mit unserem menschlichen Verstand nicht mehr zu erfassen ist.

Eine Urkraft ist die Quelle allen Lebens

Wenn wir den Ausdruck „Gott" ohne jede Personifizierung als das Unerkennbare JENES betrachten, dann entsteht ein logischer Hintergrund für die Betrachtung allen Seins. Nicht ein Schöpfer aus dem Nichts, sondern eine Urkraft ist dann die Quelle allen Lebens. Wir finden mit diesem Hintergrund Antworten auf die tiefsten Fragen unseres Daseins, Antworten, die unseren Verstand, unsere Sinne und unser Herz gleichermaßen befriedigen.

Wenn wir die Welt verstehen wollen, und zwar so, wie wir sie mit unseren Sinnen wahrnehmen, müssen wir uns also von der Vorstellung eines allmächtigen *persönlichen* Gottes, der das „Gute" verkörpert, ebenso frei machen wie von der Vorstellung eines Teufels,

der nach christlicher Auslegung das „Böse" verursacht. Von diesem Glauben sollten wir uns um des Verstehens willen, um der Freiheit des Denkens sowie des Forschens willen frei machen. Lassen wir unsere Scheuklappen doch ruhig einmal fallen, damit wir rundum sehen und erkennen können.

Drei fundamentale Grundlehren

Helena Petrowna Blavatsky (1831–1891), die zu ihrer Zeit den Weg aus dem krassen Materialismus wies und Vordenkerin für viele geisteswissenschaftliche Richtungen unserer Zeit war, zu denen auch die Anthroposophie gehört, verkündete in ihrem umfassenden Standardwerk *Die Geheimlehre* die „drei fundamentalen Sätze". Als erste Grundwahrheit wird die Existenz eines „ewigen, unveränderlichen Prinzips" bezeichnet. Es ist jene Kraft des unendlichen Lebens im Weltall, die hinter „Allem" steht, die alles beseelt und zur Manifestation oder Offenbarung treibt. Sie ist die Wurzel allen Seins und Daseins, aus der alles kam und aus der auch in jeder Sekunde oder in Milliarden von Jahren immer wieder alles hervorkommt und lebt, die also Geburt, Reife und Tod der Körper oder Seelen bewirkt.

Die drei fundamentalen Sätze der Geheimlehre:

1.
Ein allgegenwärtiges, ewiges, grenzenloses und unveränderliches PRINZIP.

2.
Die Ewigkeit des Weltalls in toto.

3.
Die fundamentale Identität aller Seelen.

Helena Petrowna Blavatsky: *Die Geheimlehre.* Hannover, 2012, Band I, S. 42 ff.

Dieses periodische Wiederkehren allen Seins ist das zweite grundlegende Prinzip in der Natur.

Wenn es individuelles Leben gibt, dann muss es auch eine unendliche Quelle geben, aus der dieses Werden, Sein und Vergehen kommt und in die es wieder zurückgeht, um wiederzukehren, um weiterzulernen, zu evolvieren, dem „Höheren", dem „Besseren", dem „Vollkommeneren" zu.

So sehen wir um uns herum überall ein Kommen, Wachsen und Vergehen. Frühling, Sommer, Herbst und Winter im ewigen Wechsel. Im Frühling die Geburt: „Die Welt wird schöner mit jedem Tag, man weiß nicht, was noch werden mag!" Dann kommt der Sommer: „Es blüht das fernste, tiefste Tal, nun armes Herz, vergiss die Qual, es muss sich alles, alles wenden." Es wird Herbst, die Bäume legen ihr schönstes Kleid an, jedes Blatt wird zu einer farblichen Symphonie, bevor es stirbt, und es wird Winter. Die Bäume ruhen jedoch nur, ein Lebensabschnitt ist für sie beendet, ein Jahr ist ein Tag. Sie müssen sich ebenso ausruhen wie wir, wenn wir des Abends schlafen gehen, um neue Lebenskräfte zu sammeln, um neue Lebensatome psychomagnetisch anzuziehen, sodass wir am nächsten Morgen erfrischt und zu neuem Leben bereit erwachen.

Unser eigener Rhythmus ist unsere Harmonie mit dem Unendlichen, denn dieser Rhythmus *ist* die Harmonie des Unendlichen. Wir können höchstens einige Tage gegen diese Harmonie kämpfen, dann ist die uns zur Verfügung stehende Lebenskraft erschöpft, wir müssen schlafen, ob wir wollen oder nicht, wenn wir die tägliche Lebenskraft durch die Harmonie mit dem Unendlichen erhalten wollen.

Schlaf und Tod sind Brüder

So sind auch Schlaf und Tod in diesen Rhythmus eingebunden, sie sind Brüder. Denn was während des Schlafes geschieht, erfolgt in einem sehr viel tieferen Sinn nach dem, was wir Tod nennen. Unsere Lebenskräfte für dieses eine Leben erschöpfen sich, sie verlassen uns nach und nach, wir werden alt und müssen uns der Harmonie des Unendlichen anpassen.

Tod bedeutet vollkommener Schlaf, doch währt er nun nicht mehr wenige Stunden, sondern viele Jahre, denn sie sind nötig, um neue Lebenskräfte zu tanken. Dies kann aber nur dadurch geschehen, indem wir anderen Lebewesen, in welcher Phase ihrer Entwicklung sie sich auch befinden mögen, zu ihrem Leben verhelfen, und dies geschieht während des Schlafes oder Todes. Hiermit ist eines der tiefsten Mysterien des Lebens verbunden! Der gegenwärtige Austausch von Lebensenergien zwischen den in Wechselwirkung befindlichen Lebewesen bringt die grandiose Lebensvielfalt hervor. Hierin können wir auch den Grund erkennen, warum der Raum eine unendliche Fülle ist. Er enthält alle Grade von Bewusstseinsstufen, die sich im ständigen Austausch befinden: Leben und Tod im ewigen Wechsel.

Doch können wir an diesen Vorgängen etwas ändern in Bezug auf Raum und Zeit?

Ja, das können wir. Als mit *Selbst*bewusstsein begabte Wesen sind wir in der Lage, Einfluss auf die unser Leben bestimmenden Gesetzmäßigkeiten zu nehmen. Doch bedarf es hierzu der nötigen Kenntnisse, und diese können wir nur durch das Lernen und das entsprechende Leben der zeitalteralten Lehren erwerben, die den Naturgesetzmäßigkeiten zugrunde liegen. Diese Lehren sind unveränderbar, da sie die Harmonie des Unendlichen zum Ausdruck bringen. Es sind jene Lehren, die so alt sind wie die Unendlichkeit selbst. Denn wo wollen wir universalem Gesetz Grenzen setzen?

Doch bleiben wir noch etwas bei den Blättern eines Baumes, die im Herbst eine Farbsymphonie an Schönheit und Harmonie ausstrahlen.

Alles lebt durch den Austausch
von Lebensenergien

Woher kamen die Blätter? Nun, sie wuchsen am Baum. Woher hatte der Baum die Nährstoffe, damit die Blätter wachsen konnten? Er bekam sie aus der Erde, in der er steht, sodass die Blätter hervorwachsen konnten. Bekamen die Blätter ihre Nährstoffe aber nur aus der Erde? Waren nicht Wind und Regen sowie das Sonnenlicht ebenfalls zu ihrem Wachstum erforderlich? Und fand nicht außerdem eine Umwandlung vom Mineralreich ins Pflanzenreich und dann auch wieder zurück statt?

Wie wir sehen, sind wir in der wunderbaren Lage, hierüber nachdenken zu können, das heißt, alle Vorgänge, diese harmonischen Abläufe und Wirkungen, auf uns selbst zu beziehen, sie für uns erfassbar und erfahrbar zu machen, und das ist aufgrund unseres Selbstbewusstseins möglich.

Selbstbewusstsein – die wunderbarste Eigenschaft im Universum

Auch der Baum hat oder ist verkörpertes Bewusstsein. Er hat seine ihn aufbauenden Lebensatome wie alle anderen Lebewesen auch, die ebenso wie das Blatt ihre eigene Manifestation, ihre Offenbarung und ihr Dasein haben; ja, selbst Wind und Regen haben ihre Elementale, ihre Lebensatome. Doch nur der Mensch besitzt *Selbstbewusstsein.*

Wie sagte doch Goethe so treffend: „So schaff ich am sausenden Webstuhl der Zeit und wirke der Gottheit *lebendiges* Kleid.“*

* Faust I, Nacht, Vers 508.

Nur der Mensch ist daher auch in der Lage, an diesem Webstuhl der Zeit, an dieser Harmonie des Unendlichen zu schaffen und *bewusst* an der „Gottheit lebendigem Kleid“ zu wirken, alle anderen Lebewesen arbeiten mehr oder weniger unbewusst an diesem Kleid. Nur der Mensch ist mittels seines Selbstbewusstseins, dieser wunderbarsten Eigenschaft im Universum, in der Lage, sich die Harmonie des Unendlichen zunutze machen zu können. Wir können diese Harmonie erhöhen, sie zu höheren, spirituelleren Frequenzen, Welten oder Sphären vereinigen, doch wir können sie leider, leider auch ganz empfindlich stören. Wir können Disharmonie und damit ein gewisses Chaos für eine kleine oder größere Zeitspanne erzeugen.

Aus diesem Grunde steht die Menschheit seit Zeitaltern praktisch immer am Scheideweg. Auf dem Höhepunkt ihrer Kultur wird mehr oder weniger die spirituelle Seite der Natur gelehrt und gepflegt, wie dies zu Zeiten der Mysterienschulen Ägyptens, Griechenlands oder auch noch Roms geschah. Aber es gibt auch Zeiten, die sich mehr dem Materiellen zuneigen, was zurzeit der Fall ist. Die Ursache hierfür liegt in dem zyklischen Geschehen. Jede Kultur ist in ihrem zyklischen Kreislauf zeitweise mehr in „Harmonie mit dem Unendlichen“ als zu Zeiten kritischer Übergänge, wo der absteigende Bogen gerade seinen tiefsten Punkt überwindet und in den aufsteigenden Zyklus übergeht. In solch einer schwierigen Übergangsperiode befindet sich die Menschheit zurzeit noch, sodass Disharmonie mit dem Unendlichen überwiegt, was wir überall in der Welt so schmerzhaft erleben.

Beständig dreht sich das Rad des kosmischen Lebens, und ebenso rotieren die kleineren Räder innerhalb der kosmischen Leben. Das Böse, das auf dem Rad aufsteigt, wird weniger böse, weniger unvollkommen, denn die Unvollkommenheit geht langsam in relative Vollkommenheit über.

Dieser Prozess geht seit Ewigkeiten vor sich und ist endlos. Es gab niemals einen Anfang, und es wird die ganze zeitlose Zeit hindurch niemals ein Ende von geoffenbartem Sein geben – sei es nun spirituell geoffenbart oder materiell manifestiert. Die beiden Gegenpole setzen die ewige kosmische Dualität zusammen.

So existieren das „Gute" und das „Böse", das „Vollkommene" und das „Unvollkommene" und alle dazwischenliegenden und relativen Grade – die jedoch niemals eine Grenze haben – innerhalb, durch und aufgrund des Äußersten, Unbeschreiblichen, Unendlichen, das wir mit unseren unvollkommenen Gemütern am besten mit den Worten der vedischen Weisen benennen können: DAS oder JENES. So können wir auch sagen: in Harmonie mit DAS oder JENES – mit dem „Unendlichen".

Unvollkommenheit und Vollkommenheit sind daher nur relative Begriffe, denn es gibt die verschiedensten Grade von beiden. Es kommt nur auf den Standpunkt an: Sie sind Kinder des Unendlichen.

Universale Bruderschaft, eine Tatsache in der Natur

Die Natur selbst aber ist Harmonie, sie ist eine *Universale Bruderschaft*. Wir brauchen sie nicht erst herzustellen, denn sie ist eine überall erfahrbare Tatsache. Alles lebt füreinander und durch alles andere. Niemand und nichts kann sich von dieser Tatsache, von der *Universalen Bruderschaft,* ausschließen. Allein der Mensch ist in der Lage, sich der Harmonie mit dem Unendlichen, der Harmonie in der Natur, dieser *Universalen Bruderschaft* zeitweise entgegenzustellen. Doch brauchen wir uns über die Ergebnisse nicht zu wundern. Wir sehen in erschreckendem Maße, wie unsere schöne Welt fast bis an den Rand der Vernichtung getrieben wird.

Was aber können wir tun, um der Zerstörung unserer Umwelt Einhalt zu gebieten, ihre Auswirkungen zu lindern?

Proteste nützen wenig, und emotionsgeladene Demonstrationen bewirken das Gegenteil, auch wenn Millionen von ihrer Richtigkeit

Die Annahme toter Materie ist einer der folgenschwersten Irrtümer heutiger Wissenschaft! Daher wiederhole ich: Es gibt nichts Totes, denn alles im gesamten Universum ist voller Leben und von diesem Leben erfüllt.

überzeugt sind; denn sie befinden sich in Disharmonie mit dem Unendlichen und damit mit unserer „Natur“. Demonstrationen sorgen in der Regel für Chaos, und wenn es auch entgegen der Meinung der meisten Menschen ist, so bedeuten sie doch nur weitere Zerstörung der Harmonie. Warum? Weil selbst der Kampf für das Gute „Kampf“ bedeutet, Kampf aber erzeugt Dissonanzen in den astralen Schutzgürteln, die unsere Erde umgeben, und die dadurch entstehenden Wirbel bringen Disharmonien in die Natur. Doch wer ist die Natur? Sind wir nicht selbst auch Teile der Natur? Und zerstören Disharmonien nicht auch unseren eigenen uns umgebenden und durchdringenden Astralkörper?

Ach, wüssten doch die Menschen, dass Gutgemeintes gerade das Gegenteil erzeugen kann!

Was aber hilft? Es hilft nur eines – *anders zu denken!* Runter von dem Ellenbogendenken: „ich“, „ich“ und nochmals „ich“. „Ich habe das Recht“, sei es dem Nachbarn oder Kollegen gegenüber, sei es der Krieg zwischen Völkern. Das Pochen auf Rechte, auf persönliche, vermeintliche Rechte oder Privilegien, ist der Fluch unserer Zeit. Die Verherrlichung der Gewalt in und durch moderne Kommunikationsmittel, nicht zuletzt durch das Fernsehen, ist ein Verbrechen an der Menschheit und somit an der Natur, an der Harmonie mit dem Unendlichen, unserer wahren Heimat!

Wen wundert es da noch, wenn die Natur sich wehrt. Vor einigen hundert Jahren kam die Pest über Europa, als die Inquisition herrschte und unschuldige Menschen gemartert und auf dem Scheiterhaufen verbrannt wurden. Die Gedankenwelt war vergiftet. Und was ist heute? Wir sind durch immer neue Krankheitserreger und Naturkatastrophen aufgeschreckt! Bitte, fragen Sie sich selbst: Was kommt noch auf uns zu, wenn wir nicht endlich begreifen, dass die

Menschheit – und das ist jeder Einzelne von uns – „anders zu denken“ lernen muss?

Die Natur ist eine Einheit, sie ist etwas Lebendiges, sie ist nicht irgendein totes Ding, mit dem wir ungestraft experimentieren können! Nein, die Natur lebt, sie ist von Leben erfüllt und durchdrungen! Es gibt nichts Totes! Die Annahme toter Materie ist einer der folgenschwersten Irrtümer heutiger Wissenschaft! Daher wiederhole ich: Es gibt nichts Totes, denn alles im gesamten Universum ist voller Leben und von diesem Leben erfüllt.

Pflichterfüllung ist das zentrale Grundgesetz in der Natur

Schauen wir uns einmal in der Natur um – wie unendlich viel können wir von ihr lernen! Wie fantastisch sind allein unsere körperlichen Funktionen aufeinander abgestimmt! Wer kann da noch von unbelebter Materie sprechen? Stellen Sie sich nur einmal vor, die roten oder weißen Blutkörperchen, die für uns lebenswichtigen Bestandteile unseres Blutes, würden nur das tun, was ihnen gerade beliebt. Sie würden ihre Pflichten vernachlässigen und nur noch auf ihre Rechte pochen. Wir lachen hierüber? Und doch spreche ich im vollkommenen Ernst! Denn genau dies geschieht tagtäglich weltweit: Die Menschen weigern sich nur allzu oft, ihre Pflichten zu erfüllen. Stellen wir uns eine Familie vor, in der Mutter, Vater, Tochter und Sohn nur auf ihre vermeintlichen Rechte pochen. Keiner von ihnen möchte einholen gehen, Mittagessen kochen oder den Abwasch machen. Aber alle vier pochen auf ihr Recht: Sie möchten ihr Mittagessen rechtzeitig auf dem Tisch haben, und schon beginnt der häusliche Krieg. Allein an diesem alltäglichen Beispiel ist ersichtlich, dass wir um unsere Pflichten nicht herumkommen. Im Gegenteil: Pflichterfüllung

> Das Pochen auf Menschenrechte resultiert aus der Verweigerung der Pflichterfüllung. Pflichterfüllung ist das Grundgesetz der Natur!

ist das Grundgesetz in der Natur, ohne sie ist kein Leben möglich. Hieraus resultiert, dass das Pochen auf Menschenrechte aus der Verweigerung der Pflichterfüllung resultiert. Die Natur selbst ist auch hier unser bester Lehrmeister: Wir brauchen keine Rechte, wenn jeder Mensch, jeder von uns, nur seine Pflichten erfüllt. Aus diesem Grunde ist ein „Anders Denken“ der Weg zur Pflichterfüllung. Es ist der einzige wirksame und auf Dauer heilsame Weg, der zu wahrem Frieden in der Welt führt.

Wir brauchen keine Rechte, wenn jeder Mensch, jeder von uns, nur seine Pflichten erfüllt.

Wenn Sie hierüber auch nur eine Minute lang nachdenken, werden Sie trotz aller gegenteiliger Stimmungsmache erkennen, wie viel Unheil auf unserer Welt durch das Erkennen und Beherzigen dieser einfachen Wahrheit verschwinden würde.

Es gibt nur ein unendliches Leben

Harmonie mit allen Lebewesen, wie groß oder klein wir sie uns auch vorzustellen in der Lage sind, bedeutet daher, mit der Natur zu arbeiten, in Harmonie mit dem Unendlichen zu sein.

In dieser Unendlichkeit gibt es keine Leere, es gibt nur eine unendliche Fülle, ein unendliches Leben. Der Raum ist von Wesenheiten aller Grade, aller Frequenzen nicht nur erfüllt, sondern er wird von ihnen gebildet. Und die Zeit wird von diesen Myriaden von Lebewesen, die den Raum für ihre Manifestation einnehmen, für die Dauer ihres Lebens als Zeit empfunden.

Was aber ist das Unendliche für uns? Es ist nicht irgendein Himmel oder etwas Hypothetisches, es ist die Fülle der Wesenheiten, die Fülle der uns umgebenden Natur und für jeden Einzelnen auch die Fülle *in* ihm. Das Unendliche ist kein Wolkenkuckucksheim, nein, es ist um und in uns. Alles, was wir mit unseren Sinnen und mithilfe der Technik wahrnehmen können, ist Teil des Unendlichen.

Und weil jeder Teil die Essenz des Gesamten enthalten muss – sonst wäre er ja kein Teil des Unendlichen –, ist das Unendliche wortwörtlich und tatsächlich *um* uns und *in* uns.

Was ist nun der wichtigste Weg zur Verbindung mit dem Unendlichen? Können wir sie durch Anhäufung materieller Reichtümer erlangen oder durch Ansehen und Macht? Nun, Sie erkennen sofort: das kann nicht die Verbindung zur Unendlichkeit sein. Ausschlaggebend sind allein unsere Gedanken, und daher ist ein „Anders Denken" der Weg, der zur Harmonie mit dem Unendlichen führt.

Kosmische Symbolik, eingemeißelt in eines der bekanntesten Bauwerke des Buddhismus. Dieser Stupa auf dem Hügel von Swayambhunath bei Kathmandu soll der Legende nach 3500 v. Chr. erbaut worden sein und repräsentiert unter anderem das Himmelsgewölbe und die Verbindung zum Kosmos.

Harmonie bedeutet Ruhe, Frieden mit sich selbst und der gesamten Natur. Wer von uns sehnt sich nicht danach? Ist jemand gestorben, wird gesagt: „Er ist in den Frieden eingegangen." Müssen wir also warten, bis wir gestorben sind, um Frieden zu erlangen? Sie werden mir Recht geben, wenn ich sage: „nein".

Mit „Denken" meine ich aktives *Nach*denken. Ein tiefes Nachdenken über den Sinn des Lebens, über die Harmonie der Natur, über das Unendliche. Die größten Menschen der Geschichte, die Weisen der Zeitalter, haben einige ihrer Erfahrungen aufgezeichnet, über die nachzusinnen sich lohnt. Wir bieten Ihnen Schätze dieser uralten Wahrheiten, Sie können sie nachlesen und studieren, um zu immer tieferen Erkenntnissen über Ihr Leben zu gelangen. Es ist jedoch nicht möglich, sich dem Unendlichen gedanklich im Schnellverfahren zu nähern. So wie wir in der Schule auch nicht mit höherer Mathematik oder mit dem Studium der Wissenschaften beginnen, sondern mit dem Abc und dem kleinen Einmaleins, so ist es hier umso mehr erforderlich, dass wir uns zunächst einmal die Grundbegriffe aneignen, um dann darauf aufbauen zu können.

Erwartungen werden tausendfach übertroffen

Und wahrhaftig, die Mühe lohnt sich, ja, es tut sich eine wundervolle Welt vor uns auf, von der sich kaum jemand vorher die geringste Vorstellung machen kann. Erwartungen werden wirklich tausendfach übertroffen. Daher kann ich Ihnen ehrlichen Herzens sagen: Auf alle Schätze dieser Welt will ich gern verzichten, doch niemals auf das Wissensgut der *Theosophie, der zeitalteralten Theosophie!* Es hat sich eine Welt aufgetan, die erhabener nicht sein kann; die edelsten Menschen, die größten Geister der Menschheit sind heute meine Lehrer, und ich erkenne, dass *ich nichts* weiß! Ich erkenne mit Sokrates im Sinne Platons, dass ich nichts weiß im Vergleich zu dem, was es noch zu wissen gibt!

Welch erhabene Möglichkeiten des Erkennens, des Verstehens liegen vor jedem Menschen, *in* jedem Menschen. Doch wie gefahrenvoll ist der Glaube, wahre Erkenntnis sei während eines kurzen Seminars zu erlangen, Einweihungen könnten Einblicke in „höhere Welten" vermitteln oder irgendwelche andere Praktiken könnten das Heil dieser Welt gewinnen. Die Schulung des Unterscheidungsvermögens ist hier außerordentlich wichtig!

Tatsächlich ist ein intensives Studium nötig und ein aus den gewonnenen Erkenntnissen gelebtes Leben. Doch jeder von uns kann den ersten Schritt tun. Und mit jedem Schritt öffnet sich ein Tor zu den Geheimnissen der Natur. Mit jedem Schritt können wir weiter und tiefer in die unendlichen Gefilde von Raum und Zeit eindringen. Wir werden im Gleichklang mit der Natur und unseren Mitmenschen leben können, wenn wir bereit sind, Pflichterfüllung zu unserem treuesten Führer zu machen, und Sie werden es spüren: Es wird sich Ihnen ein Zustand inneren Friedens auftun, in dem Sie in Harmonie mit dem Unendlichen schwingen.

Tod, Wiedergeburt und Evolution des Menschen

Die siebenfältige Natur des Menschen – das kosmische Bindeglied

In heutiger Zeit ist die Erforschung der Grundlagen des Lebens in der Hauptsache auf die äußeren, materiellen Erscheinungsformen gerichtet. Hingegen haben alle geistigen Führer der Menschheit stets darauf hingewiesen, dass wirkliche Erkenntnisse nur durch Selbsteinkehr, ein „Nach-Innen-Gehen", zu erreichen sind. Das Erkennen der eigenen menschlichen Natur ist daher von größter Wichtigkeit und ein Schlüssel zum Verstehen ursächlicher, innerer Vorgänge.

Eine der wichtigsten Fragen ist, was die Ursache für die wechselhaften Lebensvorgänge ist: Zeiten der Selbstlosigkeit stehen im Gegensatz zu Zeiten, in denen der persönliche Vorteil unverkennbar das Ziel aller Bestrebungen ist. Ein in der Regel selbstloser Mensch kennt Perioden, in denen sein Egoismus überwiegt, andererseits können egoistische Menschen selbst unter eigener Lebensgefahr Handlungen ausführen, durch die sie ihren Mitmenschen entscheidend helfen. Diese Wechselhaftigkeit, die im Leben eines jeden Menschen gefunden werden kann, hat ihren Ursprung in der Dualität der menschlichen Natur. Sie entsteht durch das Vorherrschen des einen oder des anderen Aspektes zu verschiedenen Zeiten.

Die Persönlichkeit ist von Natur aus egoistisch, während die Individualität, als geistige Wesenheit, unselbstsüchtig ist. Durch ein „Sich-selbst-Vergessen" können wir zu Taten selbstloser Art gelangen. Wenn sich unser Bewusstsein auf das Wohlergehen Anderer richtet, kann uns der geistige Teil unserer Konstitution als rechtmäßiger Führer zu Taten anleiten, die in direktem Widerspruch zu unserem normalen Charakter stehen können.

Der Unterschied zwischen Geist, Seele und Körper

Die ursprüngliche Bedeutung der Unterteilung der menschlichen Natur in Körper, Seele und Geist, die von dem Eingeweihten Paulus überliefert wurde, ist im Laufe der Zeit verloren gegangen. Die heutige allgemeine Auffassung ist, dass zwischen Geist und Seele kaum ein besonderer Unterschied besteht, sodass mehr die Zweiheit, also die Seele und der Körper, Beachtung findet. Hierbei wird von der Möglichkeit gesprochen, dass die Seele den Menschen verlässt, der Mensch also eine Seele besitzt. Die Theosophie lehrt jedoch, dass der Mensch diese Seele ist, einen Körper für eine Inkarnation hat und wie alle Lebewesen seiner geistigen Quelle entstammt.

Gemäß überlieferter und zeitloser Weisheit entspringen alle bestehenden Wesen „einer universalen Quelle", und der Mensch ist essenziell ein geistig-göttliches Wesen, das durch und mittels eines Körpers wirkt. Dieses geistige Wesen muss über ein Mittel oder Instrument verfügen, mithilfe dessen es in einem Körper wirken kann, ähnlich wie Elektrizität durch Transformatoren umgeformt wird, um in einer elektrischen Glühlampe das Leuchten hervorbringen zu können. Der Transformator, der die geistige Energie in die Lage versetzt, im Körper wirksam zu sein, kann als die Seele, als das Kettenglied zwischen Geist und Körper, betrachtet werden. Sie ist die „Psyche" der Griechen, die dem „Nous", dem Geistigen, die Möglichkeit gibt, sich zum Ausdruck zu bringen.

Hiermit ist nicht gesagt, dass der Mensch in dem heutigen Stadium seiner Entwicklung die geistige Kraft tatsächlich voll zur Manifestation bringt, denn seine Entwicklung ist noch lange nicht abgeschlossen. Sobald wir uns eine Vorstellung davon machen, wie ein geistig-göttliches Wesen handelt, wird erkennbar, dass der Mensch in seinem derzeitigen Entwicklungsstadium dieser Anforderung nicht gerecht wird. Die Ursache hiervon liegt darin, dass das menschliche Bewusstsein hauptsächlich in der psychischen Natur – dem Kettenglied – konzentriert ist. Da es im gegenwärtigen Entwicklungsstadium vorwiegend auf die materielle Seite der Natur gerichtet ist, formt es nur ein sehr unvollkommen durchlässiges Element für den Strom geistiger Energie, sodass ein geistiger Einstrom nur in einem sehr geringen Maß erfolgen kann. Die vorwiegende Lenkung unseres Bewusstseins auf das Persönliche hemmt oder verhindert daher die Wirksamkeit unserer essenziellen Individualität, des geistigen Einstroms in unsere derzeitige Verkörperung.

Die sieben Prinzipien des Menschen

Um die Wirksamkeit und die Möglichkeiten unseres Bewusstseins besser verstehen zu können, ist eine tiefere und genauere Kenntnis der sieben Prinzipien des Menschen von unschätzbarem Wert. Doch warum sieben Prinzipien und nicht fünf oder zehn? Weil überall in der Natur der siebenfältige Aufbau erkennbar ist: es gibt sieben Regenbogenfarben, sieben Töne der Tonleiter, sieben Atomschalen, um nur einige bisher bekannte Beispiele zu nennen; und weil die Erde von sieben sogenannten „Heiligen Planeten" besonders beherrscht beziehungsweise aufgebaut wird. Obwohl jeder großen Religion und Philosophie die tieferen Aspekte der sieben Prinzipien bekannt waren und teils noch sind, blieben sie einer breiteren Öffentlichkeit bisher mehr oder weniger verborgen. Der Grund für die relative Geheimhaltung liegt in der Erkenntnis, dass das Wissen um die sieben Prinzipien Zugang zu einigen Geheimnissen der Natur verschafft, die in den Händen intuitiver, jedoch verantwortungsloser Menschen die Gefahr des Missbrauchs bergen können. Auch in exoterischen Schriften finden sich zum Teil deutliche Hinweise in Form von Gleichnissen und allegorischen Berichten.

Das Wissen über die Siebenfältigkeit des Menschen ist der

ursprünglichen Theosophie entnommen und zum Teil in der östlichen Tradition enthalten. Die ihr eigenen Sanskṛitausdrücke geben sehr genau die Bedeutung der einzelnen Prinzipien wieder. Sie wurden aus dem Grunde übernommen, weil europäische Sprachen keine Worte mit der ihnen entsprechenden Bedeutung haben, es ist also lediglich eine Umschreibung möglich. Ein eingehendes Studium dieser Sanskṛitausdrücke ist daher von besonderem Wert.

Die Ausdrücke lauten folgendermaßen:

1.	Âman	Geist
2.	Buddhi	Träger des Geistigen, Intuition
3.	Manas	Denkvermögen, Gemüt, Intellekt
4.	Kâma	Wünsche und Begierden, Wille
5.	Prâṇa	Lebensprinzip, Vitalität
6.	Liṅga-śarîra	Astralkörper, Modell und Schutzhülle
7.	Sthûla-śarîra	physischer Körper

Das höchste Prinzip, Âtman, ist von universellem Charakter und kann als jenes Kettenglied betrachtet werden, das die Prinzipien mit dem Herzen des Universums, dem Geistig-Universellen, verbindet. Das zweite Prinzip, Buddhi, übermittelt spirituelles Bewusstsein, die Erkenntniskraft, die höchste Kraft des Erkennens und Verstehens. Zu aktiver Wirksamkeit gebracht, ist es das Prinzip, das hoch evolvierte Menschen zu den großen Weisen oder Buddhas macht. Das dritte Prinzip, Manas, ist das eigentlich menschliche Prinzip, das niedere und höhere Denken. Auf unserer derzeitigen Evolutionsstufe ist es jedoch erst teilweise zur Wirksamkeit gekommen. Kâma bedeutet so viel wie Wunsch oder Begierde, die treibende Kraft, die an sich farblos ist, weder gut noch schlecht. Die Charakteristik von Kâma richtet sich beim Menschen je nach Art und Weise, in der das Denkvermögen (Manas) die Richtung angibt. Das fünfte Prinzip, Prâṇa, bezeichnet die Lebenskraft, die Vitalität, hier als allgemeiner Ausdruck benutzt. Das sechste Prinzip, Linga-śarîra, ist der

Astral- oder Modellkörper. Er ist das Muster oder das Modell, nach dem das Sthûla-śarîra – der physische Körper – aufgebaut wird. Die astrale Substanz unterscheidet sich in nur verhältnismäßig geringem Maß von der physischen Materie, und weil ein stofflicher Körper nicht ohne das astrale Modell existieren kann, bilden diese beiden Prinzipien zusammen die körperliche Seite der menschlichen Konstitution.

Eine leichter verständliche zweifache Einteilung der sieben Prinzipien ist die folgende:

1. Âtman 2. Buddhi 3. Manas	das höhere Selbst oder die Individualität
4. Kâma 5. Prâṇa 6. Liṅga-śarîra 7. Sthûla-śarîra	das niedere Selbst oder die Persönlichkeit

Gemäß der Einteilung des Paulus in Körper, Seele und Geist ergibt sich die Dreiteilung in:

1. Âtman 2. Buddhi	Geist
3. Manas 4. Kâma	Seele
5. Prâṇa 6. Liṅga-śarîra 7. Sthûla-śarîra	Körper

Bei der Dreiteilung fällt sofort auf, dass das Denkvermögen (Manas) als eine Funktion des Geistes wie auch der Seele betrachtet wird, während bei der zweifachen Unterteilung das Denkvermögen dem höheren Selbst zugeschrieben wird. Hierin liegt einer der bedeutendsten Schlüssel für das Studium des menschlichen Bewusstseins sowie für die Beurteilung des menschlichen Denkens und Handelns.

Jedes der Prinzipien ist, für sich genommen, wiederum zweifältig oder dual, es hat seine höheren und seine niederen Aspekte. Bei Manas, dem Denkvermögen oder dem Gemüt, muss auf diese Tatsache jedoch besonderer Nachdruck gelegt werden, weil der Mensch mit diesem Prinzip ein Instrument besitzt, das für seine Willensäußerungen bestimmend ist und das ihn deutlich von den niederen Reichen der Natur unterscheidet. Manas wird daher in die beiden Aspekte des *höheren* und des *niederen* Manas unterteilt.

Unsere kosmische Verbindung

Der innige Zusammenhang und die Verflechtung der verschiedenen Prinzipien werden besonders deutlich, wenn der Bereich des menschlichen Bewusstseins durch ein Ei (siehe Abbildung rechts) dargestellt wird, das in sieben Ebenen, Stufen oder Sphären unterteilt ist. Die senkrechte Linie stellt den Strahl dar, der aus dem Herzen des Universums in die verschiedenen Manifestationen fällt und hier Zentren von Bewusstsein formt, die als Linsen oder Transformatoren tätig sind, um die Wirksamkeit der *einen* universalen Ursache in den niederen Welten möglich zu machen. Je weiter der Strom geistig-spiritueller Energie in gröbere Ebenen absinkt, desto mehr nimmt seine Wirksamkeit ab – dies wird in dem Diagramm durch das Kleinerwerden der Kreise angedeutet.

Beim Studium dieses Diagramms, das die menschliche Natur darstellt, ist es wichtig, einen Unterschied zu machen zwischen dem, was sich manifestiert, und dem Träger, durch den es sich zum Ausdruck bringt. Das Diagramm kann auch analog auf den Kosmos

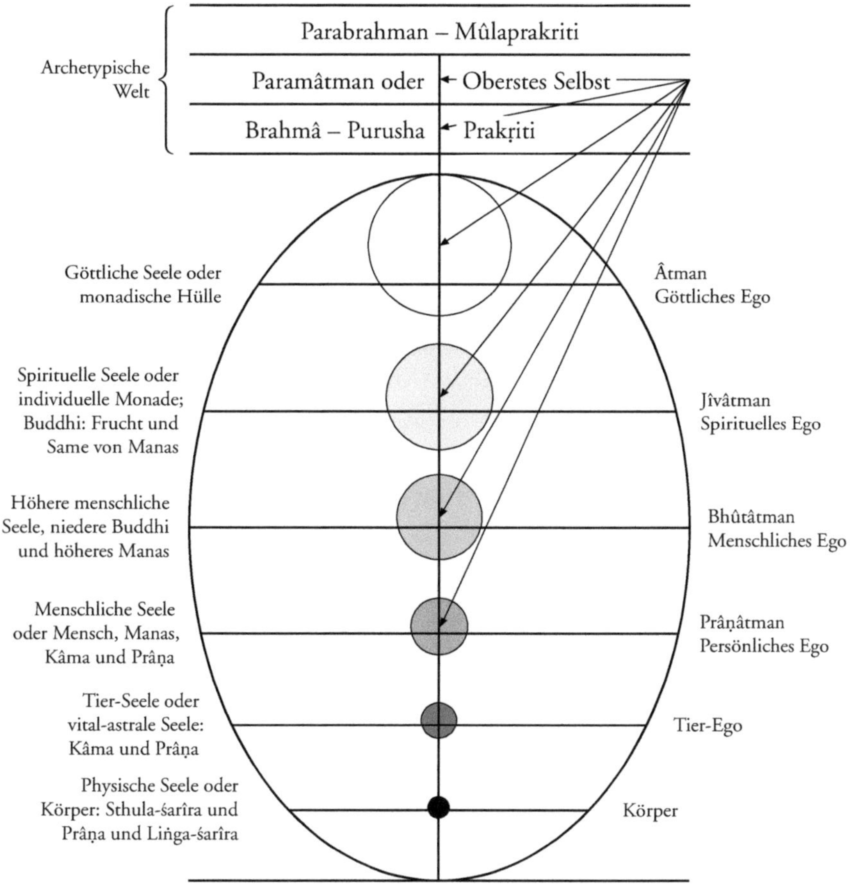

Die sieben Prinzipien des Menschen sind eine Kopie der sieben kosmischen Prinzipien. Aus: Gottfried von Purucker: *Grundlagen der Esoterischen Philosophie.* Hannover, 2003, S. 256, 280.

angewandt werden, da die Prinzipien des Menschen eine Kopie der sieben kosmischen Prinzipien sind.

Die Bedeutung des Begriffs „Seele" ist, wie gezeigt wurde, eine ganz andere als die in der westlichen Welt gebräuchliche. Während in der dreifachen Einteilung des Paulus das Wort Seele etwa die

Bedeutung einer Verbindung zwischen dem Geistig-Spirituellen und dem physischen Körper hat, ist die exakte Bedeutung des Körpers in der siebenfachen Einteilung die eines Trägers oder Vehikels. Dieser Unterschied ist für ein tieferes Verständnis von großer Wichtigkeit.

Der Strom des geistigen Bewusstseins, der durch die senkrechte Linie im Diagramm dargestellt ist, wird in dem höchsten Teil der zusammengesetzten menschlichen Natur unter dem Begriff Âtman zusammengefasst und durch die *göttliche Seele* zum Ausdruck gebracht. Da dieser Strom von Bewusstsein im Kern auch alle niederen Prinzipien in sich enthält, fließen die Âtman folgenden Prinzipien weiter nach außen in die Manifestation und bilden sogenannte Knotenpunkte, sodass als nächste Stufe das buddhische Prinzip in der *spirituellen Seele* zur Manifestation gebracht wird, das ein Kind des Geistig-Göttlichen ist. Der Ausdruck „Buddhi" ist ein Sanskṛitwort, das von dem Wort *budh* mit der Bedeutung „erleuchten" abgeleitet wird. Es bedeutet „Prinzip der Erleuchtung", und ein Buddha ist ein hoch evolvierter Mensch, der „erleuchtet" ist. Die *menschliche Seele,* die sozusagen das Kind der *spirituellen Seele* ist, ist das Vehikel oder der Träger des Manas-Prinzips, des Denkvermögens, das in Verbindung mit der *spirituellen Seele* das spirituelle, intuitive Denken einschließt.

Die siebenfältige Natur hilft uns, uns selbst besser zu verstehen

Das Wort „Manas" ist von dem Sanskṛitwort *man* abgeleitet und hat die Bedeutung von „Denken" oder „Denker". Die persönliche Seele bringt den niederen Teil des Denkvermögens durch seine Verbundenheit mit Kâma zum Ausdruck. In diesem Teil ist das *menschliche Bewusstsein* bei seinem heutigen Stand der Evolution konzentriert. Das Gefühl der Abgeschiedenheit, des Sonderseins, entsteht in der menschlichen, persönlichen Seele. Es ist das „Ich bin ich". Die *tierische* oder *astral-vitale Seele* sowie die physische Seele bringen die niederen Prinzipien zum Ausdruck und sind jede für sich die Kinder

der höheren. Bei der *physischen Seele* wird besonders deutlich, dass das Wort „Seele“ Träger, Körper, Gewand oder Vehikel bedeutet.

Die Siebenfältigkeit der menschlichen Natur gibt eine verständliche Erklärung für die verschiedenartigen und zum Teil sich widerstreitenden Gefühle, denen wir unterworfen sind. Sie bringt die Erkenntnis darüber, welche Prinzipien und Kräfte in unseren Gedanken und Handlungen vorherrschen, wenn wir „außer uns“ sind oder wenn wir „uns selbst vergessen“. Hegen wir Gedanken oder verrichten wir Handlungen, über die wir im Nachhinein selbst verwundert sind, sodass wir uns dann fragen, wie es dazu kam, dann zeigt diese Aufstellung, dass alle Möglichkeiten in der Charakteristik der Prinzipien, also in uns selbst, vorhanden sind. Verliert unser kontrollierendes Bewusstsein zeitweilig die Herrschaft über die niederen Aspekte der Prinzipien, so wird die niedere Persönlichkeit dominant, anstatt erhöht zu werden.

Die hierin enthaltene, äußerst wichtige Erkenntnis ist die, dass wir erst dann relativ vollkommene Menschen im Sinne von „Menschsein“ sind, wenn sich unser spiritueller Teil in aktiver Tätigkeit befindet. Das Ziel unseres Lebens sollte es daher sein, das spirituelle Bewusstsein mehr und mehr zum Ausdruck zu bringen, in ständig wachsendem Maße in den höheren, edleren Aspekten unserer Natur zu leben. Damit bilden wir zugleich einen Gegenpol zu der gewaltgeschwängerten Atmosphäre, die uns weltweit umgibt. Eine bessere Richtschnur für die Praxis unseres täglichen Lebens kann es nicht geben.

Der Tod – ein Geheimnis?

Eine Bewusstseinsstudie

Ist der Tod wirklich ein Geheimnis? Beinhaltet er tatsächlich so unlösbare Mysterien, die das forschende Gemüt und den fragenden Intellekt in den „Glauben“ verweisen? Keineswegs, denn das Wissen um die inneren Zusammenhänge des Lebens, in dem der Tod ebenso seinen natürlichen Platz hat, ist in allen Kulturepochen zu finden. Es gibt Trost und Hoffnung zugleich und ist ein sicherer Ankerplatz in unserem täglichen Leben.

Die größten uns bekannten Philosophen, aber auch die verschiedenen Weltreligionen legen ein beredtes Zeugnis über die sogenannten Geheimnisse des Todes ab. Sie entschlüsseln diese in übereinstimmender Weise, wenngleich auch mit unterschiedlichen Redewendungen und in bildhafter Sprache. Diese übereinstimmenden Zeugnisse gipfeln in der Aussage: Alles, jede Wesenheit, auch der Mensch, wird wieder und wieder geboren. So ist das Wissen um die „Reinkarnation“, das heißt „das Wieder-ins-Fleisch-Eintreten“ (re = wieder, carnis = Fleisch), die Voraussetzung für ein tieferes Verstehen und Erkennen aller Lebensvorgänge.

Schon in der Bhagavad-Gîtâ, einer Episode aus dem Mahâbhârata, dem großen Epos Indiens, das eine der ältesten der Menschheit heute zugänglichen Schriften ist, ist zu lesen:

„Gleichwie ein Mensch seine abgetragenen Kleider wegwirft und neue anlegt, geradeso tritt der im Körper Wohnende in andere, neue Körper ein.“*

Und weiter heißt es:

„Wir beide, ich wie du, sind schon durch viele Inkarnationen gegangen, o du Bedränger deiner Feinde! Ich kenne meine Inkarnationen, aber du weißt nichts von den deinen.“**

Auch im Christentum war die Wiedergeburt ursprünglich enthalten. Wie Jesus geäußert haben soll, war Johannes der Täufer eine Wiedergeburt des Elias***. Und der Kirchenvater Hieronymus (347–420) stellt in seinem Brief an Demetrias fest, dass damals von einigen christlichen Gruppierungen an eine Form von Metempsychose oder Reinkarnation geglaubt und diese gelehrt wurde, jedoch als traditionelle Lehre, die nur wenigen Auserwählten mitgeteilt wurde****. Paulus sprach in diesem Zusammenhang auch von dem Gesetz der Verursachung: „Was der Mensch säet, das wird er ernten.“***** Ohne diese Gesetzmäßigkeit, auch Karman genannt, ist die Wiedergeburt undenkbar, denn Karman ist die große Kraft, die hinter aller Verursachung steht, die Leben und Tod im ewigen Wechsel bewirkt. Mit anderen Worten, Wiedergeburt ist die Folge vergangenen Seins, das Resultat, die Wirkung, und dies besagt, dass jeder Mensch in Selbstverantwortung sein eigenes Schicksal webt. Wie anders sähe es in der Welt aus, würde dieses Gesetz der Selbstverursachung, der Selbstverantwortung, Eingang in die Herzen der Menschen finden! Frieden würde unseren Alltag bestimmen und Kriege würden der Vergangenheit angehören.

---

* William Q. Judge: *Bhagavad-Gîtâ – Studienausgabe*. Hannover, 2014, Kap. 2, Vers 22, S. 49.

** Ebenda, Kap. 4, Vers 5, S. 61.

*** Vgl. Matthäus 17, 12–13.

**** Vgl. Hieronymus: *Epistulae,* Brief CXXX: An Demetrias.

***** Galater 6, 7.

Die Schicksalsgöttinnen der griechischen Mythologie Klotho, Lachesis
und Atropos spinnen den „Faden des Lebens“ (Karma).
Eduard Julius Friedrich Bendemann (1811 – 1889): Die Parzen (1830).

„Was der Mensch sät, das wird er ernten“

„Reinkarnation“ und die Zwillingslehre „Karman“ bilden somit die beiden Grundgesetze des Lebens. Auf diesen Säulen lassen sich Erkenntnis, Mitgefühl und Verstehen aufbauen. Die materialistische Ansicht, das menschliche Bewusstsein sei sowohl substanziell als auch in seinen Prozessen nur die erkennbare Bewegung chemischer Veränderungen, die im Körper und besonders im Gehirn vor sich gehen, ist gänzlich beweisunfähig. Sie bleibt hinter der Erklärung, die die vorurteilsfreie Vernunft fordert, so weit zurück, dass sie nur als ebenso ungeschickt und töricht wie völlig unzulänglich charakterisiert werden kann.

Der Mensch ist ein Denker. Die Evolution, das heißt die wirklich menschliche Entwicklung, geschieht durch und mittels unserer Gedanken. Diese gehören einer Welt oder Sphäre feinerer Schwingungsfrequenzen an, die wir weder sehen, fühlen, schmecken noch hören können. Es sind nicht unsere Körper, die diese Welt regieren, sondern, wie Platon so bezeichnend sagt: „Ideen regieren die Welt." In Bezug hierauf ist eine der grundlegenden Naturgesetzmäßigkeiten die, dass sich alle Lebewesen, Pflanzen, Tiere oder Menschen, aus den unterschiedlichen Graden stofflicher und feinstofflicher Materie oder Kraft zusammensetzen. So gesehen ist der Mensch ein Bewusstseinsstrom der unterschiedlichsten Substanzen und Kräfte. Gemäß der materialistischen Theorie müsste sich infolge des beständigen Fließens der molekularen Konstitution des Menschen seine Individualität von Tag zu Tag ändern. Dass dies jedoch nicht der Fall ist, weiß jeder. Unser Bewusstsein bleibt essenziell oder in seiner „Ich-bin-heit" von dem ersten Augenblick der Kindheit an bis zu dem Tag des Todes immer das gleiche. Der essenzielle Strom unserer Identität bleibt während der Myriaden Abänderungen, die unser Wachstum mit sich bringt, unverändert und offenbart sich sowohl an Volumen als auch an Intensität und Subtilität in dem Maße, wie sich unser Körper zur Reife entwickelt.

Ideen regieren die Welt

Wie die ältere Schule der Materialisten ihre mentale Gymnastik daran übte, die eigenen unvereinbaren Widersprüche in Einklang zu bringen, liefert eine der interessantesten, wenn nicht amüsantesten Episoden im modernen europäischen philosophischen Denken. Platon hatte Recht. Unser Bewusstsein ist nicht nur Erinnerung im platonischen Sinne, das heißt das selbst-bewusste Wiedererkennen unserer früher wirksam gewesenen Eigenschaften, Attribute und Kräfte. Bewusstsein ist auch das Wiedererkennen unserer eigenen Individualität, das mit den Jahren in dem Maße schärfer wird, wie sich die eingeborenen Fähigkeiten unserer Individualität immer vollständiger entfalten und zur Manifestation gelangen.

Unsere Individualität kann also unmöglich in einer einzigen Lebenszeit aufgebaut werden. Ihre weiten Gefilde des Erkennens und

Wiedererkennens sowie die verwickelten und komplizierten Funktionen unseres Bewusstseins sind vielmehr das Resultat einer langen evolutionären Reise. Wie unbewusste, gefühllose, ja tote Materie einen lebendigen, mit Selbstbewusstsein begabten Menschen hervorbringen kann, ist ein wirklich unlösbares Problem, und es ist verwunderlich, dass sich diese wissenschaftliche Vorstellung bis auf den heutigen Tag halten konnte.

Der Strom unseres Bewusstseins, in dem die deutliche Wahrnehmung unserer egoischen Identität enthalten ist, geht der Geburt ins Erdenleben voraus. Der physische Tod hingegen kommt zum großen Teil dadurch zustande, dass sich unser Bewusstseinsfeld im Verlaufe unseres Lebens über die Kapazität unseres Körpers hinaus entfaltet und erweitert hat. Unser Körper kann diesen Spannungen auf Dauer nicht mehr standhalten, er verfällt allmählich und wird schließlich abgeworfen. Die unsichtbaren, inneren Kräfte und Substanzen aber, das Bewusstseinszentrum, unsere wahre Egoität, der unsterbliche Teil unserer menschlichen Konstitution, gehen in die unsichtbaren Bereiche ein, in unser eigentliches Zuhause. Primär wird der Tod also von innen verursacht und nur sekundär von außen.

So befindet sich der Mensch zwischen den wechselseitigen Polen der Natur, zwischen Anziehung und Abstoßung, zwischen Leben und Tod. Werden wir geboren, ist die Dominanz unseres Lebens mehr dem Physischen zugewandt. Beim Tod erheben sich unsere höheren Eigenschaften, das Bewusstseinszentrum, sie befreien sich aus dem Kerker des materiellen Daseins.

Eingebettet in das unendliche Sein sind Leben und Tod nur die zwei Facetten der sich ständig wiederholenden Lebensvorgänge.

Natürliche Begleiterscheinungen des Alters

In der großen Mehrheit der Fälle geht also dem Tod immer – wenn auch für jeden Einzelfall variierend – eine gewisse Zeit voraus, während der sich das Bewusstseinszentrum aus der Inkarnation zurückzieht. Dieses Zurückziehen ist natürlich begleitet von einem notwendigen Verfall oder vielmehr von einer Trennung, einem Auseinanderfallen der Kräfte und Substanzen, aus denen der Mensch während seiner physischen Inkarnation aufgebaut ist. Der innere, höhere Teil des Menschen folgt der immer stärker werdenden Anziehung in die unsichtbaren Bereiche des sogenannten Devachan.

Dagegen fühlen die niederen Teile unserer Konstitution, einschließlich ihres gemeinsamen Trägers, des physischen Körpers, langsam, aber geregelt und unvermeidlich das allmähliche Verlöschen der inspirierenden und belebenden Feuer. Sie werden schwächer und ihre Lebensfunktionen weniger unmittelbar und empfänglich für die sich allmählich zurückziehende Willenskraft und Intelligenz.

Was allgemein als Greisenalter, Senilität, Altersdemenz oder physischer Verfall bezeichnet wird, sind die physischen Ergebnisse dieses vorbereitenden Rückzugs des Bewusstseinszentrums oder – genauer gesagt – des sich wiederverkörpernden Egos von der selbstbewussten Anteilnahme an den Angelegenheiten des Erdenlebens. Tatsächlich kann dies mit der vorgeburtlichen Zeit eines Kindes verglichen werden. Während der vorgeburtlichen Periode trifft das sich wiederverkörpernde Ego eine Zeit lang – es mögen

Devachan

Der nachtodliche Zustand ist in der Theosophie unter dem Namen Devachan bekannt. Dieser tibetische Ausdruck hat als Äquivalent im Sanskṛit Sukhâvatî, was mit „Glückliches Land" übersetzt werden kann. [...] Das Devachan reicht von den höchsten, spirituellsten Zuständen über Stufen oder Grade hinab bis zu den niedrigsten spirituellen Zuständen, die allmählich in die höchsten, ätherischsten, halbspirituellen Bereiche [...] übergehen. Devachan ist aber keine Lokalität; das Wort veranschaulicht lediglich die Gesamtheit der Bewusstseinszustände und -bedingungen, fasst sie zusammen und generalisiert sie.

Aus: Gottfried von Purucker: *Geburt und Wiedergeburt*. Hannover 2023, S. 100 f.

Monate oder gar Jahre sein –, ohne sich dessen voll bewusst zu sein, Vorbereitungen auf seinen „Tod" im Devachan. Auch bereitet es seinen Abstieg durch die niederen Zwischenreiche in den Zustand vor, der für seine physische Verkörperung auf diesem Erdenplan geeignet ist.

Ein weiterer Grund für das Altern des physischen Körpers während der Lebenszeit liegt in der Intensität der unaufhörlichen Aktivitäten der Lebensatome*, die den Körper zusammensetzen und aufbauen. Diese Aktivitäten werden mit fortschreitendem Alter zuweilen so stark, dass sie selbst von dem vorherrschenden, zusammenhaltenden Einfluss des organischen elektrischen Feldes nicht immer in Schach gehalten werden können. Dies führt dazu, dass die Körperstruktur durch die in ihr wachsenden atomaren Kräfte geschwächt und schließlich zerstört wird. Diese innere vitale Aktivität der Lebensatome, die von der organischen Lebenskraft ungenügend in Schach gehalten wird, bringt gleichfalls auch viele, wenn nicht alle der verschiedenen Formen chronischer Krankheiten zustande. Auch bösartige Krankheiten gehen auf dieselbe allgemeine Ursache zurück. Aus diesem Grund stirbt der Körper nicht aus Mangel an Leben, sondern aus Überfluss daran.

Keineswegs muss das Alter immer eine Zeit der Abnahme der höheren Fähigkeiten sein, also der spirituellen und intellektuellen Kräfte des Menschen. Denn wie intensiv der Trennungsprozess auch vor sich gehen mag – und in der Regel findet er in jedem Menschen nach dem Überschreiten des mittleren Alters statt –, so ist die starke Flut der einströmenden Vitalität, die sich in der Jugend manifestiert, nun nicht mehr so aktiv, und dies bietet für den älteren Menschen die Gelegenheit und Möglichkeit, das Beste in ihm zum Ausdruck zu bringen: unsere spirituellen Eigenschaften und intellektuellen Verstandeskräfte.

---

* Ein Lebensatom ist die beseelende Kraft in jedem ursprünglichen oder elementaren Teilchen. Jedes physisch-materielle Atom wird von einem solchen Lebensatom beseelt.

Viele Menschen scheinen im fortgeschrittenen Alter die mentalen Kräfte der Blütezeit ihres Lebens einzubüßen. Sie büßen diese tatsächlich ein, weil ihr Körper geschwächt ist, und zwar allgemein als Folge von in der Jugend und im frühen Erwachsenenalter begangenen Fehlern. Oft entstehen Fehler aus Unwissenheit, aber sie werden von der Natur nicht übersehen. In selteneren Fällen sind Laster verantwortlich, die nie unterdrückt und ausgemerzt wurden.

In der Zukunft, wenn die Menschheit etwas weiter fortgeschritten ist als heute, wird das Alter allgemein als der schönste Zeitabschnitt des Erdenlebens betrachtet werden. Er ist der an intellektueller, psychischer und spiritueller Kraft reichste. Das bleibt so bis kurze Zeit vor dem Eintreten des tatsächlichen physischen Todes.

Gibt es Beweise für die Wiedergeburt?

Seit ungefähr 1500 Jahren gehört die Wiedergeburt in unserer christlich geprägten westlichen Welt zu den am besten gehüteten Geheimnissen unseres Lebens. Dennoch gibt es unwiderlegbare Hinweise, die auch seitens der Wissenschaft nicht geleugnet werden können. Diese überzeugenden Belege enthalten nicht nur hochphilosophische Aspekte, sie führen in ganz reale Welten, Frequenzen, Kräfte und Schwingungen, die von Leben und Bewusstsein, von lebenden Wesenheiten erfüllt sind. Sie zeugen von anderen Daseinsbereichen, die nur darauf warten, erschlossen zu werden. Die Wiedergeburt gibt zudem ein Zeugnis ab für die in der Natur zu beobachtende Tatsache der zyklisch bedingten Wiederkehr. Schlafen und Wachen, Leben und Tod, Tod und Leben sind die sich ewig wiederholenden Abläufe in der Natur!

Reinkarnation war und ist allen alten Kulturnationen bekannt, denn sie ist uraltes, zeitloses Wissen, das, wenn auch nicht öffentlich bekannt, bis in unser 21. Jahrhundert bewahrt wurde. In früheren Zeiten stellte sich die Frage hinsichtlich der Reinkarnation nicht, sie war für die damaligen Menschen eine Selbstverständlichkeit. Unsere heutige Wissenschaft hingegen hat offenbar keine Kenntnis von dieser allgegenwärtigen Naturtatsache. Auch die Geistlichen des Christentums verlieren sich in Spekulationen. Sie stellen die nie bewiesene These der einmaligen Schöpfung Gottes auf, obwohl in der Bibel unzweideutige Hinweise zu finden sind, die auf die Reinkarnation hindeuten. Was allgemein fehlt, ist das Wissen um die inhärenten Kräfte und Gesetzmäßigkeiten, die unser Leben leiten und bestimmen. Und das ist die Tragik unserer Zeit.

Die unendliche Vielfalt des Lebens

Ein wahres Verstehen der subtilen Lebensvorgänge kann jedoch nur dann erlangt werden, wenn die Vorurteile aufgegeben werden, dass alles, was weder gemessen noch gewogen werden kann, de facto nicht existiert. Dies gilt für den Nachweis noch unbekannter Energien und daher auch in Bezug auf die Bewusstseinszustände des Energiebündels Mensch nach seinem Tod. Dieses Energiebündel ist der essenzielle Mensch, wenn er keinen physischen Körper bewohnt beziehungsweise wenn er seine Kräfte nicht zur Manifestation gebracht hat, wenn er keinen Körper gebildet hat. Doch obwohl heutige Wissenschaftler erkannt haben, dass Kraft oder Energie und Materie im Grunde eins sind, leugnen sie mehrheitlich ein Weiterleben nach dem Tod. Damit schließen sie auch unterschiedliche Daseins- und Bewusstseinszustände des Menschen aus, die zwischen Tod und erneuter Reinkarnation und analog zwischen Schlafen und Wachen Realität sind. Doch insbesondere hierin liegt einer der wichtigsten Schlüssel zum Verstehen der Reinkarnation!

Zur Illustration mag das Beispiel des Wassers dienen. Es sind zumindest drei Zustände zu erkennen:

- Wasser, flüssig
- Eis, fest
- Dampf oder Gas, luftig.

Materie ist im Gleichgewicht befindliche Kraft oder Energie. Kraft oder Energie befindet sich zum Teil in sehr hohen Frequenzen, wie zum Beispiel im Fall kosmischer Strahlung. Frequenzen von über 10^{23} Schwingungen pro Sekunde könnten, wenn auch sehr unbestimmt, als Geist bezeichnet werden. Dies ließe folgende Schlussfolgerung zu: Wenn sich geistige Kraft oder Energie im Gleichgewicht befindet, muss es geistige Materie, oder richtiger, geistige Welten oder Sphären geben, die für die Bewohner dieser Welten genauso real sind, wie es die materielle Welt für uns ist. Mit diesem Wissen öffnen sich völlig neue Welten. Schleier um Schleier lichten sich, und neue, faszinierende Ausblicke tun sich zu der unendlichen Vielfalt des Lebens auf.

Wir sind mehr als unser Körper

Reinkarnation kann nicht verstanden werden ohne das Wissen, welcher Teil der zusammengesetzten Konstitution des Menschen reinkarniert oder ins Fleisch eintritt. Da der Körper nicht von feinstofflicher Art ist, kann es sich nur um den Zwischenteil der menschlichen Konstitution handeln, um das Ego mit seiner Seele, den eigentlichen, wirklichen Menschen, das uns denken, fühlen und lieben lässt. Dieses Ego ist es, das den Tod überdauert, das während der Zeit zwischen den Erdenleben in anderen Welten und Sphären sein eigentliches Zuhause hat. Nur während der Zeit zwischen Geburt und Tod wirkt das Ego durch und mittels eines physischen Körpers, um zu lernen und zu evolvieren. Das Ego zieht die jeweiligen Atome, oder besser gesagt Lebensatome, aus der Astralregion und der Erdatmosphäre an, bis schließlich aus dem Embryo ein physischer Körper entsteht. Durch diese Verbindung, die auch zwischen den einzelnen Erdenleben besteht, wird deutlich, dass alle Lebewesen zusammengesetzte Aggregate sind. Unsere Körper sind lediglich zeitweilige Wohnungen für gewisse feinstoffliche Essenzen oder Wesenheiten und zerfallen nach dem Tod in ihre Bestandteile.

Weil der Mensch als einziges Lebewesen relatives Selbstbewusstsein besitzt – das heißt, er kann auch höhere und niedrigere Frequenzen und damit alles, was ihm tagtäglich begegnet, auf sich selbst beziehen –, ist er in der Lage, diese Naturgesetze als Realität zu erkennen, denn er ist bei Weitem nicht der Körper allein. Im Gegenteil, die eigentliche Egoität und unsterbliche Individualität gehören anderen Daseinsbereichen an. Wir können denken und fühlen, haben Bewusstsein und das Empfinden für höhere Werte und Ethik. Diese Attribute sind wissenschaftlich nicht nachweisbar, und dennoch machen sie den eigentlichen Menschen aus. Wir sind also nicht nur ein rein körperliches Aggregat von Lebensatomen, vielmehr ist der Mensch im Wesentlichen eine Zusammengesetztheit aus Elementen und Prinzipien, die niederen und höheren Frequenzen zugeordnet werden können. Werden diese Zusammenhänge berücksichtigt, ist eine wichtige Voraussetzung geschaffen, um die Lehren über Reinkarnation und Karman, also Aktion und Reaktion, grundlegend zu verstehen.

Wir leben in einem Meer von Kräften

Aus kosmischer Sicht kann die „Zusammengesetztheit" des Menschen, dieses Ineinanderwirken von Kräften, Seelen, Monaden und Atomen, wie folgt beleuchtet werden: Wir befinden uns in unserem Universum, genauer gesagt, in unserem Sonnensystem. Somit sind wir ein Teil, wenn auch ein sehr kleiner Teil, unseres Sonnensystems. Doch als Teile dieses Sonnensystems tragen wir zu seiner Bildung und Funktion bei, besonders zu der unserer Erde, die ihrerseits einen entsprechend größeren Teil des Sonnensystems bildet. Die größte Möglichkeit, das Universum, unser Sonnensystem sowie unsere Umwelt wahrzunehmen, haben wir über das Licht. Das für uns sichtbare Licht umfasst bestimmte Frequenzen (→ Anhang „Das elektromagnetische Spektrum"). Richtig ist jedoch auch zu sagen, dass es sich aus Teilchen – den sogenannten Lebensatomen – einer ganz bestimmten Schwingungszahl zusammensetzt. Die Schwingungszahlen liegen in dem für uns kaum noch vorstellbaren Frequenzbereich von ca. 10^{14} bis 10^{15} Hz, das heißt Schwingungen pro Sekunde – also eine 1 mit 15 Nullen (1 000 000 000 000 000). Das für uns sichtbare Licht umfasst daher nur eine einzige der etwa 80 – 90 wissenschaftlich bekannten Schwingungsoktaven!

Selbst wenn diese und folgende Ausführungen reichlich technisch anmuten, geben sie doch eine Vorstellung von der Unbegrenztheit kosmischen Lebens. Hierbei spielt auch die Dualität eine äußerst wichtige Rolle, denn alles in der Natur ist dual. Und diese Dualität setzt sich in allen Bereichen, Frequenzen oder Kräften aus Geist und Materie zusammen. Genau genommen sind Geist und Materie eins. Geist und Materie aber setzen sich aus Lebewesen der verschiedensten Bewusstseinsgrade zusammen. Befinden sie sich in ihrer Manifestation, bilden sie in ihrer niederen Zusammengesetztheit Materie oder die Physis; befinden sie sich sozusagen im Schlaf, in ihrer Ruhephase, sind sie Kraft oder Energie. Die höheren Teile des Menschen oder die über den Menschen stehenden Reiche können der Geist-Seite zugerechnet werden.

Die Vorstellung, in welch ungeheurem Meer von Kräften, Frequenzen, Geist und Materie wir schwimmen, die alle an Individuen der verschiedenen Bewusstseinszustände gebunden sind, gibt eine Ahnung davon, wie komplex die Zusammenhänge von Geburt, Tod und Wiedergeburt sind. Wir befinden uns die Unendlichkeit hindurch in einem ständigen Bewusstseinswechsel, und daher wird seit alters gesagt: Schlaf und Tod sind Brüder!

Die Siebenfältigkeit der Welt

> Wir können von unserer Welt und damit von dem Teil, den wir „Mensch" nennen, nur 1 % sehen!

Die Tiefe dieser Tatsachen kann mit folgender Aussage verdeutlicht werden: *Wir können von unserer Welt und damit von dem Teil, den wir „Mensch" nennen, nur 1 % sehen!* Mithilfe unserer anderen bisher evolvierten Sinne wie Schmecken, Hören, Riechen und Fühlen können wir zum Glück wesentlich mehr wahrnehmen. Dies kommt uns jedoch kaum noch zu Bewusstsein, wie zum Beispiel, dass wir Elektrizität nicht nur fühlen, sondern auch riechen und schmecken, jedoch nicht sehen können.

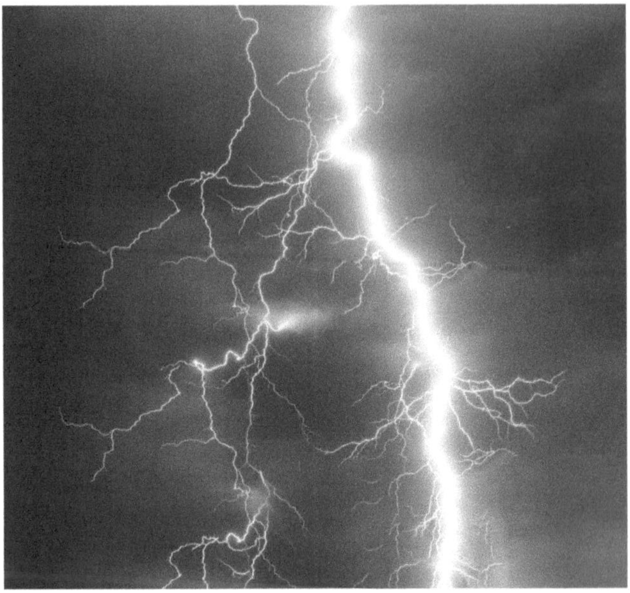

Elektrizität an sich können wir nicht sehen. In Form von Blitzen werden allerdings die Auswirkungen sichtbar.

Vom elektromagnetischen Spektrum (→ Anhang „Das elektromagnetische Spektrum") bleibt alles, was mit weniger als 1 Hertz schwingt, in Bezug auf den Menschen seitens der Wissenschaft so gut wie unberücksichtigt. Greifen wir jedoch auf das Wissen weiser Philosophen zurück, so stoßen wir auf Zyklen im Weltgeschehen, die sich im Kreislauf der Natur von Geburt und Wiedergeburt ständig wiederholen.

Interessant ist in diesem Zusammenhang auch die Zahl sieben. Fließt zum Beispiel das Sonnenlicht durch ein Prisma, so erhalten wir die sogenannten sieben prismatischen Farben, die Regenbogenfarben. Warum sind es nun sieben Farben und nicht 9, 11 oder 15? Warum gibt es sieben Töne, bis wir wieder zu dem nächsten sympathisierenden Ton, also zum Beispiel von C zu C, kommen? Der Grund liegt darin, dass unsere physische Welt mathematisch genau siebenfältig aufgebaut und zusammengesetzt ist! Diese Siebenheit hängt mit sieben bestimmten Planeten unseres Sonnensystems

Geist	Âtma	☉	Sonne
	Buddhi	☿	Merkur
Seele	Manas	♀	Venus
	Kâma	♂	Mars
	Prâṇa	♃	Jupiter
Körper	Astral	♄	Saturn
	phys. Körper	☽	Mond

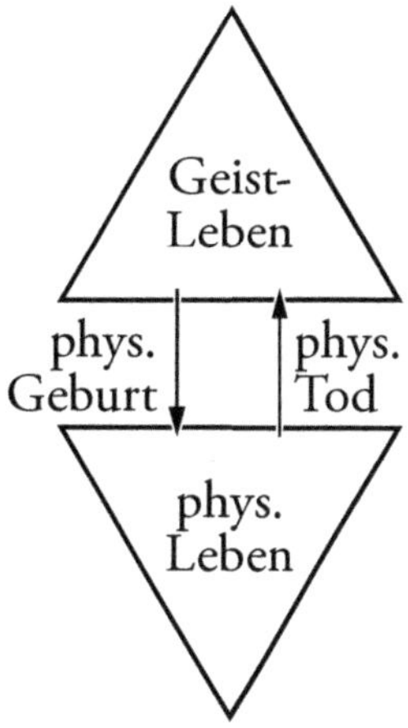

zusammen, die besonders mit unserer Erde verbunden sind. Darum sprachen die Alten von sieben heiligen Planeten, und nicht, weil sie nicht mehr als sieben kannten. Hierin liegen die tieferen Zusammenhänge, die zeigen, dass auch wir Menschen siebenfältig zusammengesetzt sein müssen. Als Teile unseres Sonnensystems bestehen wir im Besonderen aus seinen sieben verschiedenen Prinzipien, Kräften und Substanzen. Dies ist die Grundlage der siebenfachen Unterteilung des wirklichen, vollständigen Menschen, wie sie seit jeher bekannt ist. Von Paulus wurde sie der Einfachheit halber und damit christlich bis auf den heutigen Tag als die Dreiheit von Körper, Seele und Geist gelehrt. In der bildlichen Darstellung des siebenfältigen Aufbaus liegt die *tiefere* Begründung dafür, dass alles in der Natur, einschließlich des Menschen, siebenfältig zusammengesetzt ist. Und anhand dieser wenigen Hinweise wird sogleich erkennbar, wie komplex das Thema der Wiedergeburt ist! Sie umfasst Geburt, Reife, Alter und Tod im ewigen Wechsel, die als sogenannte „Naturgesetze" überall beobachtet werden können. Eine Reaktion ist immer die Folge auf eine vorherige Aktion, und dies geschieht im ständigen Wechsel von Geburt und Tod, Geburt und Tod.

Geburt und Tod in ständigem Wechsel

Wird ein Kind ins Leben hineingeboren, bringt es bereits ein bestimmtes Aggregat spiritueller, mentaler, psychischer, astraler und physischer Neigungen und Charakterzüge mit auf die Welt. Mit diesem aus verschiedenen Attributen zusammengesetzten Charakter erlebt es alle Höhen und Tiefen in seinem Leben, wird in seiner Evolution vorangetrieben oder auch gehemmt. Seine Neigungen und Vorlieben sind ausnahmslos auf die karmischen Samen seines früheren Denkens, Fühlens und Handelns zurückzuführen, die nun zur Blüte gelangen. Auf diese Weise wird der wiedergeborene Mensch selbst erneut zum Schöpfer seines jetzigen wie auch seines künftigen Schicksals. Kein Anderer formt oder gestaltet es für ihn, er selbst ist sein eigener Schmied für dieses und für kommende Leben. Was als „Tod" bezeichnet wird, ist lediglich das Ende eines Lebenszyklus irgendeiner Wesenheit, der Offenbarung eines Bewusstseinszentrums. Es ist der Übergang von einem Lebenszyklus in einen anderen. Daher ist der Tod auch gleichzeitig eine Geburt. Eine Geburt in einem anderen Lebensbereich, in einem anderen Frequenz- oder Schwingungsbereich, in einer anderen Welt.

Damit schließt sich der Kreis: Geburt, Jugend, Reife, Alter und Tod. Doch der Tod bedeutet nur für die niederen, physischen Teile des Menschen Auflösung und Zerstrahlung der Lebensatome, die während des Lebens seinen Körper zusammengesetzt haben. Der wirkliche Mensch, seine höheren Teile, gehen in eine Art Schlaf über, in das Land der Götter, das *Devachan* genannt wird. Devachan bedeutet die Erfüllung aller unerfüllten spirituellen Hoffnungen der vergangenen Inkarnation. In ihm kommt all das spirituelle und intellektuelle Sehnen der vergangenen Inkarnation zur Blüte, das in jener Inkarnation keine Gelegenheit zur Erfüllung hatte. Es ist eine Periode unsagbaren Friedens für die menschliche Seele, bis sie ihre Zeit der Ruhe und das Stadium der Stärkung ihrer eigenen Energien beendet hat.

Der Tod – der Bruder des Schlafes

Wenn nun das Ego des ehemaligen Menschen aus diesem „Schlaf" erwacht und seine psycho-elektro-magnetischen Kräfte wieder aktiv werden, baut es sich erneut einen astral-physischen Körper auf, um als Mensch reinkarnieren zu können. Es wird wieder ins Fleisch eintreten und auf Erden geboren werden. So ist der Tod der Bruder des Schlafes – alles wiederholt sich im Großen wie im Kleinen!

Doch um diese Zustände, Welten oder Sphären wirklich zu verstehen, benötigen wir nicht den normalen oder kalten Intellekt. Es sind unsere spirituellen Fähigkeiten, die wir zum Erkennen und Verstehen benötigen, unser Herzdenken, das zu Weisheit führt!

„Die Menschen hungern nach Licht und wissen nicht, wo sie es finden können. Ihr Gefühl lässt sie die Wahrheit ahnen, doch wissen sie nicht, wie sie diese auslegen sollen. Ihr Denken, ihr Intellekt ist durch die Lehren jener irregeleitet, die nur in der Welt des Stoffes nach dem Licht gesucht haben. Lichtsucher sein ist wahrlich ein erhabenes Streben, doch nur in der Stoffwelt nach ihm zu suchen, bedeutet, den Schlüssel zum größeren *Innen* verloren zu haben, von dem das stoffliche Universum nur die Schale, das Gewand, der Körper, die äußere Hülle ist."*

* Gottfried von Purucker: *Goldene Regeln der Weisheit.* Hannover, 2011, S. 80 f.

Der Mensch zwischen Geist und Materie

Die Entwicklung des Menschen schreitet in nie geahntem Umfang voran. Uns, als Zeitgenossen dieser Entwicklung, geht es jedoch wie Reisenden in einem Zug, von dem wir nicht wissen, wohin er fährt. Wir schauen aus dem Fenster, sehen die Landschaft und erhalten die verschiedensten Eindrücke – eben durch unser kleines Fenster. Was vorn oder hinten geschieht oder auf der anderen Seite des Zuges, ja, wo wir uns überhaupt befinden, wissen wir nicht, auch darum nicht, weil wir keinen Fahrplan haben. Da der Mensch jedoch trotz aller materiellen Errungenschaften innere Fähigkeiten und Wesensmerkmale sowie Bewusstsein besitzt, war er zu allen Zeiten menschlichen Seins auf der Suche nach einem Fahrplan, nach dem Ursprung des Lebens, nach der „Verursachung an sich".

So zum Beispiel gründete sich die Wissenschaft der Chemie seit ihrem Wiederaufleben im modernen Europa auf das antike griechische Denken. Obwohl dieses Denken seiner inneren Charakteristik und seinem Umfang nach lange Zeit missverstanden wurde, beginnen heutige Wissenschaftler die ursprünglichen Aussagen mehr und mehr zu verstehen. Die alten Philosophien lehrten eine sogenannte „atomistische Philosophie", die sich besonders auf den Werken von Leukipp und Demokrit aufbaute. Alle ihre Denker lehrten in Bezug

Unsere Welt ist aus lebendigen, energiegeladenen Molekülen und Atomen aufgebaut. Sie sind in praktisch unendlicher Anzahl im Kosmos vorhanden.

auf die Physiologie, die Wissenschaft von der „Physis“, den „natürlichen Lebensvorgängen“, dass jeglichem stofflich Wahrnehmbaren, allem, was wir wahrnehmen können, wie auch allen Dingen, die wir noch nicht wahrnehmen, sogenannte unteilbare Einheiten zugrunde liegen, die zu den Urbausteinen des Seins gehören. Demokrit nannte sie „Atome“ – atomoi, ein griechisches Wort mit der Bedeutung „unteilbar“. Die Atomisten lehrten ferner, die Atome seien in praktisch unendlicher Zahl im Kosmos vorhanden, zahlenmäßig nicht berechenbar, unmessbar und durch keine Methode, die die physische Natur untersucht, erfassbar. Sie erklärten auch, dass die Atome durch ihre unterschiedlichen Bewegungen und Veränderungen, durch eine ihnen innewohnende Kraft des Eigenwachstums, mittels magnetischer Annäherung und Abstoßung, durch ihre vielfältigen Tätigkeiten die Welt, den Kosmos, den wir rings um uns her sehen, aufbauen. Hierin liegt die Grundlage für die Atomtheorie der modernen Wissenschaft. Werner von Heisenberg, einer der größten Forscher auf diesem Gebiet, schrieb in seinem Werk *Der Teil und das Ganze* sinngemäß, er wäre ohne das platonische Denken nicht zu seinen Erkenntnissen gekommen.

Die Entdeckung der Teilbarkeit des Atoms brachte infolge des Missverstehens der Theorie der Atomisten die griechische Schule in Verruf, und die bis dahin angenommenen Theorien wurden völlig über den Haufen geworfen. Heutige intuitive Wissenschaftler spüren, ja wissen, dass innerhalb der Struktur des Atoms Elemente und Kräfte vorhanden sein müssen, eine Essenz, die bisher noch nicht nachgewiesen werden konnte. Je weiter sie aber diesem Rätsel nachspüren, desto mehr werden sie der ursprünglichen Idee jener griechischen Philosophen näher kommen: einem für eine gewisse Dauer unteilbaren Etwas, das die Griechen „Atom" nannten und das Leibniz als „Monade" bezeichnete. Der alten Weisheit zufolge sind alle Atome beziehungsweise Monaden mehr oder minder in entsprechenden Frequenzen strahlend, ähnlich dem physikalisch bekannten Phänomen der Radioaktivität. Das bedeutet, jedes Atom, jede Monade enthält in ihrem Kern eine innewohnende Essenz besonderer Art und Beschaffenheit. Das Ausströmen ihrer Kräfte erzeugt durch den Übergang vom Unsichtbaren ins Sichtbare, von einem Zustand in einen anderen die verschiedenartigen Naturerscheinungen wie zum Beispiel Licht und seine Farben sowie andere Strahlungsarten, die wir wahrnehmen können. Sie erfüllen den Kosmos mit seinen Energien, geben unserem Körper die nötigen Lebenskräfte, die die Zellen beleben, aus denen er sich zusammensetzt und die ihrerseits aus entsprechenden „Atomen" aufgebaut sind. Mittels einer hochfrequente Hochspannung erzeugenden Kamera lässt sich die mehr dem Feinstofflich-Materiellen zugehörige Ausstrahlung bereits fotografisch nachweisen (Kirlian-Fotografie).

Bewusstsein und Intelligenz

Nun bedeutet Radioaktivität – aus theosophischer Sicht – auch das Ausströmen noch unerforschter Kräfte und Teilchen, von Strahlung. Doch Worte wie Strahlung, Bewegung oder Schwingung sind bloße Abstraktionen, denn es kann keine Schwingung geben, wenn es nicht etwas gibt, das in Schwingung gerät. Jede Strahlung, jede Welle muss die Tätigkeit winziger Korpuskeln sein, infinitesimaler Körper unbekannter Schwingungsgrade, Wesenheiten anderer Bewusstseinszustände, die Bewegung und Schwingung durch die Tätigkeit

Jedes Lebewesen – egal wie groß oder klein – erzeugt durch die Tätigkeit seines eigenen Wesens eine Schwingung, ähnlich einem Tropfen, der ins Wasser fällt.

ihres eigenen Wesens hervorbringen. Die Weisen, Denker und Philosophen alter Zeiten wussten um ein von Bewusstsein und Intelligenz erfülltes und geleitetes Universum. Jedes noch so kleine Teilchen ist Träger eines Bewusstseinsfunkens, dazu bestimmt, in den Unendlichkeiten der Räume zu wachsen, zu reifen, zu evolvieren.

Auch der Mensch ist in seinem Kern, seiner Essenz, ein Bewusstseinszentrum. Er ist auf der Stufe angelangt, auf der das Geistige und das Materielle im relativen Gleichgewicht zueinander stehen, das heißt, er ist in der Lage, die beiden Pole der Natur, ihre Dualität auf sich persönlich zu beziehen. Dadurch ist er den unter dem Menschen stehenden Naturreichen überlegen. Der Mensch steht auf der Stufe relativen „Selbst"-Bewusstseins. Damit steht er gewissermaßen zugleich auf dem ausbalancierten Waagebalken, und es liegt in seinem Ermessen, die Waagschalen durch die Kraft seines Wünschens und Wollens entweder zu der Seite des Grob-Materiellen, der niederen Leidenschaften und Begierden hin oder zur anderen Seite, zu dem Ziel wahrer Evolution, dem mehr Geistigen, zu bewegen. Im „Selbst"-Bewusstsein liegt auch „Selbst"-Verantwortung – gemäß dem Gesetz von „Ursache und Wirkung".

„Der Mensch zwischen Geist und Materie" – das Wissen um diese Zusammenhänge führt in eine Welt der Kausalität, der Verursachung. Das Zusammenwirken aller Wesenheiten samt ihren Vielfältigkeiten, den sichtbaren wie den unsichtbaren, zeigt eine ungeheure Vernetztheit auf, ohne die wir lebensunfähig wären. Jeder Einzelne von uns ist ein Teil dieses gigantischen Netzwerks, in dem wir unsere wahre, von Geist, Bewusstsein und Intelligenz bestimmte Evolution haben.

Der Ursprung des Menschen

In religiösen und in wissenschaftlichen Kreisen wird der Ursprung des Menschen in derart unterschiedlicher Weise beleuchtet und dargestellt, dass diese Darstellungen vollkommen im Widerspruch zueinander stehen. Bei näherer Betrachtung enthalten sie jedoch wesentliche Übereinstimmungen, wenn sie einer ganzheitlichen Betrachtung unterzogen werden.

Die christliche Schöpfungsgeschichte in der Bibel kann im Licht wissenschaftlicher Entdeckungen kaum noch als annehmbar angesehen werden. Auch die biblische Erzählung*, Adam und Eva seien das erste Menschenpaar, aus der die gesamte Menschheit in ihrer großen Verschiedenheit hervorgegangen sei, wurde eindeutig widerlegt. Ihr zufolge wurde der männliche Teil, Adam, durch den Schöpfer aus Lehm erschaffen und der weibliche Teil, Eva, aus der Rippe von Adam und zwar zu einer Zeit, die erst etwa 7000 Jahre zurückliegen soll. Die Aussage, der Mensch sei nach dem Bilde Gottes geschaffen worden, gab Anlass zu einer Theorie, die die Selbstständigkeit und den freien Willen des Menschen unter die Fügung Gottes stellte. Vom philosophischen und auch vom religiösen Standpunkt aus ist diese Theorie unhaltbar, sodass man meinen könnte, es sei mehr

---

* *Genesis,* Kap. 2–5.

Wahrheit in der Behauptung enthalten, der Mensch habe sich seinen Schöpfer nach seinem eigenen unvollkommenen und selbstsüchtigen Bild geformt.

Es liegt auf der Hand, dass vonseiten der Wissenschaft Versuche unternommen wurden, eine logische Erklärung zu konstruieren, die sie in der Theorie Darwins gefunden zu haben glaubte. So fußt die heutige Lehrmeinung unverständlicherweise immer noch darauf, dass die Entwicklung lebender Wesen in einer ineinandergreifenden Kette von Veränderungen verlaufe, die von einem primitiven einzelligen Wesen ausgeht und bis zum komplizierten Menschen führt. Diese Hypothese fand scheinbar eine Stütze darin, dass sich eine Entwicklungskette anhand von gefundenen Fossilien und Skeletten bilden lässt. Bald bemerkte man aber, dass in dieser Kette eine Anzahl von Gliedern fehlte, die bis zum heutigen Tage nicht aufgefunden wurden.

Eine materielle Grundlage schließt geistige Prozesse aus

Die wissenschaftliche Theorie scheint nun mit der westlichen Glaubenslehre in regelrechtem Widerspruch zu stehen. In Wirklichkeit besteht jedoch eine ganze Anzahl von Übereinstimmungen mit der Schöpfungsgeschichte. So wird in der *Genesis* zum Beispiel gesagt, dass zuerst die primitiven Formen die Erde bevölkerten: Gott lässt aus der Erde und dem Wasser die Vegetation und lebendiges Getier hervorkommen. In der darwinistischen Theorie hingegen wird lediglich die Hand des Schöpfers fortgelassen und durch einen mechanistischen Prozess ersetzt. Dieser mechanistische Prozess im Darwinismus ersetzt den *inneren Drang* aller lebenden Wesen, der die Anpassung an die äußeren Lebensumstände erst ermöglicht. Die *Genesis* lässt den Menschen durch Gott aus Erde oder Lehm formen (gemäß der buchstäblichen Auslegung), während Darwin den Menschen als das Resultat eines Transformationsprozesses in stofflichen Formen sieht. Sowohl die theologische als auch die naturwissenschaftliche Lösung haben also als Basis eine materialistische Grundlage und schließen demzufolge geistige Prozesse unübersehbar aus.

Die Frage, wie, wo und wann der Mensch seine besonderen geistigen und intellektuellen Fähigkeiten, Bewusstsein und seinen Willen *empfing*, bleibt weiterhin offen. Zu diesen bemerkenswerten Eigenschaften des Menschen äußert sich Shakespeare in seinem *Hamlet* mit voller Bewunderung:

Es galt lange als das einzige erhaltene Abbild von William Shakespeare, das sogenannte „Chandos"-Porträt, um 1600.

> „Welch ein Meisterwerk ist der Mensch! Wie edel durch Vernunft! Wie unbegrenzt an Fähigkeiten! In Gestalt und Bewegung wie bedeutend und bewunderungswürdig! Im Handeln wie ähnlich einem Engel! Im Begreifen wie ähnlich einem Gott! Die Zierde der Welt! Das Vorbild der Lebendigen! Und doch, was ist mir diese Quintessenz von Staube?"*

Die Auffassung einiger Theologen, die Erkenntnis von Gut und Böse sei eine Folge der Einflüsterungen der „Schlange", denen die Menschen entgegen den Geboten des Schöpfers Gehör geschenkt hatten, reduziert den flammenden Glanz des menschlichen Intellektes auf die Verantwortungslosigkeit eines unbedarften Kindes. Diese Auffassung konnte nur durch den Verlust des Wissens über die Wahrheit der tiefen Symbolik entstehen, in die die Beschreibung des erhabenen Prozesses der Menschwerdung gekleidet ist. Auch die darwinistische Hypothese, der Mensch sei letztendlich das Resultat der Abstammung von einem affenartigen Vorfahren, wird heute vielfach als Irrtum angesehen. So bedürfen also sowohl die christliche als auch die darwinistische Darstellung in Bezug auf die Entstehung

* William Shakespeare: *Hamlet* II, 2 (Hamlet).

des Menschen grundlegender Überlegungen, die Licht in das Dunkel bringen.

Geist, Bewusstsein und Intelligenz liegen allem Leben zugrunde

Die Entwicklungsgeschichte ist, wie sich zeigt, derart komplex, dass sie ohne Zugrundelegung geistiger Komponenten nicht enträtselt werden kann. Bewusstsein, Geist und Intelligenz können nicht aus toter, lebloser Materie entstehen. Auch der Odem Gottes, der dem Lehm eingehaucht worden sein soll, gibt bei oberflächlicher Betrachtung keinen Aufschluss über das Rätsel der Menschwerdung. Geist, Bewusstsein und Intelligenz finden in diesem Bild weder glaubwürdige Aussagen, noch erklärt es dem nachdenklichen Menschen die Entstehung von Leben. Leben aber ist allgegenwärtig. Der Begriff „tote" Materie in unserer Umgangssprache ignoriert die Bedeutung von „latentem" Leben, denn Kraft und Substanz sind, ebenso wie Geist und Materie, nur die beiden Seiten einer Medaille, die unterschiedlich manifestierten Daseinsformen von Leben.

Da alle Prozesse in der Natur nach denselben Gesetzmäßigkeiten, Prinzipien oder Regelmäßigkeiten verlaufen, es weder Chaos noch Zufall gibt, kann es auch nur eine anfang- und endlose Quelle des ewigen Seins geben. Blavatsky nennt sie „ein allgegenwärtiges, ewiges, grenzenloses und unveränderliches Prinzip, über das gar keine Spekulation möglich ist, da es die Kraft menschlicher Vorstellung übersteigt und durch irgendwelche menschliche Ausdrucksweise oder Vergleich nur erniedrigt werden könnte"*. Denn dieses allgegenwärtige Prinzip *ist*. Es wurde weder geschaffen, noch hatte es jemals einen Anfang, wie es auch in der fernsten Zukunft kein Ende haben wird.

Hieraus ableitend lehrt die Theosophie, dass dem Universum Geist und Bewusstsein zugrunde liegen und dass jede manifestierte

* Helena Petrowna Blavatsky: *Die Geheimlehre*. Band I, Hannover, 1999, S. 42.

Wesenheit das Erzeugnis eines Aspektes des einen universalen Ursprungs ist. Der Mensch ist der Träger eines universalen Lebensfunkens, und sein intellektuelles und geistiges Vermögen bringt nur einige Facetten der grenzenlosen Möglichkeiten, die das Universum enthält, zum Ausdruck. Diese universal existierende Realität erhebt den Menschen von einem vergänglichen, stofflichen Wesen zu einem Funken des spirituell-göttlichen Feuers. Dies besagt, dass sich der Mensch lediglich durch seinen physischen Körper zum Ausdruck bringt, das Maßgebliche jedoch die spirituell-geistigen höheren Teile seiner siebenfältigen Zusammengesetztheit sind. Ihr *Ursprung* ist das Wesentlichste. Die Entfaltung des Intellekts sowie das Wachstum des Körpers nehmen als Folgeerscheinung den zweiten Platz ein. Die auf ihrem evolutionären Weg weit vorangeschrittenen spirituellen und für uns göttlich erscheinenden Wesen haben auf ihrem äonenlangen Pilgerpfad unendlich viele Körper bewohnt, doch das menschliche Bewusstsein ist nicht die Folge körperlicher Veränderungen. Im Gegenteil, der Körper hat seine Struktur, so, wie wir sie kennen, infolge des erweiterten spirituellen Bewusstseins, das sich nun im menschlichen Stadium befindet.

Die Frage nach dem Ursprung des Menschen ist erhaben und glänzend, indem die Theosophie in die Richtung des „einen unverursachten universalen Ursprungs“ weist. Oft wird daher die Auffassung vertreten, es könne nur schwerlich von „erhaben“ oder „glänzend“ gesprochen werden, da die Einschränkungen, denen das menschliche Bewusstsein unterworfen ist, die Vorstellung eines spirituell-göttlichen Bewusstseins außerordentlich erschweren. Diese Auffassung beruht auf einer scheinbaren Logik, scheinbar deshalb, weil sie an dem tiefgründigen philosophischen Hintergrund vorbeigeht, an dem „einen unverursachten universalen Ursprung“. Die sich manifestierenden Lebensfunken fließen aus dem universalen Bewusstsein hervor und tragen daher die grenzenlosen Möglichkeiten in sich, die das Grenzenlose bietet. Dennoch besteht ein großer Unterschied zwischen dem innewohnenden Besitz dieser Möglichkeiten und ihrer tatsächlichen Manifestation. Erst infolge der Entwicklung der Wesenheiten werden die inhärenten Möglichkeiten Schritt für Schritt zur Offenbarung gebracht. Und in der Weise, wie dieser Prozess fortschreitet, wächst der Lebensfunke, die Egoität einer Wesenheit, vom Un-Bewusstsein bis hin zum vollständigen menschlichen Selbstbewusstsein.

Wir sind eingebettet in die Lebenszyklen unseres Planeten

Bei der Geburt unseres gegenwärtigen planetarischen Körpers hatten sich die Lebensfunken (auch „Monaden" genannt), die nun das menschliche Bewusstsein erreicht haben, einem Punkt in ihrer Entwicklung genähert, an dem die Manifestation des Intellekts erfolgen konnte. Die Entwicklung der hierzu erforderlichen Instrumente oder Organe, unter anderem die des Gehirns, umfasst jedoch eine äußerst lange Zeitperiode, da die vollständige Entwicklung des Denkvermögens auch den vollständigen Lebenszyklus des entsprechenden Planeten erfordert. Zu diesem Zweck bewohnt die Monade viele Körper und viele werden es in der Zukunft noch sein. Diese sogenannten „Körper" waren zuerst sehr ätherisch, nahmen dann aber langsam an Grobheit zu. Etwa um die Mitte des Lebenszyklus unserer Erde – die der gröbste Punkt der Entwicklung in diesem Zyklus ist – erreichte der Mensch ungefähr die Struktur des gegenwärtigen menschlichen Körpers. Die Größe des gegenwärtigen menschlichen Körpers ist jedoch wesentlich kleiner als in voraufgegangenen Perioden. Wie schon angedeutet wurde, ist in Bezug auf den Ursprung des Menschen die Entwicklung des Körpers von zweitrangiger Bedeutung, wie interessant und aufschlussreich sie in mancher Hinsicht auch sein mag. Die Zunahme des Bewusstseins, dessen Träger der Körper ist, ist von ausschlaggebender Bedeutung, sie nimmt den ersten Platz ein.

Der Lebenszyklus unseres Planeten und damit der des Menschen wird in der Theosophie in sieben große Entwicklungsperioden eingeteilt, von denen jede wiederum in sieben kleinere Zyklen unterteilt

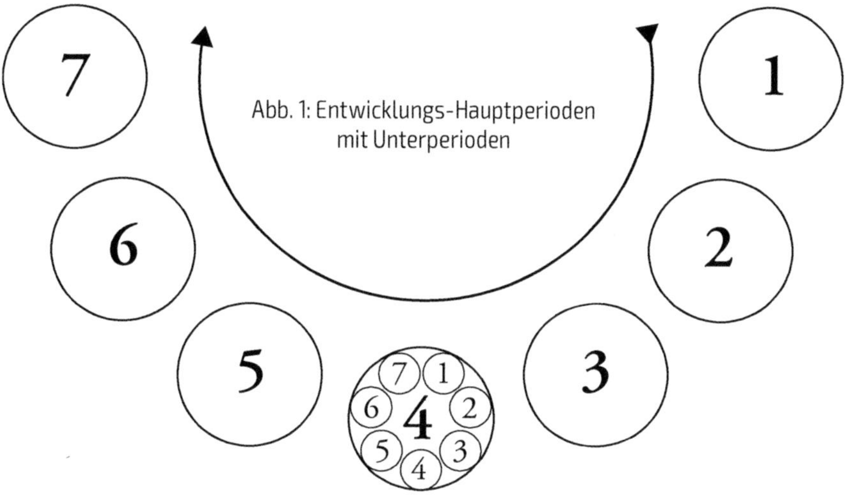

Abb. 1: Entwicklungs-Hauptperioden mit Unterperioden

wird (Abb. 1)*. In den ersten drei Hauptperioden wurden die Grundlagen für die Menschheit gelegt. In der vierten Hauptperiode – in der sich die Menschheit nun befindet – wurde etwa in der dritten Unterperiode insbesondere das Denkvermögen evolviert. In der dritten Unterperiode war die Entwicklung des Bewusstseins so weit fortgeschritten, dass sich der Verstand und das Gemüt entfalten konnten.

Der Mensch ist ein spirituell-geistiges Wesen

Zusammenfassend kann gesagt werden: Der Mensch ist seinem inneren Ursprung nach ein spirituell-geistiges Wesen, ein Funke des „zentralen Feuers", der aus dem Herzen des „Grenzenlosen" hervorfloss. Diese inspirierende, erhabene Lehre besagt, dass der Mensch

* Eine ausführliche Darlegung dieser planetarischen Lebenszyklen gibt Gottfried von Purucker in seinen *Grundlagen der Esoterischen Philosophie,* Kapitel 25 und 43.

nicht lediglich Mensch in seiner sterblichen Hülle ist, sondern eine spirituelle Wesenheit, die das grenzenlose Weltall zu ihrem Wohnsitz hat.

Daher können der Intellekt, das Gewissen und das Bewusstsein nicht länger als das Resultat des biblischen „Sündenfalls" betrachtet werden. Auch sind sie nicht das Ergebnis eines Ausleseprozesses im Sinne der darwinistischen „Transformationstheorie", die mit der Lehre von einer von Geist und Bewusstsein geleiteten „Evolution" nicht verwechselt werden sollte.

Wer diese Gedanken zu einer lebendigen Kraft in seinem Leben zu machen weiß, ist nicht nur imstande, sich selbst zu erkennen, sondern auch, seine Mitmenschen in einem erhabeneren Licht zu sehen. Sie sind dann keine Konkurrenten im täglichen Lebenskampf mehr, sondern Mitpilger auf dem Pfad zu einer erhabeneren und glorreichen Zukunft. Nicht länger mehr ist das Leben ein fortwährendes Ringen um materielles Prestige, vielmehr bietet es die erhabene Möglichkeit zur Entfaltung des spirituell-geistigen innewohnenden Vermögens.

So ruft das Studium des Ursprungs des Menschen viele Gedanken hervor, die in Übereinstimmung mit den schönsten Idealen stehen, die den Menschen zu allen Zeiten beflügelten. Die Gedanken werden auf das gerichtet, was der Mensch in Wirklichkeit ist, sie führen zu einem Leben mit höheren und spirituelleren Vorstellungen. Dieses Wissen lenkt das Bewusstsein zu den erhabensten Gebieten, ohne das praktische Leben außer Acht zu lassen.

Zum Schluss möchte ich von Purucker zu Wort kommen lassen. Sein literarisches Vermächtnis und seine philosophisch-wissenschaftliche Kompetenz sind außergewöhnlich. Als Autor verknüpft er die tiefsten Lebenszusammenhänge, erfüllt sie mit Leben. Der Leser fühlt sich eingebettet in eine von Harmonie durchdrungene Natur, findet wieder Halt in seinem Leben und ist beflügelt von dem Wunsch, mehr über sein Leben, seinen Ursprung und seine Zukunft zu erfahren:

„Wenn die Naturwissenschaft der Zukunft erkannt haben wird, dass physische Wesen nicht ohne einen inneren Energie-Brennpunkt existieren können – man mag diesen inneren Brennpunkt ‚Seele' nennen oder ihm eine andere Bezeichnung geben –, dann wird die wahrhaft philosophische Naturwissenschaft der Zukunft mit jedem Jahr mehr dazu neigen, bestimmter und vollständiger mit der Theosophie, der Esoterischen Tradition, in Einklang zu kommen. Wird die Naturwissenschaft der Zukunft dahin gelangt sein, zu verstehen und zu erkennen, dass die physische Welt nur der Ausdruck der Kräfte oder Energien sowie der ätherischen Substanzen ist, die in sie einströmen und sie dadurch aufbauen – einströmen aus Sphären und Welten, die für unseren gegenwärtigen Sinnesapparat unsichtbar sind und die die „Seele" der physischen Welt genannt werden kann –, dann werden wir aller Wahrscheinlichkeit nach, ja notwendigerweise auch sehen, dass sich die Naturwissenschaft dieses zukünftigen Tages mit Ablauf eines jeden Jahres mehr und mehr der Theosophie nähern wird."*

* Gottfried von Purucker: *Mit der Wissenschaft hinter die Schleier der Natur.* Hannover, 2020, S. 120.

Der Mensch im Kosmos – Ursprung und Ziel

Die Frage nach dem Ursprung und dem Ziel des Menschen sowie des Kosmos ist so alt wie die Menschheit selbst. Sie lässt sich bei allen Völkern dieser Erde erkennen und hält nicht nur die größten Denker in ihrem Bann – es scheint, eine geheime Sehnsucht nach der Lösung dieser Rätsel liegt in jedem Menschen verborgen. Doch so unlösbar sie auch erscheinen mögen, bei näherem Studium entsprechender Literatur finden sich überaus aufschlussreiche Hinweise auf Ursprung und Ziel.

In den Sagen und Mythen der uns bekannten Völker sind Hinweise auf den Ursprung oder auf die Schöpfung von Welten, Sonnen und Planeten und ihrer Bewohner zu finden. Die großen Weltreligionen enthalten im Kern – nicht so sehr in der wörtlichen Wiedergabe – übereinstimmende Aussagen in Bezug auf den Ursprung und das Ziel von Mensch und Kosmos, und die Wissenschaft wagt sich, allerdings bis jetzt nur aufgrund empirischer Ergebnisse, mehr und mehr an die Zusammenhänge der Lebensvorgänge heran. Ein tieferer Schlüssel, um den Geheimnissen der Natur näher zu kommen, ist in den alten Philosophien enthalten. Philosophie bedeutet wörtlich „Liebe zur Weisheit". Schischkoff beschreibt: „Nach Platon ist Philosophie die Erkenntnis des Seienden oder des Ewigen und

Unvergänglichen, nach Aristoteles die Untersuchung der Ursachen und Prinzipien der Dinge."*

In Anlehnung hieran gibt die Theosophie jenes Wissen wieder, das Platon, Pythagoras und unzählige andere Philosophen, aber auch große Wissenschaftler als Quelle wahrer Erkenntnis anerkannten. So kann das Studium der Theosophie ein wertvoller Wegweiser zu den inneren Mysterien unseres Daseins werden. In Sprache, Ausdruck und Form ist sie heutigen Denkgewohnheiten angepasst, aber essenziell, in ihrem Kern, unverändert, da sich die Natur, scheinbar mathematisch exakt, nur einer Arbeitsweise bedient.

Der Kosmos ist eine Einheit

Einer der grundlegenden Irrtümer unserer modernen Zeit besteht darin, die einzelnen Naturreiche wie Menschen, Tiere und Pflanzen als etwas Getrenntes, für sich Bestehendes zu betrachten, doch alles lebt und ist untrennbar miteinander verbunden. Ohne dieses Zusammenwirken aller Naturreiche, ohne diesen Zusammenhalt gäbe es weder auf Erden noch im Kosmos eine Einheit, Chaos wäre das Resultat.

Der Kosmos bildet aber unverkennbar eine Einheit. Um ihn erkennen und verstehen zu können, sollte er als allumfassende, grenzen- und zeitlose Ganzheit verstanden werden, in der jede Wesenheit, der Mensch eingeschlossen, nicht nur ihr eigenes Leben hat, sondern auch zu dem Leben anderer Individuen beiträgt.

Doch warum sehen und erkennen wir nicht die dahinterliegende Verursachung? Weil wir nur die Formen, die Körper wahrnehmen, die lediglich die zeitweiligen Manifestationen ihrer inneren, unsichtbaren Essenz sind, die sie zum Ausdruck bringen – um es mit Leibniz zu sagen: „die zeitweilige Offenbarung einer Monade". Monaden können, ja müssen auf allen nur denkbaren Frequenzen,

* Georgi Schischkoff: *Philosophisches Wörterbuch.* Stuttgart, 1991.

Galaxie NGC 2336, aufgenommen vom Weltraumteleskop Hubble. Auch unsere eigene Galaxie, die Milchstraße, ist eine Spiralgalaxie, deren Arme sich um das Zentrum der Galaxie winden.

Überall in der Natur lassen sich spiralförmige Entwicklungen beobachten, wie bei diesem Farnblatt.

Schwingungswelten oder Sphären existieren, sie können infinitesimal klein, aber auch unfassbar groß sein. Zeitlich kann ihre Manifestation Trillionen irdischer Jahre währen oder aber nur eine Trillionstel Sekunde für ein Leben. Wir sehen die Wirklichkeit, die Essenz, die Monade nicht, wir betrachten und studieren nur die zeitweiligen Formen, die Körper oder Einkörperungen der inneren Essenzen der Monaden.

Weil sich aber alle Wesenheiten innerhalb des Kosmos befinden und sich dieser in Spiralen in einem noch größeren Raum oder Zyklus bewegt, sind alle Lebewesen den verschiedensten Zyklen unterworfen. Sie haben ihren Anfang und ihr Ende innerhalb einer Offenbarung, einer Manifestation, einer Lebens- und einer Ruheperiode. Tag und Nacht, Wachen und Schlafen, aber auch Leben und Tod aller Wesenheiten: das ist die große „kosmische Realität“, im ewigen Wechsel der Bewusstseinszustände.

Es gibt keinen Ur-Anfang – alles offenbart sich zyklisch

Hierin liegt einer der Schlüssel zum Verständnis des Lebens und der offenbarten Manifestation verborgen: Die uralte Frage nach Ursprung und Ziel lässt sich nur in Bezug auf einen bestimmten Zyklus, eine bestimmte Zeit oder Evolutionsperiode irgendeines Individuums beantworten.

Im Evangelium des Johannes, I, 1, heißt es: „Im Anfang war das Wort", in anderer Übersetzung der Logos oder die Vibration – eine Schwingung, ein Zittern. Gerät etwas in Schwingung, muss es vorher vorhanden sein. So ist dieses Etwas eine Essenz, eine Monade, die aufgrund psycho-magnetischer Anziehung zu der Ebene, Sphäre oder Welt hingezogen wird, die ihrer eigenen Schwingungsfrequenz entspricht und in der sie in entsprechenden Körpern ihren Ausdruck für eine erneute Lebensperiode findet. Die vielgestaltigen Arten, die wir in der Erscheinungswelt wahrnehmen, sind nur das Sichtbarwerden von Veränderungen, die die Natur in so verschwenderischer Fülle zur Verfügung hält. Es gibt keinen Ursprung im Sinne von Ur-Anfang, denn hätte es einen Ur-Anfang gegeben, müsste es auch ein endgültiges Ende geben. Wir sind gewohnt, im Materiellen zu denken. Doch weder Mensch noch Kosmos sind im Grunde genommen materielle Erscheinungsformen. Ihre Essenz enthält sowohl die Unendlichkeit vor als auch hinter sich im ewigen JETZT.

Vergessen wir nicht, dass es nichts Totes gibt. Es gibt nur tote Körper, aus denen sich die Essenz der Monade zurückgezogen hat. Alles lebt, alles bewegt sich. Leben ist wie Raum und Zeit, allumfassend, unendlich, ewig. So sind auch Galaxien, Sonnen und Planeten Wesenheiten, keine toten Körper. Sie sind die Manifestation, die Verkörperung einer entsprechenden Monade, eine ihrer Seelen oder ihrer Egos – je nach Betrachtungsweise zum Beispiel die einer Sonnenmonade, die ihre Lebenszeit in Form einer Sonne verbringt und Geburt, Alter und Tod wie alle anderen Lebewesen auch durchläuft.

Stirbt zum Beispiel eine Sonne, bedeutet dies, dass die innere Monade ihre Lebenselektrizität zurückzieht, ihr Körper sich auflöst und ihr Sternenstaub in das Weltall geschleudert wird. Bei ihrer Wiederverkörperung wird der Sternenstaub dann psycho-elektro-magnetisch wieder angezogen.

Auch nach dem Tod des Menschen lösen sich die Bestandteile seines Körpers auf und zerstreuen sich. Erst in wesentlich späterer Zeit formieren sich erneut seine jeweiligen Organe – oder in Analogie auch die Sonnen und Planeten, die einen neuen Körper eines Kosmos aufbauen. Essenziell verhilft die Monade den jeweiligen Egos zu deren Manifestation, zur Offenbarung ihrer innewohnenden Kräfte und Eigenschaften beziehungsweise zu deren Evolution. Vor diesem Hintergrund ist die Theorie der Weltentstehung durch oder mittels eines „Urknalls" eine grandiose Verwechslung von Geburt und Tod eines Universums.*

Auch die Entwicklung des Menschen erfolgte nicht gemäß der Transformationstheorie von Darwin, sondern durch Evolution im Sinne von Entrollen, dem Entfalten der Kräfte der Monade beziehungsweise ihres Egos. Das Ego der Monade zieht bei der Wiederverkörperung – in Bezug auf den Menschen der Reinkarnation – entsprechende Atome der verschiedensten Art an und bildet so die sichtbaren und unsichtbaren Körper, die Seelen.

Wer wagt zu sagen, wo Bewusstsein endet oder wo es beginnt? Was ließe den Schluss zu, es wäre ein Anfang oder ein Ende erreicht? Und selbst wenn es ein Ende geben würde: was wäre dann jenseits von ihm, über ihm oder unter ihm?

Wenn Bewusstsein irgendeiner Art, das eines Menschen oder das einer anderen Wesenheit, tatsächlich eine endgültige Grenze hätte, wäre unsere Erkenntniskraft nicht das, was sie auf unserer verhältnismäßig unentwickelten Evolutionsstufe jetzt ist. Wir könnten weder intellektuell noch spirituell in diese weiterreichenden und umfassenden Gedankenbereiche eindringen, vielmehr würden wir Grenzen unseres Bewusstseins erreichen und diese tatsächlich als Schranken erkennen.

---

* Vgl. hierzu ausführlich „Die Urknall-Theorie – Der Big Bang: Anfang oder Ende?", S. 181.

Das Universum ist ein großer Organismus

Es gibt keine unüberschreitbaren Grenzen zwischen Körper und Körper, zwischen Gemüt und Gemüt, zwischen Lebewesen und Lebewesen, da sie alle Kinder, Sprösslinge, die zusammenhängenden Teile eines großen kosmischen Organismus sind. Daher besitzt jeder Teil im Kleinen die gesamten Anlagen, Kräfte und Energien, die das organische Universum enthält, und bringt sie ebenfalls während seiner Manifestation zur Wirkung.

Jeder Abkömmling ist ein Abbild des Großen im Kleinen; der Sprössling ist der Mikrokosmos, die kleine Welt, in jeder Hinsicht ist er ein Abbild des Makrokosmos, der großen Welt.

Alle Wesenheiten auf all den verschiedenen Daseins-Sphären, von den spirituellen bis hinunter zu den physischen, sind untrennbar miteinander verbunden. Sie bilden eine universale Vernetzung, eine spirituelle Einheit von allem, was ist.

Das universale Leben ist anfang- und endlos. Es offenbart sich in endlosen Formen durch Wesenheiten, die ihrer Anzahl nach unzählbar sind. Und wer vermag trotz alledem noch zu behaupten, der Mensch sei der einzige mit Bewusstsein, Geist und Intelligenz begabte Bewohner in den grenzenlosen Gefilden von Raum und Zeit?

Unsere Chance liegt in der Einheit allen Seins. Sie liegt zugleich in der Unendlichkeit, die wir nie verlassen können. Denn der sogenannte Tod ist lediglich ein Bewusstseins-Zustands-Wechsel, nicht das Auslöschen der eigenen Individualität. Diese erhabene Tatsache in der Natur kann Trost und Hoffnung zugleich sein, denn wir sind keine Eintagsfliegen. Vielmehr lernen wir im ständigen Wechsel – der Tod und Geburt einschließt – und haben die Möglichkeit, uns ständig weiterzuentwickeln, zu wahrer Humanität, zu Frieden!

Wissenschaft am Scheideweg – es gibt nichts Totes

Die Relativität von Raum, Zeit und Bewusstsein

Wir weisen fast automatisch jene Dinge zurück, die wir nicht kennen oder über die wir nicht nachzudenken gewohnt sind: sie sind für uns fremdartig und erscheinen uns häufig als Aberglaube oder absurd. Doch jene Dinge, die unserem Denken gewohnt sind und zu einem Teil unseres inneren Gefüges geworden sind nehmen wir an, sie sind uns vertraut.

Wie können wir aus diesem meist materialistisch geprägten Gewohnheitsdenken herauskommen? Mehr und mehr wird heute ein „Anders Denken" gefordert, die *Zurück*-Besinnung auf menschliche Ideale, auf eine mehr geistig-spirituell ausgerichtete Denkweise, die zur Quelle menschlichen Selbstbewusstseins führt.

Doch was ist „Bewusstsein", und worin besteht der Unterschied zum „Selbst"bewusstsein? Haben Tiere und Pflanzen Bewusstsein? Sie müssen Bewusstsein haben, denn Bewusstsein macht ein Lebewesen zu einem Lebewesen. Der Kern einer jeden Wesenheit, zum Beispiel der einer Pflanze, eines Tieres oder eines Menschen, ist ein Bewusstseinszentrum, und jedes Wesen ist der Ausdruck einer gewissen Essenz, die sich durch das Bewusstsein auswirkt. Lediglich der Mensch ist aufgrund evolutionärer Entwicklung in der Lage, relativ „selbst"bewusst zu erkennen. Er nimmt sozusagen eine

Mittelstellung zwischen Geist und Materie ein, die er sich auf seiner langen Pilgerschaft durch die Äonen erworben hat. Denn wie ein Embryo im Mutterleib die Stadien des Mineral-, Pflanzen- und Tierreiches durchläuft und entwickelt, gingen der menschlichen Entwicklung die Bewusstseinszustände in den niederen Reichen voraus. Aufgrund dieser Entwicklung hat der Mensch alle Elemente und Teile der ihn umgebenden Natur essenziell in sich vereinigt und ist hierdurch imstande, selbstbewusst zu denken, zu handeln und zu erkennen. Doch es gibt, wie die alten Philosophen aller Zeiten lehren, Wesenheiten, die weiter entwickelt sind als der Mensch, deren Selbstbewusstsein im Verhältnis zu dem des Menschen zu relativer Vollkommenheit erwacht ist. So ist also die selbstbewusste Entwicklung des Menschen noch keineswegs beendet, und jeder Mensch ist in der Lage, sein Selbstbewusstsein entweder zu erweitern oder zum Materiellen hin einzuengen.

Wie bringt sich Bewusstsein zum Ausdruck?

Das universale Leben ist unendlich in seiner Offenbarung in endlosen Formen, und die geoffenbarten Wesen sind ihrer Zahl nach unberechenbar. Wer darf also sagen, dass der Mensch, auch wenn er in Wahrheit ein edler Denker ist, der einzige in den grenzenlosen Gefilden des Raumes ist, der klar denken kann, der die rechte Vorstellungskraft besitzt und Wahrheit intuitiv erfassen kann?

Bewusstsein ist nicht sichtbar. Dennoch existiert es durch und mittels aller Lebewesen, im Kleinen wie im Großen, in den sichtbaren wie den unsichtbaren Welten und Räumen. Wichtig ist, zu verstehen, dass der Mensch nicht der Körper ist, sondern dass sich der eigentliche Mensch, das innewohnende Bewusstseinszentrum, durch den Körper zum Ausdruck bringt. Aufgrund dieser Erkenntnis erhält der sogenannte Tod eine andere Bedeutung, und Zeit und Raum erhalten Dimensionen, die sich grenzenlos nach allen Richtungen hin ausdehnen.

Gehen wir in Gedanken in die unendliche Zeit und in den abstrakten Raum. In keinen besonderen Teil des Raumes wie den unserer Erde oder der Planeten Venus, Mars oder Merkur, den der Sonne oder den des Polarsterns, sondern in den Raum im Allgemeinen, in den abstrakten Raum. Die Reise lässt sich im Hinblick auf die Zeit ebenfalls unternehmen: nicht in einen besonderen Zeitpunkt wie jetzt oder gestern, vor tausend oder zehntausend Jahren oder die gleiche Periode in der Zukunft, sondern in die abstrakte Zeit, irgendwann. Denn das „Jetzt", das eben war, ist jetzt schon Vergangenheit, und das „Jetzt", dieser jetzige Moment, war eben noch Zukunft. Zeit ist demzufolge an Vergangenheit und Zukunft gebunden, die aber beide nicht real existent sind, obwohl sie existieren. Was also ist „Zeit", und was verbinden wir mit dem Begriff „Raum"?

Wie wir wissen oder annehmen, hat ein mathematischer Punkt keine Dimension oder Ausdehnung. Eine Linie hat eine Ausdehnung oder Dimension, die Länge. Eine Fläche hat zwei Dimensionen, Länge und Breite, und der Raum hat drei Dimensionen, Länge, Breite und Tiefe oder Höhe. Auch die Zeit hat eine gewisse Ausdehnung, kurz oder lang als Zeitdauer, wodurch der Zeitbegriff eine erfahrbare Wertung erfährt. Ist der Begriff „Zeit" nun die vierte Dimension? Ist sie überhaupt existent, oder gibt es nur ein ewiges JETZT, Jetzt, Jetzt?

Sind Zeit und Raum begrenzbar?

Weder in der Zeit oder den Zeiten, noch in den Räumen des Raumes lässt sich irgendwo ein Ende oder ein Anfang entdecken, und es ist nicht möglich, die Unendlichkeit zu begrenzen. Raum und Zeit aber sind stets an Wesenheiten, Bewusstseinszentren gebunden, sodass selbst „leerer" Raum die „Fülle" ist. Diese dem Raum innewohnende „Fülle" ist nicht etwas Hypothetisches, Unerklärbares, sondern sie setzt sich aus Kraftzentren und Bewusstseinseinheiten der unterschiedlichsten Grade und Frequenzen zusammen, die sich inhärent und unmittelbar in Bewegung befinden oder zum Ausdruck bringen. Hierin liegt einer der Schlüssel, die einige Rätsel unseres Lebens lösen können.

Die Zahl der Sterne innerhalb unserer Milchstraße wird heute auf 100 bis über 400 Milliarden geschätzt – eine Zahl, die unsere Begriffsmöglichkeit übersteigt. Wir kommen zu dem Begriff der Unendlichkeit und können keine Grenzen mehr erkennen. Im Vergleich hierzu ist im Mikrobereich ein Atom ein Sonnensystem im Kleinen. Um den protonischen Kern, die Sonne, kreisen die Elektronen als Planeten. Auch sie setzen sich aus Bewusstseinseinheiten zusammen, denn Bewusstsein hat keine Ausdehnung in Raum und Zeit. Es ist eine Eigenschaft ohne jede Begrenzung, „unendlich".

Welchen praktischen Wert haben diese Erkenntnisse?

Wir alle sind so sehr in die Angelegenheiten unserer Welt verstrickt, unser Leben ist so sehr von Sympathie und Antipathie, von Furcht und Sorge erfüllt, dass es uns schwerfällt, zum Erkennen wirklicher Wahrheiten zu gelangen. Wir denken und handeln, als hätten wir nur dieses eine Leben in unserem physischen Körper. Die wirklichen Werte unseres Daseins aber bleiben meist unbeachtet – und die kostbare Geistes-Energie wird vergeudet.

Bewusstsein *an sich* ist unsterblich. Auch der Mensch ist ein Bewusstseinszentrum, das sich periodisch in Körpern zum Ausdruck bringt und dessen Gedanken und Taten als Summe eines Lebens jeweils dem Charakter eingeprägt werden. Auch ernten wir nur das, was wir gesät haben. Wir weben unser Schicksal aufgrund unseres Selbstbewusstseins, aufgrund unserer Mittelstellung zwischen Geist und Materie in Selbstverantwortung. Im Erkennen dieser naturgegebenen Wahrheiten liegt eine erleuchtete Zukunft.

Die technische und geistige Revolution unserer Zeit

Wir befinden uns inmitten einer technischen Revolution, deren ganzes Ausmaß noch nicht abzusehen ist. Diese einseitige, materielltechnische Umwälzung befindet sich jedoch oft weder im Einklang mit den humanen Interessen und Lebenserfordernissen der Menschheit noch mit denen der Natur. Wir haben unsere Umwelt in den letzten Jahrzehnten in einem Ausmaß verändert, wie es in Hunderten, ja Tausenden von Jahren zuvor nicht geschehen ist.

Fast unbemerkt vollzieht sich jedoch auch eine geistige Revolution, in der zeitloses Wissen aus der archaischen Weisheitsphilosophie, Theosophie, der Menschheit erneut zugänglich wird. In den Fokus rücken Bewusstsein, Geist und Intelligenz, die dem materiellen Streben unserer Zeit einen geistig-spirituellen Pol entgegensetzen.

Unsere Welt hat sich verändert: Umweltprobleme gigantischen Ausmaßes kommen verstärkt auf uns zu: Trinkwasserverschmutzung; Vergiftung der Weltmeere; Luftverschmutzung durch Verbrennung fossiler Energieträger und chemischer Substanzen; Schädigung der natürlichen Schutzschichten, der Schutzgürtel unserer

Erde, wie zum Beispiel des Ozongürtels*; Abholzung ganzer Wälder und der noch bestehenden Urwälder, der so lebensnotwendigen Regeneratoren der Luft; Vernichtung des unersetzbaren Ackerbodens sowie Versteppung und das unaufhaltsame Vordringen der Wüsten. Die Folgen der globalen Erwärmung, darunter das Abschmelzen der großen Inlandeismassen, das am Anstieg des Meeresspiegels beteiligt ist, sowie das Artensterben kommen beängstigend schnell immer stärker zum Vorschein.

Alles dies geschieht täglich vor unseren Augen. Es geschieht während einer ständigen Zunahme der Erdbevölkerung, bei der gleichzeitig rund 9 % der Menschheit hungert und jährlich rund 220 000–290 000 Menschen infolge von Unterernährung sterben. Anstatt zum Segen für die Welt dienen die technischen Errungenschaften auch der Zerstörung von Lebensraum und damit von Leben. Der geistige Hintergrund unserer Welt wird oft geleugnet, wodurch die menschlich-moralische Verantwortung als Realität missachtet wird, im besten Fall spielt sie eine untergeordnete Nebenrolle.

Unsere heutige Zivilisation, unser Weltbild gründen sich großenteils auf die griechisch-römische Zeit, auf ihre bedeutenden Lehrer und Denker. Doch wir berücksichtigen hierbei nicht, dass sich diese Epoche bereits in einem stark degenerierten Abschnitt früherer, weit bedeutenderer Kulturen befand. Die griechisch-römische Kultur entstand aus der ägyptischen und der indischen Hochkultur. Die ägyptische Kultur beginnt für Historiker mit der Zeit des Herrschers Menes, das heißt vor etwa 5000 Jahren. Was jedoch fast immer verschwiegen wird, weil es nicht mit den Theorien der modernen Wissenschaft übereinstimmt, ist die Tatsache, dass bei einer vorurteilsfreien Nachforschung erkennbar wird, dass die Kulturen in den damaligen zivilisierten Ländern umso hochstehender waren, je weiter wir sie zeitlich zurückverfolgen.

---

* Die Zerstörung der Ozonschicht wurde inzwischen zwar aufgehalten, es wird aber noch Jahrzehnte dauern, bis sie regeneriert ist (d. Hrsg.).

Die Degeneration der Mysterienschulen

Die Degeneration und der Verrat einiger Lehren aus den damaligen Mysterienschulen – Universitäten ihrer Zeit – gingen Hand in Hand. Und aus dieser degenerierten Weisheit und dem Wenigen, was aus den Mysterienschulen durchsickerte, entstand das Wissen Griechenlands und Roms und damit mehr oder weniger die Basis unserer heutigen Kultur.

Thales, der etwa 600 Jahre vor der Zeitenwende lebte, verkündete, dass das Wasser der Ursprung aller Dinge sei. Etwa 400 v. Chr. entwarf Demokrit seine Atom-Lehre, die Lehre von den unteilbaren Teilchen, den Urbausteinen der Welt. Unzweifelhaft kann die Bekanntgabe dieser Lehre als die Geburtsstunde des eigentlichen Materialismus bezeichnet werden. Die Götterwelt und das Wissen um das Hervorgehen aus dem allumfassenden Leben traten in den Hintergrund. Der Verlust dieses Wissens, der erhabenen Weisheit der Zeitalter, wird auch sehr deutlich an der bekannten Degeneration der Mysterienschulen, die schließlich auf Antrag der letzten Lehrer von Kaiser Justinian im Jahr 529 n. Chr. geschlossen wurden.

Doch kehren wir zu dem Atom des Demokrit und zu dessen Lehrer Leukipp zurück. Es war die der Weisheit der Zeitalter entlehnte Lehre, die als „Monadologie" noch heute bekannt ist. Ihr letzter Verkünder war Leibniz, der diesen Begriff von van Helmont und von Pythagoras übernommen hat. „Monas" oder „Monade" ist griechisch-lateinischen Ursprungs und bedeutet das „Einzelne", die „Einheit", das Unteilbare, das Einzige.

Es war geradezu ein Aufbäumen gegen den Einfluss des Materialismus, dass Männer wie Pythagoras, Platon, Apollonios von Tyana und nicht zuletzt auch der Avatâra Jesus in der damaligen Welt erschienen und lehrten. Sie lehrten nicht den Materialismus, sondern die erhabene Weisheit der Zeitalter. Doch die Waage neigte sich gemäß dem absteigenden Zyklus, bis zum Anfang des 19. Jahrhunderts, dem Materialismus zu, und so verschwand all das edle Wissen im dunklen Mittelalter. Einige geheim gehaltene Gesellschaften bemühten sich, etwas Weisheit aus den vorangegangenen Zeitaltern zu bewahren. In Europa waren es die Druiden, die Katharer, die *echten* Rosenkreuzer und die *echten* Freimaurer. In heutiger Zeit sind zwar noch einige Rituale bekannt, doch können sie von ihren Interpreten kaum mehr gedeutet werden.

Wir überspringen einige hundert Jahre: Meister Eckhart, Jacob Böhme und Paracelsus bemühen sich, alte Weisheit neu zu verkünden. Die Menschen beginnen wieder *nachzudenken,* die Renaissance im 14. bis 16. Jahrhundert hat eingesetzt. Es beginnt ein Wiederaufleben früherer Kulturerscheinungen. Einzelne Menschen beginnen wieder Mut zu fassen und die Ergebnisse ihres Denkens und Nachdenkens auch Anderen mitzuteilen. Die Gedankenwelt wird neu belebt, neu angeregt, sie erhält neue Impulse. Es ist wie das Aufbrechen eines Vulkans. Damit beginnt auch das technische Denken und mit ihm nimmt das technische Zeitalter seinen Lauf. Dieser Vulkan sprudelt nicht nur bis zum heutigen Tag, sondern mit seinem Aschenregen droht er – langsam, aber sicher – alles zu ersticken.

Die Renaissance beschränkt sich nicht nur auf besondere Baustile und Kunst, sondern erstreckt sich auf das gesamte Denken des Abendlandes. Kolumbus entdeckt 1492 Amerika. Kopernikus verändert grundlegend das mittelalterliche Weltbild und verkündet, die Erde drehe sich um die Sonne und nicht umgekehrt die Sonne um die Erde. Martin Luther begründet das protestantische Christentum. Durch die gleich zu Anfang der Renaissance erfolgte Erfindung des Buchdrucks durch Gutenberg (ca. 1450) ist eine Verbreitung neuer Ideen im bisher nicht gekanntem Ausmaß möglich.

Hier sind recht deutlich schon die Gedanken der neuen materialistischen Weltanschauung zu erkennen. Doch die eigentliche Revolution beginnt mit der Erfindung der Dampfmaschine 1712, die James Watt 1769 deutlich verbesserte. Das erste Dampfschiff fährt 1807 auf dem Hudson, und das erste Dampffahrzeug wird als Straßenfahrzeug schon 1769 gebaut, als Schienenfahrzeug 1804. Stevensons erste wirtschaftliche Lokomotive entsteht 1814, und 1825 wird mit dem Bau und der Inbetriebnahme der Eisenbahn zwischen Stockton und

Innenansicht eines Maschinensaals mit einer Dampfmaschine. Foto: Museum over industrie, arbeid en textiel, Ghent, Niederlande.

Darlington im Nordosten Englands ein weiterer Grundstein für unser technisches Zeitalter gelegt. In Deutschland faucht 1835 die erste Bahn zwischen Nürnberg und Fürth und drei Jahre später zwischen Berlin und Potsdam.

Der Siegeszug der Elektrizität

Nun geht es Schlag auf Schlag. Die Elektrizität beginnt ihren bis heute unaufhaltbaren Siegeszug um die ganze Welt; das Gleiche gilt für die Chemie und die Physik. Elektrizität, Physik und Chemie sind die eigentlichen Former unseres modernen materiellen Zeitalters. 1913 entwirft Niels Bohr sein Atommodell. 1925 entsteht die Quantentheorie. 1938 gelingt Otto Hahn die erste Atomspaltung, und 1945 wird die Welt durch die erste Atombombe erschüttert.

Das war 1945, das ist noch gar nicht lange her! Was sind diese wenigen Jahre in Bezug auf das Alter der Menschheit? Herzlich wenig. Doch in Bezug auf uns, die wir in dieser Zeit leben, und besonders auf unsere Umwelt ist es eine ungeheure Zeitspanne.

Wir haben unsere Umwelt in den letzten Jahrzehnten in einem Ausmaß verändert, wie es in vielen Hunderten von Jahren, vielleicht sogar in Tausenden von Jahren nicht geschehen ist. Das Ergebnis dieser Entwicklung ist in seiner ganzen Tragweite noch nicht absehbar. Doch wenn wir bedenken, dass wir auf vielen Gebieten erst am Anfang einer Entwicklung stehen, deren Ergebnisse in keiner Weise abzusehen sind, so bleibt die Frage nach der *geistigen* Entwicklung offen. Doch bevor ich zu der geistigen Revolution übergehe, möchte ich noch einige Perspektiven zumindest andeutungsweise berühren.

Die Suche nach den Bausteinen des Lebens

Die *erste* Revolution war die Mechanisierung der Arbeit, sie wurde durch die Erfindung der Dampfmaschine eingeleitet. Maßgebende Erfindungen folgten, deren Weiterentwicklung noch immer andauert. Der Einsatz von Generatoren, Elektro-, Benzin- und Dieselmotoren bildet, ist oder verursacht unser schon in naher Zukunft akut werdendes Energieproblem. Die zweite Revolution wurde durch das

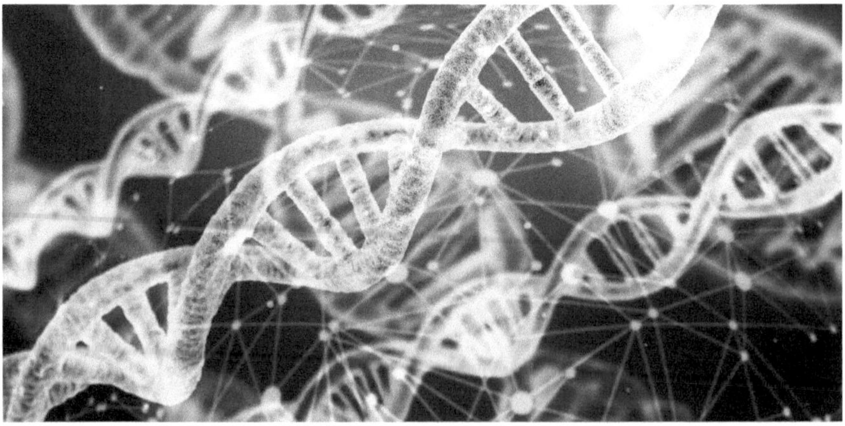

Desoxyribonukleinsäure (abgekürzt DNS), meist kurz als DNA (Abkürzung für englisch deoxyribonucleic acid) bezeichnet, ist eine aus unterschiedlichen Desoxyribonukleotiden aufgebaute Nukleinsäure. Sie trägt die Erbinformation bei allen Lebewesen und den DNA-Viren.

Atommodell und die Atomspaltung eingeleitet. Auf vielen Gebieten wird nach kleineren Bausteinen gesucht. Die Atomwissenschaft in ihrem gesamten Umfang verändert ebenso wie die erste Revolution unser tägliches Leben. Die moderne Chemie ist mehr oder weniger Atomwissenschaft. Die Erkenntnisse der Biologie in Bezug auf die bekannte Desoxyribonukleinsäure verändern grundlegend die Hypothesen über die Bausteine des Lebens. Die Gentechnologie befindet sich erst im Anfangsstadium.

Die Erforschung der Urbausteine des Universums verschlingt Milliarden, Entdeckungen neuer Elemente und Elementarteilchen sind zur Routine geworden. Leptonen, Mesonen, Nukleonen, Hyperonen und andere werden experimentell festgestellt. Aus Sicht der Theosophie kommt die wichtige Erkenntnis hinzu, dass sich einige Elementarteilchen ineinander umwandeln können und die allem innewohnende Dualität zeigen. Das bedeutet, sie sind Teilchen (Materie) und besitzen auch Wellen- oder Feldeigenschaften, und somit können sie auch als Kraft bezeichnet werden. Materie und Kraft bilden also eine Einheit, und daher ist Materie kristallisierte Kraft und im weiteren Sinn ist sie ebenso spirituell oder geistig.

Doch diese letzte Schlussfolgerung, dass Materie auch als spirituelle Kraft angesehen werden kann, ist der modernsten Wissenschaft bis auf den heutigen Tag noch nicht zu Bewusstsein gekommen. In Europa und Amerika wird daher weiterhin mit einem gigantischen technischen Aufwand nach einem materiellen Urteilchen gesucht.

Nach der Fertigstellung des Teilchenbeschleunigers PETRA im Forschungszentrum DESY bei Hamburg soll nun in den USA ein Rundtunnel von 85 km Länge (!) in Höchstpräzision gebaut werden, in dem ebenfalls Materieteilchen beschleunigt und gegeneinander geschossen werden.* Die dann entstehenden Bruchstücke sollen Erkenntnisse über die kleinsten die Materie zusammensetzenden Teilchen geben.

---

* Die Europäische Organisation für Kernforschung, CERN, ist mittlerweile das weltweit größte Forschungszentrum auf dem Gebiet der Teilchenphysik (d. Hrsg.).

Urmaterie – wo liegt ihr Ursprung?

Da es diese „Urmaterie“ jedoch nicht im Materiellen gibt, sie aber sehr wohl in anderen, feinstofflicheren Welten oder Sphären zu finden ist, kann das Wissen ursprünglicher Theosophie Aufschluss geben. Doch bisher wird immer noch versucht, alles, aber auch wirklich alles, auf materieller Basis zu erklären. Das beginnt beim Urteilchen, beim Urknall* oder der Urformel, geht weiter mit dem immer noch gelehrten darwinistischen Modell der Menschwerdung über Tiere und endet in der nur zu deutlich erkennbaren Sackgasse unserer Zeit. Es ist zu hoffen und zu wünschen, dass möglichst bald der geistige Hintergrund, der Urgrund unserer materiellen Welt erkannt wird – es wäre die größte und segensreichste Revolution, die der Mensch erfahren kann. Eine unglaubliche Verschwendung unzähliger Milliarden an Investitionen und Arbeit wäre beendet.

Nun komme ich auf die *dritte* technische Revolution zu sprechen, die leider viel zu wenig in unser aller Bewusstsein eingegangen ist. Es ist die moderne Elektronik, die besonders durch die Entdeckung der Transistoren ausgelöst wurde. Die moderne Computertechnik verändert unser gesamtes Dasein schon heute und wird es unzweifelhaft in der Zukunft noch entscheidend mehr verändern. Unser gesamtes Finanzsystem, ja jedes Büro wird heute bereits von der Computertechnik beherrscht. Es begann eigentlich ganz harmlos 1889 mit der elektromechanischen, noch nicht auf Transistoren basierenden Rechenmaschine des Amerikaners Hollerith. In Pappkarten stanzte er rechteckige Löcher, und die bestimmten Abstände zum Rand wurden mittels Bürsten elektro-kontaktmäßig abgefühlt, wodurch eine bisher ungeahnte Schnelligkeit im Auswerten von Statistiken erreicht wurde. Dieses Abfühl- oder Kontaktsystem wurde zur Eingabe in Rechen- und später in schreibende Maschinen besonderer Art verwendet. Die Hollerithmaschine wurde insbesondere 1890 bei der

* Siehe auch „Die Urknall-Theorie – Der Big Bang: Anfang oder Ende?“, Seite 181.

Volkszählung in den USA erfolgreich eingesetzt, und im Jahr 1924 entstand daraus der auch heute noch agierende Großkonzern IBM.

Quellen der geistigen Revolution

Nach diesem kleinen Ausflug in die wissenschaftlich-technischen Revolutionen komme ich nun zu der weitaus wichtigeren Phase unseres menschlichen Daseins – der geistigen Revolution.

Offenbar befand sich die Menschheit in lang vergangenen Zeitaltern schon in einem ähnlichen Schlafzustand wie wir heute. In der *Bhagavad-Gîtâ,* einer der ältesten bekannten Schriften der Menschheit, heißt es*:

„Sooft ein Niedergang der Tugend und ein Überhandnehmen von Ungerechtigkeit und Laster in der Welt eintritt, erzeuge ich [Kṛishṇa] mich selbst unter den Kreaturen. So verkörpere ich mich von Periode zu Periode für die Bewahrung der Gerechten, die Zerstörung der Boshaften und die Aufrichtung der Gerechtigkeit.“ (Kap. IV, Vers 8)

William Q. Judge: *Bhagavad-Gîtâ Studienausgabe*. Der königliche Weg zu spiritueller Erkenntnis. Östliche Weisheit für westliches Denken kommentiert

> „Lass daher das Motiv für die Handlung in der Handlung selbst liegen und nicht in dem Ergebnis. Lass dich nicht durch Hoffnung auf Lohn zu Handlungen verleiten, und vergeude dein Leben auch nicht in träger Untätigkeit.“ (Kap. II, Vers 47)

> „Wer den Sinnen ihre Neigungen gestattet, hat ein Interesse daran; aus diesem Interesse entspringt Begierde; aus der Begierde kommt Zorn. Aus Zorn entspringt Täuschung; aus Täuschung entsteht der Verlust des Gedächtnisses; vom Verlust des Gedächtnisses kommt der Verlust der Unterscheidungskraft, und hieraus kommt der Verlust von allem.“ (Kap. II, Vers 62–63)

---

* Zitiert aus: William Q. Judge: *Bhagavad-Gîtâ Studienausgabe.* Hannover, 2014.

„Wenn du aber das Wohl der Menschheit im Auge behältst, so wird dir die Durchführung deiner Pflicht klar werden; denn was seitens der höchsten Klassen der Menschheit geschieht, das wird auch von den anderen getan. Die Welt befolgt das ihr gegebene Beispiel." „Es ist besser, die eigene wahre Pflicht, wenn auch unvollkommen, zu erfüllen, als eines Anderen Aufgabe gut zu lösen." (Kap. III, Vers 21, 35)

„Unter Tausenden von Menschen ringt vielleicht ein einziger nach Vollkommenheit, und unter den so Strebenden *erkennt mich vielleicht nur einer so, wie ich wirklich bin.*" (Kap. VII, Vers 3)

So steht es „in den *Upanishaden,* genannt die heilige *Bhaga-vad-Gîtâ,* der Wissenschaft vom höchsten Geist". (S. 46)

Diese wenigen Zeilen mögen einen kleinen Einblick in die Schönheit und Tiefe dieses erhabenen Werkes vermitteln.

Damit die nun folgenden Ausführungen verständlicher sind, sei mir ein kleiner geschichtlicher Rückblick gestattet.

Theorien über das Alter der Menschheit

Die Ansichten über das Alter der Menschheit auf dieser Erde sind einfach grotesk, denn sie reichen von den biblischen 7000 Jahren über einige 10 000 oder auch 100 000 Jahre bis zu 2,5 Millionen Jahren. So weit gehen die Theorien einzelner wissenschaftlicher Fakultäten auseinander! Entstanden sei der Mensch 1. durch Umformung oder Transformation der Materie, 2. von mit den Affen gemeinsamen Vorfahren, 3. aus älteren säugetierähnlichen Arten oder 4. aus noch älteren Tierkörpern.

So wird angenommen, dass sich vor etwa 25 Millionen Jahren die fortgeschrittenen afrikanischen und indischen Tieraffenarten zu den menschenähnlichen Affen entwickelten, aus denen die Menschenaffen (Pongidae) und Menschen (Hominidae) hervorgingen. Der erste

Mensch unserer eigenen Gattung, Homo erectus, soll vor etwa 2 Millionen Jahren gelebt haben, der Homo sapiens (heutiger Mensch) soll etwa 300 000 Jahre alt sein.

Weiter wird angenommen, dass sich aus den damaligen noch kurzarmigen Menschenaffen des Miozäns Afrikas oder Vorderasiens (vor 5 bis 23 Millionen Jahren) die ersten urmenschlichen Homininen der späteren Pliozänzeit (vor 2,5 bis 5 Millionen Jahren) entwickelt haben. Dies soll nach Erwerbung des aufrechten Ganges und nachdem das Tier-Mensch-Übergangsstadium durchschritten war, geschehen sein. Das Alter ihrer ältesten Vertreter wird mit etwa 4 Millionen Jahren angegeben.

Ungefähr in dieser Weise werden, mit entsprechenden Variationen, in unseren Schulen Hypothesen und Theorien gelehrt. Zudem wird angenommen, die eigentliche Zivilisation bestehe erst seit 4000 bis 5000 Jahren und unsere heutige Zeit bedeute die Krone an Weisheit und des Wissens. Solange aber diese durch nichts bewiesenen Theorien und Hypothesen gelehrt werden, ist die technische Revolution ein Hindernis auf dem Weg zu einer *geistigen* Revolution, die wahres Menschsein im Hinblick auf ethisch-moralische Gesinnung einschließt.

Diese *geistige* Entwicklung ermöglicht eine andere, tiefergehende Denkweise. Es ist eine intuitive, völlig anders geartete Denkweise, die das heutige intellektuelle, faktenbasierte Denken dominieren wird, und die uns stärker mit unserer spirituellen Natur in Verbindung bringt.

Im Folgenden möchte ich nun kurz auf die Vorgeschichte einer geistigen Revolution eingehen, die sich fast unbemerkt in unserer Evolution im Laufe der Zeitalter vollzieht.

Hinsichtlich unserer Kultur erwähnte ich die alten Ägypter sowie die großen griechisch-römischen Denker. Von diesen, und insbesondere von den alten indischen Kulturen, leiteten unsere im Abendland bekannten großen Denker und Dichter ihr Wissen ab. Die Auszüge aus der *Bhagavad-Gîtâ* dienten als kleiner Denkanstoß. Einige Denker, besonders die während des Mittelalters, schöpften auch aus der hebräischen Kabbala, was wörtlich „Überlieferung“ bedeutet, eine Überlieferung der wesentlich älteren indisch-himalayaischen Weisheit durch die alte, wenn auch größtenteils degenerierte archaische Philosophie der Hebräer. Unser christliches Altes und Neues Testament, die Bibel, gründet sich auf Lehren der Mysterienschulen, auch die Kabbala stand Pate.

Geheimbünde, die versuchten, die uralten Wahrheiten und Weisheiten bestimmten Menschen zugänglich zu machen, hat es sicherlich schon lange, sehr lange gegeben. Hiermit sind nicht die *alten* Mysterienschulen gemeint, vielmehr könnten sie Vorstufen oder Vorhöfe des Tempels genannt werden. So wird zum Beispiel behauptet, dass der französische König Philipp der Schöne im Verbund mit Papst Clemens V. die *alten* Templer einkerkerte, soweit sie ihrer habhaft werden konnten. Der bekannteste unter ihnen, Jacques de Molay, und andere wurden 1314 in Paris bei lebendigem Leib verbrannt. Ferner wird behauptet, dies sei die Geburtsstunde der *alten* echten Freimaurerei gewesen, da aus des Kerkers Tiefen vier Großlogen errichtet wurden. Ich spreche jetzt von den alten Templern, den *alten* Rosenkreuzern und den *alten* Freimaurern. Die neuen Konstitutionen von 1723 und 1738 haben mit der ursprünglichen Konstitution außer einigen wenigen förmlichen Ritualen wenig gemeinsam.

Da wir schon beim 18. Jahrhundert angelangt sind, möchte ich die Französische Revolution, geführt von Danton, Marat und Robespierre, ab dem Jahr 1789 als die Vorstufe der modernen geistigen Revolution bezeichnen. Das Lösen von den Fesseln des starren Denkens begann, wie schon gesagt, 300 Jahre früher während der Zeit der Renaissance. Aus der fast 600-jährigen festen Umklammerung der Inquisition wurden weite Teile Europas durch die Französische Revolution befreit.

Um die Zeit der Französischen Revolution kamen zwei bemerkenswerte Männer in unsere westliche Welt: Graf Saint Germain und Cagliostro. Um beide ranken sich die abenteuerlichsten Geschichten, Lügen und Verleumdungen bis zum heutigen Tag. Fest steht, dass Saint Germain seine Lehre „Trinosophie“ nannte, während

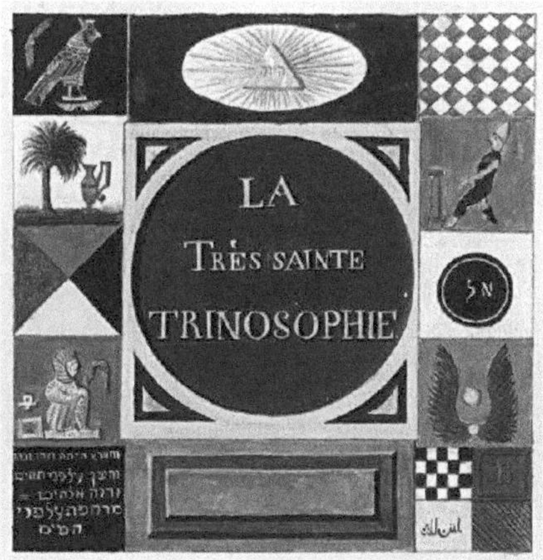

„Die heiligste Trinosophie" ist ein französisches Manuskript des 18. Jahrhunderts und wird Graf von Saint Germain zugeschrieben.

Cagliostro sie als „Ägyptische Freimaurerei" bezeichnete. Es gelang ihnen nicht, den drei Zielen der Französischen Revolution – Freiheit, Gleichheit, Brüderlichkeit – zum Durchbruch zu verhelfen. Die Brüderlichkeit wurde während der Revolution unter der Guillotine enthauptet, und im Manifest der Kommunistischen Partei von Marx und Engels ist von Brüderlichkeit nicht mehr die Rede, das Wort wurde ersatzlos gestrichen.

Unsere Welt musste bis 1875 darauf warten, dass wieder die Möglichkeit bestand – mithilfe des Beginns des Wassermann-Zeitalters –, die alten Weisheiten neu zu formulieren und zu verkünden. Helena Petrowna Blavatsky kam mit ihrer Botschaft aus einer Quelle, aus der alle großen Weltlehrer schöpften und auch heute noch schöpfen, aus der „Weisheit der Zeitalter", der „Esoterischen Tradition", der „Theosophie". Beim Studium der Religionen kann jeder selbst diese Quelle entdecken. Sie findet sich bei den Indianern Nordamerikas, bei den Eskimos, in Indien, Mexiko, China, Japan, Indonesien und bei den Europäern. Die Namen der Religionen und ihre Umgangssprachen sind in diesem Zusammenhang nicht ausschlaggebend, denn ihr Kern ist derselbe, daher sind sie zumindest Teile der Weisheit der Zeitalter.

Unsere technische Revolution schreitet in einem ungeahnten Tempo voran, doch die geistige Revolution ist, als die für das Gleichgewicht erforderliche Komponente des Denkens, noch weit im Rückstand. Während die Entwicklung zum Materiellen hin praktisch 5000 Jahre benötigte, um zu dem heutigen Ergebnis zu kommen, ist die moderne geistige Revolution erst gut 100 Jahre alt!

Die in der Astrologie üblicherweise verwendeten Tierkreiszeichen sind zwölf exakt gleich große Abschnitte des Tierkreises; sie sind also eine Art Koordinatensystem. Der Tierkreis selbst ist ein Streifen von ±10° um die scheinbare Sonnenbahn (Ekliptik), in dessen Mitte (±5° um die Ekliptik) sich Mond und Planeten bewegen.

Bedeutende Zyklen

In diesem Zusammenhang mögen einige Tatsachen in Bezug auf Zeitabschnitte, auf Zyklen, von Interesse sein: Die Sonne läuft in rund 25 920 Jahren einmal scheinbar rückwärts durch die Tierkreiszeichen.* Gemäß der alten Weisheitslehre ist der Tierkreis in 12 Teile geteilt, das heißt, ein Tierkreiszeichen regiert oder beeinflusst besonders einen Zeitraum von 2160 Jahren, einen sogenannten „Messianischen Zyklus". Jesus kam zum Beginn eines solchen Zyklus etwa 100 Jahre vor unserer Zeitrechnung. Er kam zum Zyklus der Fische, und daher ist in den Evangelien viel von Fischern und Fischen die Rede. Der Fisch ist zudem als Symbol auch auf Darstellungen in christlichen Bauwerken zu finden.

Gehen wir nun etwa 2000 Jahre weiter zurück, so erhalten wir mit der jüdischen Geschichte viele Hinweise auf das „Zeitalter des Widder". Ich erinnere zum Beispiel an den 23. Psalm: „Der Herr ist mein Hirte, mir wird nichts mangeln", wie überhaupt von Schafen und Böcken viel die Rede ist. Gehen wir nochmals 2000 Jahre zurück, finden wir im alten Ägypten und auch in Indien das Zeichen des Stiers oder der Kuh in vielen Variationen. Die heilige Kuh

* Gemeint ist hier der Zyklus der Präzession (Kreiselbewegung) der Rotationsachse der Erde. Dieser Zyklus wird auch Platonisches Jahr genannt. Innerhalb des Zyklus wandert der Frühlingspunkt einmal durch alle Tierkreiszeichen (d. Hrsg.).

des heutigen Hinduismus geht unzweifelhaft auf diese Zeit vor etwa 5000 Jahren zurück.

Um 1900 begann das „Wassermann-Zeitalter“, und das Symbol ist die doppelte Wellenlinie. Dieses Zeichen ist schon recht verbreitet und spiegelt sich in wissenschaftlichen Erkenntnissen zum Beispiel zur Wellennatur der Materie wider.

Das astrologische Symbol des Wassermanns zeigt zwei Wellenlinien. In der Mathematik wird diese Symbol als Zeichen für „ungefähr gleich“ verwendet.

Geistige Revolution

Das „Wassermann-Zeitalter“ steht für Erkenntnis, für die Fähigkeit des Erkennens, des Verstehens, es ist ein Zeitalter des Merkur. Aus diesem Grunde können wir in Bezug auf die geistige Revolution vertrauensvoll in die Zukunft schauen. Die heutigen Abirrungen, vor denen ich warnte, sind praktisch die Geburtswehen eines Übergangszeitalters, und es ist unsere Pflicht, bei der Geburt des neuen Zeitalters unser Bestes zu tun, um die Schmerzen der Geburtswehen zu lindern und die mit ihnen verbundenen Gefahren abwenden zu helfen.

Von diesem Gedankengut, das seit Beginn des Wassermann-Zeitalters – für die meisten Menschen fast unbemerkt – über die Welt ausgestreut wird, zehren praktisch alle wissenschaftlichen Richtungen. Zudem wird nicht nur das Leben jedes einzelnen Menschen beeinflusst, auch Wissenschaft und Technik erhalten zunehmend in einem nicht geringen Grad Impulse. Dass die Menschen selbst nicht wissen, woher sie ihre Ideen und Gedanken haben, ändert daran nichts. Die geistige Revolution ist in ihrer Tragweite weitgehend unbekannt, und sie hat es schwer, in den Gemütern der Menschen Wurzeln zu fassen. Hierzu sagt von Purucker in seinem tiefgehenden

Werk *Der Mensch in der Unendlichkeit** (S. 193 f.):

„Es ist weder eine leichte Aufgabe noch das Werk eines Tages, eine Generation sachlicher Wissenschaftler mit ursprünglicher Evolution vertraut zu machen. Gemäß allgemeiner Vernunft und Logik sollte allen bekannten Tatsachen gebührende Beachtung gezollt werden, denn bestehende Tatsachen müssen in Betracht gezogen werden und dürfen nicht aufgrund verwurzelter wissenschaftlicher Vorurteile oder Voreingenommenheiten unberücksichtigt gelassen werden. Auch gilt es, auf sehr viele unerklärte biologische Tatsachen hinzuweisen, die, sofern sie nicht einfach vergessen oder in eine unnatürliche Fassung moderner wissenschaftlicher Dogmen gezwängt werden, ein zwar stummes, dafür aber umso beredteres Zeugnis dafür abgeben, dass moderne Evolutionshypothesen und -theorien unvollkommen und damit unzureichend sind, um allen Tatsachen gerecht zu werden. Wesentlich tragischer ist, weil völlig unphilosophisch, dass bei derartigen modernen Hypothesen und Theorien mehr oder weniger völlig übersehen wird, was den bei weitem größeren Teil der Konstitution des Menschen ausmacht: Bewusstsein, Spiritualität, der Sinn für Ethik und Moral, die Kräfte und Kennzeichen des Intellekts, die Fähigkeit der Analyse sowie die Urteils- und Unterscheidungskraft, vor allem aber jene ethische Befähigung, die immer dort zu finden ist, wo noch ursprüngliche Spiritualität existiert. Keine bisher von Wissenschaftlern aufgestellte Evolutionstheorie gibt einem nachdenklichen Menschen das Gefühl für Ethik, ebenso wenig werden jene Eigenschaften und menschlichen Attribute wie Liebe, Mitgefühl, Selbstlosigkeit, Willensäußerung und dergleichen erklärt."

Die geistige Revolution hat einen äußerst wichtigen Hintergrund, denn die Evolution schreitet ungeachtet dessen fort, ob wir Menschen

* Gottfried von Purucker: *Der Mensch in der Unendlichkeit*. Hannover, 2022.

Gottfried von Purucker war von 1929 bis 1942 Präsident der Theosophischen Gesellschaft (gegründet 1984 in New York, später Point Loma und Covina, Kalifornien). Er lehrte an der Universität in Point Loma. Als Sprachwissenschaftler, bedeutender Sanskritgelehrter und Experte für biblische Sprachen erlangte er internationalen Ruf. Er war Vorreiter für interdisziplinäres wissenschaftliches Denken und verband östliche Weisheit mit westlicher Wissenschaft, wobei er das Beziehungsgeflecht von Geist und Natur aufzeigte.

mit ihr aufsteigen oder aber den Weg nach unten beschreiten. Daher muss die Basis unseres Denkens grundlegend geändert werden, denn „Weisheit" und reines intellektuelles Wissen unterscheiden sich wesentlich voneinander. Es ist nahezu unbekannt, dass es auch eine andere Art des Denkens gibt als die, die uns heute als so selbstverständlich erscheint.

Die Art des Denkens der Theosophie ist der Methode des Denkens unserer westlichen Welt seit dem Verfall der alten Zivilisationen diametral entgegengesetzt. Reines Gehirndenken des kalten Intellekts lässt sich seit rund 5000 Jahren, seit der Herrschaft Menes' in Ägypten, in steigendem Maße bis etwa zum 19. Jahrhundert verfolgen. Doch das Gehirngemüt ist sterblich und zerfällt beim Tod. Alles bloße Bücherwissen, alle Daten und Fakten, mit denen das Gehirngemüt während des Lebens vollgestopft wurde, gehen mit dem Tod verloren! Was bleibt, sind die Ergebnisse des eigenen Nachdenkens in Bezug auf ursprüngliche Lebensfragen, auf den spirituellen Hintergrund unseres Daseins. Sie verbleiben in unserer höheren Natur und gehen mit dem Tod nicht verloren, sie bedürfen nur eines leisen Anstoßes und der Mensch erinnert sich ihrer.

Durch Paradoxa und Parabeln, durch Gleichnisse und scheinbare Widersprüche wird unser Gemüt zum Nachdenken angeregt, zum Nachdenken über uns selbst und den spirituellen Hintergrund aller Offenbarung und Manifestation. In unserer eigenen Spiritualität, in unserer wirklich menschlichen höheren Natur sind diese Erinnerungen an vergangene Leben vorhanden. Daher gibt es ein menschliches Gewissen, daher hat selbst der so materiell erzogene Mensch unserer Zeit das Gefühl oder die Intuition, dass mit dem Tod eben doch nicht alles vorbei sein kann. Vielleicht kommt diese Erkenntnis erst auf dem Sterbebett, aber sie kommt bei fast jedem Menschen.

Intuition

Einer der Hauptzwecke evolutionären Fortschritts liegt in der Erweckung unserer Intuition. Dies geschieht weder mithilfe sogenannter psychischer oder para-psychologischer Erleuchtungs-Praktiken noch mittels Hypnose, durch Einnahme von Drogen oder sonstigen Rauschmitteln. Die Erweckung der Intuition erfolgt einzig und allein durch eigenes Nachsinnen über die verborgenen Wahrheiten, die in der Natur zu finden sind, sowie durch ein in Gedanken und Taten ethisch und moralisch geführtes Leben.

Psychische Praktiken

Der Kern der geistigen Revolution wurde mit der Neuherausgabe der alten Weisheitslehren zu Beginn des Wassermann-Zeitalters wieder weltweit verpflanzt. Doch bitte verwechseln Sie diesen Kern nicht mit den heutigen Randerscheinungen. Hier sind ebenso die Fischer am Werk, die im Trüben fischen, das heißt jene, die mit den kleinen Randerscheinungen dieser Revolution ihre Geschäfte machen. Daher prüfen Sie selbst. Die Gefahren vieler angewandter Praktiken sind zu groß, um verharmlost zu werden! Kostet die angeblich zu tiefen Erkenntnissen führende Methode Geld, seien Sie vorsichtig. Spirituelle Erkenntnisse können niemals für materiellen Lohn veräußert werden! Das ist Gesetz! Kostet ein Kursus über Meditation, Konzentration, Bewusstseinserweiterung, Erlangung besonderer Kräfte oder

Fähigkeiten, PSI (paranormale Geisteskräfte), ASW (außersinnliche Wahrnehmung), psychische Praktiken und anderes Geld, dann ist mit 99,9-%-iger Sicherheit größte Vorsicht geboten, ja es kann getrost gesagt werden, mit spiritueller oder geistiger Erkenntnis hat die Sache dann nichts zu tun. Niemals hat ein wahrer geistiger oder spiritueller Lehrer Geld für seine Lehren genommen.

In der heutigen Zeit, in der Sekten und Gurus wie Pilze aus der Erde schießen und sich unter allen möglichen Versprechungen anbieten, kann einfach nicht eindringlich genug vor diesem Zeitphänomen gewarnt werden. Die Resultate, insbesondere die der Hypnose, der psychischen Heilung und ähnlicher verführerischer Praktiken, liegen nicht weit von den Resultaten der Drogenabhängigkeit entfernt. Die versprochenen Bewusstseinserweiterungen wirken auf das niedere Bewusstsein ein und führen gegebenenfalls zu einer fatalen Abhängigkeit und keineswegs zu spirituellen Erkenntnissen. Praktiken dieser Art wirken sich in der niederen Vierheit der Konstitution des Menschen aus. Diese Vierheit aber – der physische und der astrale Körper sowie die niederen Teile der Psyche, der niederen menschlichen Seele – geht mit dem Tod verloren. Daher braucht niemand nach Indien zu gehen, um sich einen Lehrer zu suchen, der für Geld oder andere Dienstleistungen lehrt. In uns selbst ist jene Kraft, die zur Spiritualität und zur Erweckung unserer eigenen Intuition verhelfen kann, die den wahren inneren Menschen weckt, es bedarf nur der entsprechenden Anstöße. Wir brauchen nicht täglich und stundenlang unsere Konzentration auf irdische Dinge zu richten, wir brauchen keine Meditation in transzendentalen Sphären. Wir benötigen nur unser eigenes Leben. Wir brauchen nur unser Denken zu ändern – damit ändern wir in einem sehr positiven Sinn nicht nur unser eigenes Leben, wir tragen zugleich unseren Teil dazu bei, die Welt zu ändern! Damit helfen wir auch der bedrohten Natur, die unter der Gewalt negativer Gedanken zu ersticken droht – sie wird es uns danken! Das archaische Wissen wurde der Menschheit nicht aufs Neue gegeben, um die Neugier einiger zu befriedigen oder materiellen Lohn dafür zu verlangen. Im christlichen Sinn würde dies als „Sünde wider den heiligen Geist“ bezeichnet werden. Die Lehren wurden der Menschheit vielmehr aufs Neue gegeben, um sie vor dem weiteren Abstieg ins Materielle zu bewahren, um die Erkenntnis für eine „Universale Bruderschaft“ zu wecken. Nicht nur alle Menschen sind mit allen anderen vernetzt, alle Lebewesen in der Natur sind unsere wahrhaftigen Brüder und Schwestern.

Theosophie als Chance

Die archaischen Weisheitslehren wurden seit Jahrtausenden weltweit nicht so offen und tief gegeben wie in heutiger Zeit. Die Erkenntnis der universalen Vernetzung allen Seins zeigt, dass nichts in der Welt ohne sie existieren kann. Allein diese Erkenntnis ist derart tiefgehend, dass sie zu einer weltumspannenden Humanität führt. Sie wird in naher oder ferner Zukunft dem materiellen Streben, das ohne Rücksicht auf Andere erfolgt, ohne Rücksicht auf eine gesicherte Zukunft für unsere Nachkommen, einen spirituell-geistigen Pol entgegensetzen.

Hierin liegt das Ziel der geistigen Revolution unserer Zeit! Jeder sollte diesem Ziel verpflichtet sein, denn es geht um unser aller Zukunft.

Beenden möchte ich diesen Vortrag mit den Worten von Puruckers. In den *Goldenen Regeln der Weisheit** schreibt er:

„Eine leitende Intelligenz tritt uns deutlich in allen Dingen entgegen. Was in den Sternen ist, ist auch in den Blumen zu unseren Füßen; und die unbewusste Erkenntnis dieser Qualität des Schönen lässt den Dichter von der Blume als von einem Stern der Schönheit sprechen. Dieselbe Lebenskraft durchpulst Blume und Stern. Dieselbe helle Flamme der Intelligenz gibt ihr ihre erlesene Form, Gestalt und Farbe, und dieselbe helle Flamme der Intelligenz lenkt auch den Zug der Sterne auf ihren Himmelsbahnen.“

---

* Gottfried von Purucker: *Goldene Regeln der Weisheit*. Hannover, 2011, S. 41.

Alles lebt – es gibt nichts Totes

Ist es möglich, dass wir eines Tages aufhören zu existieren, dass es ein endgültiges Ende gibt? Oder müssen wir andere Welten des Daseins, andere Bewusstseinszustände berücksichtigen als die, die wir bisher kennen?

Unsere Welt ist voller Leben! Wohin wir auch sehen, ob mit bloßen Augen, mit Weltraum-Teleskopen oder Mikroskopen: überall ist Bewegung, Austausch, Dynamik und Lebendigkeit zu erkennen. Nirgendwo lässt sich etwas Unbewegliches, Statisches entdecken. Selbst ein scheinbar lebloser Gegenstand, wie zum Beispiel ein Bleistift, ist inhärent voller Bewegung, voller Leben, denn er ist aus energiegeladenen, pulsierenden Atomen aufgebaut.

Woran aber liegt es, dass dennoch der weitverbreitete Glaube vorherrscht, Leben könne aus toter Materie entstehen? In der Regel wird nicht berücksichtigt, dass das Universum und alles, was es enthält, auf Bewusstsein aufgebaut ist. Planeten, Sonnen und Universen, Pflanzen, Tiere und Menschen: sie alle sind zusammengesetzt, zusammengesetzt aus Körpern, die latent oder aktiv „Bewusstsein“ enthalten. Materie kann daher als „verkörpertes Bewusstsein“ bezeichnet werden.

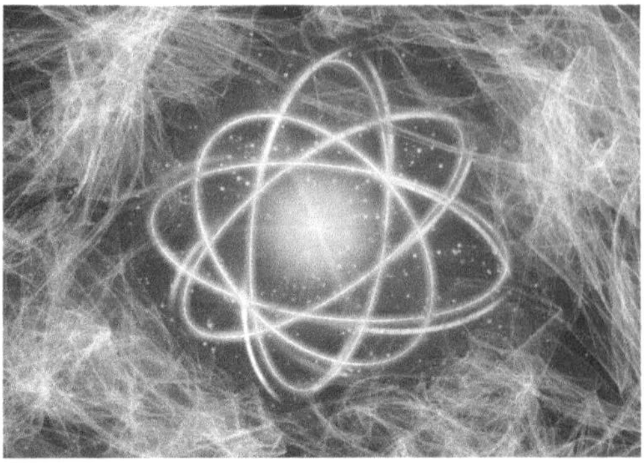

Pulsierende Atome: Elektronen bewegen sich in Atomen (hier eine Illustration) und Molekülen so schnell, dass man sie dabei nur mit hohem experimentellem Geschick beobachten kann. 2023 wurde dafür der Nobelpreis für Physik vergeben.

Diese tiefe philosophische Einsicht in Bezug auf ein von Leben und Bewusstsein durchdrungenes Universum, das aus Welten unterschiedlichster Element-Prinzipien gebildet wird, bedeutet: Stirbt oder verschwindet ein Teil einer Welt, dann leben die anderen Teile, die diese Welt als komplexe Wesenheit zusammengesetzt haben, in anderen Bewusstseinszuständen und -welten weiter. Es gibt nichts Totes – alles lebt!

Der Tod ist nur ein Übergang

Ein Beispiel mag dies verdeutlichen: Wenn ein Mensch stirbt, ist lediglich der physische Vorgang sichtbar: Der Körper zerfällt. Der innere Mensch jedoch, sein Bewusstsein, seine Egoität, seine höhere Seele, lebt weiter, weil er aus verschiedenen Energien aufgebaut ist. Es sind diese inneren Kräfte, unser essenzielles Menschsein, das nun in andere Welten und Bewusstseinszustände übergeht und in ihnen weiterlebt.

Im Grunde kennen wir diesen Prozess: Jede Nacht, wenn wir schlafen, ruht unser Körper, doch unser Ego erlebt bewusstseinsmäßig Träume in anderen Welten, wo es zu Hause ist. Wir sind in unserer physischen Welt „abwesend", doch wir kehren beim Erwachen zu ihr zurück.

Der Schlaf ist sozusagen ein „unvollkommener Tod", denn wir bleiben in enger Verbindung mit unserem Körper. Beim Tod ist die Trennung unseres persönlichen Egos vom Körper jedoch endgültig. Erst nach einer langen Ruheperiode kehrt unser reinkarnierendes Ego* wieder ins Erdendasein zurück und baut einen neuen Körper auf. Dieser Vorgang wird Reinkarnation genannt.

Die Natur ist also eine Fülle pulsierenden Lebens von unterschiedlichstem Bewusstsein, und wir sind durch Austausch und gegenseitige Beeinflussung (Karma) mit allen Lebewesen in den verschiedenen sichtbaren und unsichtbaren Welten verbunden.

Der gewaltige, endlose und von Leben und Bewusstsein durchdrungene Kosmos birgt unvorstellbare Chancen der Entwicklung, sodass wir den Tod nicht zu fürchten brauchen. Alles lebt – es gibt nichts Totes. Unsere unsterbliche Individualität ist in ein zyklisches Stirb und Werde eingebettet. Wie klein werden da all unsere Sorgen und wie tröstlich der Ausblick in eine erhabenere Zukunft.

Was ist Leben *an sich?*

Unaufhörlich und vielfältig strömt der Kreislauf des Lebens durch alles, was wir mit unseren Sinnen erfassen können. Wir selbst sind ein untrennbarer Teil dieses Lebens – nichts an uns bleibt unveränderlich oder ist tot. Doch was ist Leben *an sich?*

Diese Frage geht weit über eine rein biologische Lebensdefinition hinaus. Sie kann nur disziplinenübergreifend beantwortet werden – zum Beispiel in Verbindung mit Philosophie. Damit verlassen wir die Vorstellung, dass es so etwas wie „unbelebte" Materie gäbe. Bereits Leibniz (1646–1716) führt in seiner *Monadologie* aus, dass es „nichts Ödes, Unfruchtbares oder Totes im Universum gibt".**

---

* Reinkarnierendes Ego: der allgemeine Sitz des menschlichen Bewusstseins, der aufwärtsstrebende, höhere Teil.

** Gottfried Wilhelm Leibniz: *Monadologie.* Hamburg, 1882, Abs. 65–69.

Interessant ist außerdem, dass Leibniz für seine Monadenlehre auch von dem seinerzeit bekannten theosophischen Arzt Franciscus Mercurius van Helmont angeregt wurde.* Schelling (1775–1854) betrachtet „unbelebte Materie als schlafendes Leben".** Und für von Purucker (1874–1942) ist das Universum „ein ungeheuer großer Organismus, eine lebendige, organische Wesenheit, die aus Myriaden sichtbarer und unsichtbaren Welten besteht".*** Der dahinterstehende Gedanke ist: Alles lebt, es gibt nichts Totes. Leben ist also alles, was ist. Leben ist.

Ein besonderes Kennzeichen allen Lebens ist, dass es nur in Verbindung mit Bewusstsein existiert. Leben ist Bewusstsein der verschiedensten Grade: Menschen, Tiere, Pflanzen – sie alle haben ihre jeweils eigene Art von Bewusstsein, aber nur der Mensch hat „Selbst-Bewusstsein", das er im Laufe von Äonen evolviert hat.

Doch wir können noch weiter gehen: Warum sollten lediglich Menschen, Tiere und Pflanzen Bewusstsein haben, warum nicht auch jene Kleinstlebewesen, von denen sie zusammengesetzt werden? Vom Mikrobereich der Atome und Moleküle bis hinein in den Makrobereich der Planeten, Sonnensysteme und Galaxien: sie alle sind von Leben und Bewusstsein durchdrungen – ob wir es nun wahrnehmen oder nicht.

Kann Leben aus etwas Totem entstehen?

In der Evolutionsbiologie ist die Auffassung verbreitet, das Leben sei auf unserer Erde aus einer unbelebten anorganischen Uratmosphäre oder „Ursuppe" entstanden. Wäre es tatsächlich möglich, dass fühlende Lebewesen aus toter Materie entstehen? Wäre es möglich,

* s. auch: https://de.wikipedia.org/wiki/Monade_(Philosophie)

** Friedrich Wilhelm Joseph von Schelling, Stefan Heiland: *Naturverständnis.* Darmstadt, 1992, S. 57.

*** Gottfried von Purucker: *Der Mensch in der Unendlichkeit.* Hannover, 2022, S. 21.

aus Bauklötzen, Schrauben oder anorganischen Materialien ein Lebewesen herzustellen? Kann etwas Totes etwas Lebendiges aufbauen, ihm Energie, Leben und Bewusstsein geben?

Dieser Gedanke erscheint unrealistisch. Und doch entspricht dieses Bild der bisher offiziellen Vorstellung der Naturwissenschaften darüber, wie das „erste Leben“ auf unserer Erde entstanden sein soll. Obwohl anerkannt ist, dass Leben nur aus Leben geboren wird, wird diese Tatsache für das „anfängliche“ Leben ignoriert. Doch philosophisch betrachtet stellt sich die Frage nach einem absoluten Anfang des Lebens nicht: Leben ist, es war immer und wird immer sein. Alles lebt, es gibt nichts Totes.

Im Grunde genommen kann nur von einer großen Fülle der unterschiedlichsten Leben, des unterschiedlichsten Bewusstseins gesprochen werden. Und mit jedem dieser Lebewesen, seien sie für uns sichtbar oder unsichtbar, sind wir durch Austausch und gegenseitige Beeinflussung verbunden.

Was bedeutet „Tod“?

„Tod“ bedeutet das Ende eines Zyklus oder einer Lebensphase, der eine neue, andere Phase des Lebens folgt. Es gibt also keinen Tod *an sich*. Vielmehr geht am Ende des Lebens unser reinkarnierendes Ego in andere Zustände des Bewusstseins über. Es verarbeitet und assimiliert alles, was es während des vergangenen Lebens erlebt und gelernt hat. Wenn es karmisch bedingt die Anziehung zu einer neuen Verkörperung hin fühlt, kehrt es auf unsere Erde zurück – wir werden wiedergeboren. Phasen der Aktivität und des Lernens wechseln sich ab mit Phasen der Passivität und des Verinnerlichens.

Auch unser Körper „stirbt“ nicht wirklich bei unserem Tod. Zumindest nicht in dem Sinn, dass er vollständig vergehen würde. Im Gegenteil: er löst sich in seine Bestandteile auf, in jene Lebensatome, die den Organen und Zellen des Körpers zu deren Funktionen Leben verliehen. Sie hielten den Mikrokosmos „Mensch“ in seiner komplexen und wunderbaren Vernetztheit zusammen. Diese Lebensatome sind nun von der Oberherrschaft des Menschen befreit, lösen sich von dem Körper und gehen, losgelöst von ihren bisherigen Aufgaben, in die ihnen entsprechenden Naturreiche ein.

Wir sehen auch hier wieder: Alles lebt, es gibt nichts Totes!

Mikrokosmos und Makrokosmos

Das Verhältnis von Mikrokosmos und Makrokosmos wurde von Denkern früherer Zeitalter in die so bezeichnenden Worte gekleidet: „Wie oben, so unten, und wie unten, so oben." In diesen wenigen Worten ist weitaus mehr enthalten, als heutige Wissenschaftler ahnen. Denn wenig oder kaum wird erkannt, dass die inneren Veranlagungen des Menschen ihren Ursprung in höheren Bewusstseinsbereichen haben. Deren lebenswichtige Ausstrahlungen fließen durch die inneren Kanäle der menschlichen Konstitution und durchströmen die physischen Bereiche, in denen das menschliche Bewusstsein zur Zeit tätig ist.

Unsere physische Erde ist lediglich die Manifestation, der Widerschein dessen, was unser Planet hervorgebracht hat. Wenn heutige Wissenschaftler versichern – und zum Teil beweisen –, dass „Leben" aus Schwingungen, aus Frequenzen verschiedener Grade besteht, lässt sich hieraus die unbewusste Anerkennung der theosophischen Aussagen ableiten. So zum Beispiel hat gemäß der Theosophie jede Zelle des menschlichen Körpers in ihrem Innern einen „Schwingungsstab", eine „Antenne" – ähnlich einem Radioempfänger –, mit der sie, je nachdem wie lang und wie empfindlich die Antenne ist, die Schwingungen von Ton, Farbe, Wärme und Geruch mit all deren Unterabteilungen sowie den Strahlungen des Kosmos auffängt und entsprechend mitschwingt oder, falls sie nicht darauf eingestellt ist, eben nicht reagiert. Sofern nun das Schwingungsvermögen der Antenne nachlässt und zuletzt keine Schwingung mehr aufgefangen werden kann, das heißt keine Resonanz mehr erzeugt wird, stirbt die Zelle ab, und ihr Lebenszyklus ist beendet.

Die beeindruckende Ordnung des Makrokosmos hält den Mikrokosmos durch Wechselwirkung der Kräfte am Leben, was sich auf alle Größenordnungen anwenden lässt. Wenn aber Ordnung und Harmonie regieren, muss ein Hierarch vorhanden sein, der in Bezug auf unser Sonnensystem augenscheinlich die Sonne ist beziehungsweise die hinter ihr stehende Wesenheit.

Bisher wurden hauptsächlich die physischen Komponenten betrachtet. Um wie viel großartiger wird das Bild, wenn die sieben-, zehn- oder zwölffältige Konstitution, die geistigen, mentalen und astralen Kräfte sowie die entsprechenden Sphären einbezogen werden, ja einbezogen werden müssen, da jede Wesenheit zusammengesetzt ist. Auch Sphären und Welten gehen, für uns unsichtbar, ineinander über. Sie nehmen einander jedoch nur bedingt wahr, beeinflussen sich aber gegenseitig, da sie alle Teile desselben kosmischen Organismus sind, ähnlich zusammenhängend wie der menschliche Körper. Sie wurden aus dem voller Leben bestehenden Mutterboden des Weltenraumes geboren, aus dem unsterblichen, alles durchdringenden Grundstoff. Wie kein Blatt eines Baumes getrennt für sich allein bestehen kann, existiert auch der Mensch als ein untrennbarer Teil des kosmischen Ganzen, ist mit ihm vernetzt und in ihn eingebettet.

Zyklen – Kreisläufe des Lebens

Wir werden geboren und sterben, durchwandern unsere Tages- und Jahreszyklen sowie Lebenszyklen, die gleichzeitig auch mit den Zyklen unserer Erde und unserer Sonne verbunden sind. Räder

Wie kein Blatt eines Baumes getrennt für sich allein bestehen kann, existiert auch der Mensch als ein unzertrennlicher Teil des kosmischen Ganzen, ist mit ihm vernetzt und in ihm eingebettet.

innerhalb von Rädern. Das eine ist auf das andere angewiesen. Darum ist alles nach Gesetz zahlenmäßig geordnet und harmonisch hierarchisch aufgebaut. Wird diese großartige Harmonie der Natur gestört, sorgt Karman, das Gesetz von Ursache und Wirkung, für die Wiederherstellung des Gleichgewichts, was ganz allgemein aus Unwissenheit für „glücklichen Zufall“ oder für „Schicksalsschläge“ gehalten wird.

Alles bewegt sich in Zyklen und ist in ständigem Wechsel begriffen. Ohne Zyklen, ohne Wechselwirkung wäre kein Leben vorhanden. Es wäre nichts vorhanden, da auch der Tod lediglich ein Wechsel in einen anderen Bewusstseinszustand ist. Alles Sichtbare und Unsichtbare ist auf Zyklen aufgebaut. Licht, nicht Tag und Nacht, sondern Licht *an sich,* entsteht meist durch eine atomare Wechselwirkung. Teile eines Atoms treten – aus Sicht der Theosophie – in eine andere Bewusstseinssphäre über, und wir sehen dies als Licht. Die unterschiedlichen Farben sind hierbei lediglich verschiedene Wellenlängen des Lichts, verschiedene Zyklen, in diesem Fall einige Billionen in einer menschlichen Sekunde.

Einige Zyklen erkennen wir mittels unserer Ohren, einige mittels unserer Augen. Die – nach unseren Zeitmaßen – infinitesimal kleinen sowie die großen kosmischen Zyklen, wie zum Beispiel die Zyklen von Lebewesen, die ein Elektron bewohnen, oder die Zyklen von Wesenheiten, die zu unserer Milchstraße gehören und vielleicht lediglich ein Molekül oder eine Zelle für diese bilden, sind unseren menschlichen Sinnen entzogen.

Wird zum Beispiel das Sonnenlicht mit einem Prisma in seine Spektralfarben zerlegt, so ergibt sich, dass das „weiße" Sonnenlicht, aber auch Schwarz, alle Spektralfarben enthält. Ein Ton enthält gemäß der Theosophie alle Töne, und dementsprechend enthält auch der Mensch *alles,* was im Universum enthalten ist, wenn auch zu einem großen Teil noch latent und unentfaltet.

Völker und Kontinente, Planeten, Moleküle, Galaxien, Sonnen, Kometen und natürlich auch der Mensch werden geboren, durchlaufen ihre Lebenszyklen, sterben beziehungsweise gehen in andere Zyklen und Bereiche des Seins, um wiedergeboren zu werden. In ewigem Wechsel finden Evolution und Involution von Geist und Materie in den zahllosen Bewusstseinssphären statt.

Schwingungen und Zyklen – Gesetze des Lebens

„Schwingungen und Zyklen – Gesetze des Lebens", eine Welt des Miteinander- und Ineinander-Wirkens eröffnet sich bei näherer Betrachtung, und die Grenzen des gewohnten Denkens weiten sich dem harmonischen Wirken der Natur. Die zunächst abstrakt erscheinenden Begriffe „Schwingungen", „Zyklen", „Gesetze" und „Leben" lassen sich mit einem Inhalt füllen, der den Menschen in ein wundersames Gewebe kosmischen Seins einbettet.

Wir erleben den „Zyklus" eines Jahres mit seinen Jahreszeiten, die länger oder kürzer werdenden Tage und das damit verbundene Erwachen und Zurückziehen des „Lebens". So, wie der Atem des Lebens zu spüren ist – das Ein- und das Ausatmen –, atmet jedes Lebewesen, einschließlich des Menschen. In Übereinstimmung mit dem Zyklus von Tag und Nacht wachen und schlafen wir. Perioden der Aktivität werden von denen der Ruhe oder Passivität abgelöst. Diese Grundäußerungen des Lebens können auch „Schwingungen" genannt werden, denn überall in der Natur lässt sich ein stetiges Pulsieren, Wechseln, Auf und Ab erkennen.

Doch was sind Schwingungen, woraus setzen sie sich zusammen? In der Physik wird der Schall als mechanische Schwingung von Luftmolekülen, die sich gegenseitig „anstoßen", beschrieben. Das Licht wird als elektromagnetische Schwingung bezeichnet, ebenso auch die Radiowellen, die Wärme- und die kosmische Strahlung. Interessant ist in diesem Zusammenhang die Skala der bisher wissenschaftlich erforschten Schwingungsfrequenzen, da sie einen Einblick in die begrenzte Wahrnehmungsfähigkeit unserer bisher entwickelten fünf Sinne vermittelt (→ Anhang „Das elektromagnetische Spektrum").

Der für uns Menschen hörbare Schall reicht von etwa 16 bis maximal 20 000 Hertz, was 10 bis 11 Oktaven entspricht. Im elektromagnetischen Spektrum gibt es die nieder- und höherfrequenten Radiowellen (Lang-, Mittel-, Kurz- und Ultrakurzwellen), die Frequenzen des Fernsehens, Radar, schließlich Infrarot beziehungsweise Wärmestrahlung, das für uns sichtbare Licht – das nur eine einzige Oktave umfasst – sowie das ultraviolette Licht, die Röntgenstrahlen, die Gamma- und die Höhen- oder kosmischen Strahlen.

Die bisher erforschte elektromagnetische Frequenzskala umfasst etwa 26 Zehnerpotenzen beziehungsweise etwa 80 Oktaven. Von dieser Skala nehmen wir Menschen jedoch nur einen ganz kleinen Bereich wahr: Über den Gesichtssinn sehen wir lediglich eine Oktave, und auch über unsere übrigen Sinne können wir unsere Welt nur ähnlich beschränkt wahrnehmen. Wir unterliegen also einem gewaltigen Trugbild, einer Täuschung, wenn wir meinen, aufgrund unserer Wahrnehmungsfähigkeit die uns umgebende Welt ganzheitlich erfassen zu können. Die *ursächlichen* Kräfte, die hinter dem äußeren Schein wirken und somit das Erscheinen von Welten und Wesenheiten erst ermöglichen, erkennen wir nicht. Doch Schritt für Schritt nähern sich wissenschaftliche Erkenntnisse denen der Theosophie. Eine ihrer wesentlichen Feststellungen besagt, dass es keine tote Materie im Sinne von tot oder unbelebt gibt. So setzt sich eine Schwingung nicht einfach aus „Molekülen" und „Korpuskeln", also aus lebloser Materie mit unterschiedlichen Frequenzen zusammen. Jedes dieser Moleküle hat mehrere innere Kerne, die die alten Griechen „Atom" nannten. Leibniz sprach von „Monaden". Ein Kern beinhaltet jedoch eine Essenz, eine Charakteristik und somit „Vitalität", die eine gewisse Eigenschwingung als Ausdruck von „Leben" hervorbringt.

Einen wesentlichen Beitrag dazu, die Begrenzung menschlicher Denkweise zu erweitern, leistete die Wissenschaft durch die Entdeckung der Radiowellen. Auf der Frequenzskala beginnen sie im Längst- und Langwellenbereich und reichen über die Bereiche von Fernsehen und Radar bis zu Wellenlängen von 10 cm und weniger. Strahlungen dieser Wellenlängen gehen auch durch die unsere Erde umgebende Atmosphäre und Strahlungsgürtel hindurch und können mittels eines auf sie abgestimmten Radioteleskops (eines der größten der Welt steht in der Eifel und hat einen Durchmesser von 100 Metern) empfangen werden. Auf diese Weise können Himmelskörper wie zum Beispiel Radiogalaxien, Quasare und Pulsare als Strahlungsquellen ermittelt werden, die durch herkömmliche, nur sichtbares Licht nutzende Teleskope nicht nachweisbar sind. Die Theosophie erklärt, dass sich die Wellenbereiche auf der Frequenzskala nach beiden Seiten hin ins Unendliche ausdehnen, sodass noch unbegrenzte Möglichkeiten für folgende Entdeckungen und eine Erweiterung der Wahrnehmung offenstehen.

Das Radioteleskop Effelsberg in der Eifel beobachtet u. a. Pulsare, kalte Gas- und Staubwolken, Sternentstehungsgebiete, Magnetfelder in der Milchstraße und von weiteren Galaxien, von Schwarzen Löchern ausgehenden Materiestrahlen und Kerne ferner Galaxien.

Zusammenfassend kann zu dieser eher technisch erscheinenden Ausführung gesagt werden: Das gesamte Universum ist ursächlich aus lebenden Einheiten, aus Bewusstseinszentren zusammengesetzt. Diese bilden entsprechende Körper, da alles in der Natur zusammengesetzt ist. Jede Wesenheit – Planet, Mineral, Pflanze, Tier oder Mensch – ist ein Kompositum aus sie zusammensetzenden untergeordneten Lebensessenzen. Das dominierende Bewusstseinszentrum hält, gleich einem aufgeladenen „Akku", für eine bestimmte Zeit diese den jeweiligen Körper aufbauenden Einheiten zusammen, hat so seine Lebenszeit und bleibt selbst als ein Bewusstseinskern zurück, wenn die eigene Lebenszeit in der Manifestation beendet ist.

Alles in der Natur ist daher aus Bewusstseinseinheiten zusammengesetzt, in allen Sphären, in allen Bereichen. Alles durchdringt einander, ist von Leben erfüllt. Von „toter" Materie zu sprechen käme daher dem Vergleich nahe, „Leben" einem mechanistischen Wirken gleichzusetzen, in dem das „Selbst"-Bewusstsein des Menschen, Gewissen und Intelligenz keinen Platz fänden. Ein mechanisches Wirken toter Materie gibt keinen Raum für evolutionäre Entwicklung. Doch der Mensch ist eingebettet in ein von Intelligenz und Geist geleitetes Universum, und seine Bestimmung sowie die einer jeden Wesenheit ist es, von einem unselbstbewussten Funken zu einem selbstbewussten Wesen heranzureifen.

Die Urknall-Theorie – Der Big Bang: Anfang oder Ende?

„Blick zurück zum Urknall – revolutionierender Durchbruch – Hubble Space Telescope, die astronomische Sensation!", „Rosat auf den Spuren des galaktischen Kannibalismus", „Rätselhafte Mauer aus Galaxien"*. Diese und andere „Sensationen" elektrisierten noch in den neunziger Jahren hauptsächlich Astronomen und bezugsnahe Wissenschaftler. Heute, nur zwei bis drei Jahrzehnte später, hat sich der Blick in die Tiefen des Weltalls fortlaufend erweitert. Doch bei aller bemerkenswerten Erkenntnis ist die Verursachung – eine von Intelligenz und Bewusstsein geleitete Evolution, die wahre Realität hinter dem manifestierten Universum – nahezu unbeachtet und unerforscht geblieben.

Die grandiosen Errungenschaften modernster Forschung versetzen bei jeder Neuentdeckung immer wieder in ehrfürchtiges Staunen. Tatsächlich sind die Forschungen und technischen Leistungen enorm – einerseits, doch andererseits resultiert aus einer nahezu von

* VDI-Nachrichten, Ausgabe 4/1990, 7/1990, 6/1990. Die VDI-Nachrichten sind die führende deutsche Zeitschrift für Ingenieure.

allen geistigen Werten losgelösten Wissenschaft eine fatale Fehlentwicklung in Bezug auf das Denken der Menschen unserer westlichen Welt. Dies hat zur Folge, dass wir kurz vor dem Zusammenbruch nicht nur der ökologischen Systeme stehen und die Natur sich mit allen ihr zur Verfügung stehenden Kräften wehrt. Es scheint, dass wir nur durch ein „Umdenken", ein „Anders Denken" überleben können. Aber wie? Und in welchem Zusammenhang hiermit steht die Erforschung des sogenannten „Urknalls" – des von der Wissenschaft angenommenen Urbeginns des Universums und damit auch unseres Planeten?

Vereinfacht ausgedrückt: Die Grundlagenforschung geht von falschen Voraussetzungen aus. Dies führt zu folgenschweren Irrtümern, die sich in fast allen Bereichen unseres täglichen Lebens und unserer Wirtschaft auswirken. Nur langsam, angesichts der drohenden Umweltgefahren weltweit, werden einige der komplexen, vernetzten Zusammenhänge in der Natur erkannt. Doch noch immer wird an verankerten Zäunen festgehalten, die den Blick *hinter* das universale Geschehen verhindern. Wer sich über den Zaun der etablierten Wissenschaft hinauswagt, sich über Theorien und unbewiesene Hypothesen hinwegsetzt, sieht sich einer ablehnend feindlichen Mauer gegenüber, die jegliches Ausbrechen an der Wurzel verhindert: Theorien müssen aufrechterhalten bleiben, der gute Ruf ihrer Entdecker und Verkünder darf keinen Schaden erleiden. Doch trotz aller Schwierigkeiten haben im Laufe unserer Geschichte neue Theorien alte ersetzt, wodurch deutlich wird, dass Wissenschaft oft auf bloßen Theorien oder Hypothesen aufbaut. Heute sind sie „die" Wahrheit, als letzte wissenschaftliche „Realität" gepriesen, morgen schon können sie als Irrlehre der Vergangenheit angehören!

Lebenszusammenhänge bleiben unberücksichtigt

Zu den sich hartnäckig haltenden Irrlehren gehört die Urknall-Theorie. Es ist geradezu unglaublich, dass seit Jahren jede wissenschaftliche Erkenntnis auf dem Gebiet der Entstehung von Welten so lange hin- und hergebogen wird, bis sie mit der Theorie des Urknalls übereinstimmen könnte beziehungsweise nichts Gegenteiliges aussagt. Doch hier soll durchaus auch für all jene Wissenschaftler eine Lanze gebrochen werden, die die Erforschung der unendlichen Weiten des Universums, seine grandiose Schönheit und die für das menschliche Bewusstsein nicht erfassbare universale Vernetzung zu einer fast demütig erscheinenden Bescheidenheit geführt haben. Sie haben erkannt, dass der Mensch nur ein kleines Rädchen in der Unendlichkeit ist, dem Unfassbaren. Dieser Forschung haben sie ihr Leben gewidmet. Auch haben wir insbesondere diesen Forscherinnen und Forschern die faszinierenden Weltraumaufnahmen zu verdanken. Nicht zuletzt sind sie vielfach der Beweis für die Aussagen der Theosophie, die seit jeher ein von Leben erfülltes, von Geist, Bewusstsein und Intelligenz geleitetes Universum beschreibt. Archaisches Wissen wird auf diese Weise neu entdeckt. Archaisches Wissen, das, wie die Unendlichkeit, selbst unendlich ist.

Das Fatale an der Urknall-Theorie ist der ihr zugrundeliegende Absolutheitsanspruch einer einseitig materialistisch ausgerichteten Sichtweise, die nur experimentell erforschte oder nachweisbare Materie anerkennt. Diese einseitige analytisch-selektierende Betrachtungsweise verhinderte bislang den Blick auf innere Lebenszusammenhänge, auf das kausale Beziehungsgeflecht, das das Irdische mit dem Kosmischen verbindet. Nur so konnte eine überwiegend materialistisch ausgeprägte Gesellschaftsform entstehen, die sich auf alle nur möglichen Teilgebiete spezialisierte. So haben wir das Gefühl für das komplexe Zusammenwirken von Körper, Seele und Geist verloren und damit für die gesamte „Natur“. Hierin liegt der Nährboden für die verheerenden Auswüchse menschlicher Gewinnsucht, die sich über alle moralischen Werte hinwegsetzt. Die Verherrlichung von Gewalt hat zur Umklammerung durch den Terrorismus geführt, der infolge ungehemmter Brutalität Angst und Schrecken mit sich führt. Ethik und Moral, Verantwortungsbewusstsein dem Nächsten und der Natur gegenüber sind aufgrund der überwiegend materialistischen Denkrichtung auf der Strecke geblieben. Ursache und Wirkung bedingen einander.

Der „leere Raum" ist die „Fülle"

So wird zum Beispiel angenommen, dass das Weltall außer den bisher festgestellten Galaxien, Sonnen und Planeten sowie den sogenannten „Schwarzen Löchern", der „Dunklen Materie" und weiteren Entdeckungen nur ein ungeheurer, leerer, aus Hohlräumen bestehender Raum ist. Doch unser Universum und all die unzähligen Welten sind die „Fülle", was sich schon durch einiges Nachdenken leicht ableiten lässt. Welten über Welten durchdringen einander. Jede hat ihre eigene Schwingungsfrequenz, sodass nur jene Welten mit Weltraumteleskopen erfasst werden können, die auf den Frequenzen des für uns messbaren Lichtes liegen. Jede dieser unzähligen Schwingungen muss jedoch zusammengesetzt sein, da eine Schwingung ein „Etwas" haben muss, das schwingt, denn Kraft ohne Partikel, die diese Kraft bilden, gibt es nicht! Tatsächlich sind diese Partikel von Leben, von Bewusstseinseinheiten erfüllt, was wiederum bedeutet, von infinitesimal kleinen Wesenheiten. Wir leben durch sie und mit ihnen – wie anders könnten wir leben, atmen, wenn nicht durch „Leben"?! Auch Max Planck, der geniale Physiker, hielt Bewusstsein für fundamental. Bewusstsein aber ist stets an Lebewesen gebunden.

Unser Universum besteht also ganz und gar nicht aus Hohlräumen. Und solange die Wissenschaft diese unumstößliche Tatsache außer Betracht lässt, wird sie weiterhin mit einem gigantischen finanziellen und technischen Aufwand wortwörtlich im „Leeren" tappen – in dem von ihr selbst proklamierten fast „leeren Raum"! Dies klingt paradox, denn obwohl Wissenschaftler tagtäglich mit den Frequenzen anderer Bereiche arbeiten und von deren Vorhandensein wissen, überwinden sie nicht die Hürde, um sie sagen zu lassen: „Hier beginnt eine andere Welt, eine andere Hierarchie, die von Leben und Bewusstsein durchdrungen ist."

Aufnahme des James-Webb-Weltraumteleskops vom Zentrum der Spiralgalaxie „Phantom-Galaxie" M74 im Sternbild Fische. Das Bild zeigt die sehr deutlich ausgeprägten Spiralarme in Form der Filamente aus Gas und Staub, die sich durch die Galaxie ziehen.

Diese Erkenntnis der „Fülle" ist derart weitreichend, dass sie unser gesamtes materialistisches Weltbild umzustürzen in der Lage ist. Denn die Erkenntnis der *inneren* Zusammenhänge von Mensch, Natur und Universum ließe Forscher in aller Welt und aller Disziplinen die universale Vernetztheit allen Seins wahrnehmen. Als Folge dieser Erkenntnis fänden die Menschen, jeder Einzelne von uns, zu ihrem wahren Innersten zurück, zur Verantwortung gegenüber ihren Mitmenschen und der geschundenen Natur.

Doch bis zur Erlangung einer tiefergehenden Erkenntnis ist noch ein weiter und gefahrenvoller Weg zu beschreiten. Und so wird die Urknall-Theorie, der Big Bang, als Ablösung der Kant-Laplace'schen Theorie über die Entstehung von Welten und Universen, aufgrund der beobachteten Rotverschiebung der Strahlung weit entfernter Galaxien (Fraunhofersche Linien) vorerst noch die beherrschende Lehrmeinung bleiben.

Materialistische Grundlagen

Im Rahmen der Urknall-Theorie wird angenommen, dass sich das Weltall seit seiner Entstehung vor angenommenen 14 Milliarden Jahren ständig ausdehnt und mit einer gigantischen Explosion, dem sogenannten Urknall, entstanden sein soll. Diese Theorie besagt, dass so gut wie alle Elementarteilchen in den ersten Minuten der Explosion erzeugt wurden. Eine rein materialistische Erklärung also, weil nur die materielle Welt als Realität anerkannt wird, nicht aber ihr innewohnendes „Leben".

So wurden auch die verschiedensten Theorien zur Entstehung der Röntgenstrahlung entwickelt. Doch vielfach wird nicht beachtet, dass auch Strahlung eine partikulare Grundlage hat, mit anderen Worten, sie setzt sich aus lebenden Bewusstseinseinheiten zusammen, und diese „strahlen" nach Erreichung ihrer mittleren Lebensphase bis zu ihrem „Endknall". Viele Rätsel unserer modernen Wissenschaft ließen sich mit dieser Erkenntnis lösen.

Um die wissenschaftliche Begründung des Urknalls zu erklären, wird hier eine Skala der wissenschaftlich erforschten elektromagnetischen Wellen benutzt (→ Anhang „Das elektromagnetische Spektrum").

Der kleine Abschnitt *a* unterhalb von 10^{15} Hz (nur eine einzige Oktave!) ist das für uns sichtbare Licht, von rot bis violett, der Abschnitt *b* bis 10^{11} Hz wird als Bereich der Infrarot- oder Wärmestrahlung, und der Abschnitt *c* von 10^{15} bis 10^{17} Hz als ultraviolette Strahlung bezeichnet.

Der Unterschied zum Beispiel vom sichtbaren gelben Licht zum roten Licht besteht in einer Zunahme der Wellenlänge um weniger als einen Tausendstelmillimeter, das heißt in einer entsprechenden Senkung der Schwingungsfrequenz. Wird also die Frequenz herabgesetzt, so entsteht aus normalem Licht eine Abtönung zum Rot hin. Weil weiterhin, wie bereits ausgeführt, angenommen wird, dass das Universum außer den bisher festgestellten Sonnen, Planeten, Gas- und Staubnebeln nur ein ungeheurer, leerer Raum ist, bleibt für die Rotverschiebung nur die Erklärung des Auseinanderstrebens der Himmelskörper übrig, da hierdurch die Frequenz der von diesen ausgesandten Strahlung für uns etwas herabgesetzt wird: Die Impulse verlangsamen sich mit zunehmender Geschwindigkeit des Auseinanderstrebens. Diese Überlegung für das Licht der Himmelskörper wäre richtig, wenn das Universum aus „leerem" Raum bestünde. Doch dies ist einer der größten Irrtümer unserer modernen Wissenschaft! Beweis: Die dargestellte Frequenzskala. Möchte wirklich jemand behaupten, diese Skala habe in der Natur zu niederen, unten, oder zu höheren Schwingungen, oben, ein Ende, mit anderen Worten: dort höre unsere Welt auf? Wir wissen, dass diese Skala nach beiden Seiten hin weitergeht, ja weitergehen muss. Wir senden Kräfte, Partikel aus, die mit bestimmter Frequenz in Schwingung versetzt werden; und aus derartigen Experimenten und daraus gewonnenen Erkenntnissen und Ergebnissen ist die Frequenzskala entstanden.

Wir können Elektrizität und Magnetismus nicht sehen, aber an ihren Wirkungen erkennen. Können wir Gedanken sehen? Nein! Also gibt es diese nicht? Natürlich gibt es auch sie. Denn ohne Gedanken, ohne Elektrizität und Magnetismus gäbe es unsere moderne Technik nicht. Gibt es aber Elektrizität und Magnetismus nur auf unserer Erde? Nein! Denn wir sehen andere Sterne, Sonnen und Planeten durch die im Weltraum existierenden Partikel. Im Nichts aber könnten wir auch nichts sehen, daher muss alles von „Leben" erfüllt sein.

Gravitation – die geheimnisvolle Kraft

Durch welche Kräfte nun werden Dinge, Planeten, ja ganze Sonnensysteme zusammengehalten? Seitens der Wissenschaft wird von Gravitation gesprochen. Doch was ist Gravitation? Wie entsteht sie? Allgemein wird Gravitation als „Schwerkraft", „Anziehungskraft" bezeichnet, die als Ursache des inneren Zusammenhalts der Sterne und Sternensysteme und damit der Sternenbewegungen betrachtet wird. Doch eine genaue Definition beziehungsweise Erklärung der

Gravitation selbst, das heißt, wie diese zustande kommt und wirksam wird, konnte bislang, außer durch vage Theorien oder Vermutungen, wissenschaftlich nicht gegeben werden. Dabei ist das Wissen um die inneren Zusammenhänge wechselseitiger Beziehungen, also Anziehung und Abstoßung, altes Wissensgut der zeitlosen Theosophie, der überlieferten „Weisheit der Zeitalter". Würde es Eingang in wissenschaftliche Kreise finden, wäre ein die Wissenschaft revolutionierendes Umdenken eingeleitet. Prof. Dr. Gottfried von Purucker nimmt hierzu ausführlich Stellung in seinem bahnbrechenden Werk *Mit der Wissenschaft hinter die Schleier der Natur**. In wenigen Worten kann gesagt werden, dass Gravitation durch Wechselwirkung von Elektrizität und Magnetismus entsteht. Hieraus ist zu schließen, dass die Anziehungskraft überall wirksam ist, ja wirksam sein muss, sowohl auf unserem Planeten Erde als auch im gesamten Universum.

In diesem Zusammenhang können die bekannten Sonnenprotuberanzen betrachtet werden. Sie sind weniger Gasausbrüche, wie immer noch irrtümlich angenommen wird, als vielmehr und vor allem Ausbrüche von Lebenselektrizität, die in Verbindung mit dem Erdmagnetismus zum Beispiel unseren Funkverkehr stören. An diesem Beispiel wird deutlich, dass es sich bei den Sonnenprotuberanzen tatsächlich um Lebenselektrizität handelt, denn wie allgemein bekannt ist, könnten wir ohne die „Leben" spendende Sonne nicht existieren. Hier wird deutlich, wie alles im Universum miteinander verbunden, verzahnt und vernetzt ist, von „Leben" durchpulst wird.

Gedanken – die stärksten Kräfte

Ein anderes Beispiel unsichtbarer, aber sehr real wirkender Kräfte bilden „Gedanken". Doch was sind Gedanken? Jeder von uns weiß, dass sie das wirklich „Menschliche" in uns zum Ausdruck bringen.

---

* Gottfried von Purucker: *Mit der Wissenschaft hinter die Schleier der Natur.* Hannover, 2020.

Sie bilden unseren Charakter und steuern damit unter anderem unseren Willen, eine bestimmte Art von Kräften. Gedanken sind, da auch ihnen „Leben" zugrunde liegt, Wesenheiten oder „Bewusstheiten" auf einer anderen, wissenschaftlich noch nicht erforschten Frequenz. Sie sind aus bisher fast unbekannten Elektrizitäten und Magnetismen zusammengesetzt. Diese psycho-magnetischen Kräfte bestehen ebenfalls aus Partikeln, da es ohne eine substanzielle Grundlage keine Kraft geben kann. So bilden diese Kräfte andere Weltsysteme, andere Welten und Lebewesen, und das, was heute noch als „Leere", als leerer Raum betrachtet wird, ist eine ungeheure „Fülle"! Diese Kräfte durchdringen auch uns und unsere Welt, und wir leben in, mit ihnen und durch sie. Dies ist auch der Grund dafür, dass es nichts Totes gibt. Es gibt zwar scheinbar tote Formen, doch sind diese von einem ungeheuren Leben erfüllt.

Die große Fülle

Ein Universum ist also die „Fülle", da es aus lebenden Individuen besteht, denen Bewusstsein inhärent ist. Ob diese nun unserem Auge sichtbar oder unsichtbar sind, ist hier weniger von Bedeutung. Jedes Lebewesen aber hat seine Geburt, seine Reife oder Lebenszeit, sein Alter und seinen Tod. Es kann daher die Frage gestellt werden, ob unser Körper aus nichts anderem als aus „Leere" besteht oder aber angefüllt ist mit unzähligen anderen Kräften, Partikeln – Wesenheiten, wie Atome, Zellen, Viren, Bakterien und mehr? Wo bleibt da die Leere? Wir erkennen nur eine ungeheure Fülle! In Analogie kann gesagt werden, dass ebenso auch Planeten, Sonnen und Universen Wesenheiten sind, diese zugleich aber auch die Atome, Moleküle oder Zellen für ein unvorstellbar großes Lebewesen bilden, dessen Konstitution und Körper sie aufbauen.

Diese Fülle dürfte der Hauptgrund für die Rotverschiebung unseres normalen Lichtes in den ungeheuren Räumen des Raumes sein. Es ist der Widerstand gegen Partikel, der das Licht in seiner Frequenz herabsetzt. Die Verlangsamung ist auch auf unserer Erde oder irdischen Sphäre zu beobachten, denn das so bekannte Morgen- und Abendrot beruht auf einer ähnlichen Tatsache. Die Frage, wo bei Morgen- oder Abendrot eine Explosion stattfindet (also ein Urknall), würde wahrscheinlich bei Wissenschaftlern ein mitleidiges Lächeln hervorrufen.

Von Purucker, Naturwissenschaftler, Philosoph und bedeutender Sanskritgelehrter, erläutert zu diesem Komplex in *Mit der Wissenschaft hinter die Schleier der Natur** wesentliche Komponenten:

„Ziemlich die gleiche Verwirrung [...] scheint die Idee von dem sogenannten ‚sich ausdehnenden Universum' hervorgebracht zu haben oder was noch schlimmer ist, die Vorstellung von dem ‚sich ausdehnenden Raum'. [...] Die Verlagerung zum roten Ende des Spektrums hin mag daher auf eine Veränderung im Licht selbst zurückzuführen sein, und zwar entweder aufgrund einer Verringerung der Geschwindigkeit oder möglicherweise wegen einer bisher unbekannten Tatsache der Absorption [...]"

Bezüglich der Entstehung eines Sonnensystems sagt von Purucker in den *Grundlagen der Esoterischen Philosophie*** Folgendes (gekürzte Wiedergabe):

> Zuerst ein Nebel, dann ein Komet, dann ein Planet ist der Zustand eines Sonnensystems in seinem ersten Anfang. Der Nebel geht durch die Spiralstufe und die Ringstufe, bis er zu einer Kugel oder vielmehr zu einer nebelhaften Reihe konzentrischer Sphären wird, und nach langen Zeiträumen wird der Kern eine Sonne, und die Ringe werden die Planeten.

---

* Gottfried von Purucker: *Mit der Wissenschaft hinter die Schleier der Natur.* Hannover, 2020, S. 66 f.

** Gottfried von Purucker: *Grundlagen der Esoterischen Philosophie.* Hannover, 2003, S. 78 f.

Werden Tod und Geburt miteinander verwechselt?

In analoger Weise wird ein Universum mit seinen Zentral-Sonnen, Sonnen und Planeten geboren. Die Urknall-Theorie ist also genau das Gegenteil. Wenn ein Planet stirbt, das heißt, wenn die innewohnenden elektromagnetischen Kräfte wie bei einem Menschen oder einer leeren Batterie verbraucht sind, zerbersten die den Planeten zusammensetzenden Bestandteile beziehungsweise Lebensatome in alle Himmelsrichtungen. Dies geschieht praktisch wie beim Tod eines Menschen mehr oder weniger augenblicklich, wodurch jener sogenannte „Urknall“ erzeugt wird, der das Ende einer Sonne oder eines Planeten bedeutet, nicht aber, wie irrtümlich angenommen, die Geburt!

Welch wunderbare Dimensionen und Ausblicke erhält unser Leben angesichts dieser wenigen Beispiele! Begrenzen wir uns daher nicht mit den Blockaden einer kalten, seelenlosen materialistischen Wissenschaft. Geben wir unserem Leben das „innere Leben“! Es ist erfüllt von erhabener Schönheit, von wahrhaft menschlichen Tugenden, von dem inneren Frieden, nach dem wir uns doch alle so sehr sehnen. Dieses „innere Leben“ öffnet die Tore zu wahrem Verstehen, es führt in die Tiefen einer von Bewusstsein und Intelligenz geleiteten Unendlichkeit, in der wir die Unendlichkeit hindurch leben, evolvieren und unser Dasein haben!

Supernova – das Ende eines Sterns

Von Sternen weiß man wissenschaftlicherseits, dass sie geboren werden, ihr Leben haben und schließlich sterben. Sie beenden ihr Leben mit einer Supernova. Am Ende ihres Lebens steht eine große Explosion, in der der Stern selbst vernichtet wird. Kurzzeitig leuchtet er mit der Leuchtkraft einer ganzen Galaxie und setzt dabei ungeheure Mengen an Gas und Energie frei.

Die gigantische Supernova SN 1987A wurde 1987 entdeckt und fand in der Großen Magellanschen Wolke statt. Dieses Bild vom James-Webb-Weltraumteleskop zeigt eine zentrale Struktur wie ein Schlüsselloch. Der äquatoriale Ring, der aus Material besteht, das Zehntausende von Jahren vor der Supernovaexplosion ausgestoßen wurde, enthält helle heiße Flecken, die entstanden, als die Schockwelle der Supernova auf den Ring traf.

Ob die freiwerdende Energie nicht treffender als Lebenselektrizität bezeichnet werden kann, möchte ich hier als Frage offenlassen.

Aus den Ausführungen geht jedoch deutlich hervor, dass der sogenannte Urknall das Sterben eines Planeten oder einer „Seele" bedeutet. Zum Vergleich kann die Auflösung des physischen Körpers eines gerade verstorbenen Menschen herangezogen werden. Die innere, den Körper zusammenhaltende Vitalität (Gravitation) hat sich zurückgezogen, sodass zum Beispiel die den Körper aufbauenden und diesen zusammensetzenden Atome und Moleküle auseinanderbersten und in die ihnen entsprechenden Naturreiche zerstreut werden. Jedes einzelne Atom und Molekül ist seinerseits von einem ungeheuren Leben erfüllt. Einen Hinweis darauf gibt die Kirlian-Fotografie, indem sie die Strahlung sogenannter toter Objekte noch für eine Zeitlang sichtbar macht.

Das bisherige Modell der Urknalltheorie, wenngleich es in vielen Teilen auch bereits modifiziert wurde, wird noch sehr gründlich im Rahmen einer „Ursachenforschung" überdacht werden müssen.

Das wäre zumindest ein beachtenswerter Schritt in die Zukunft! Doch solange von Wissenschaftlerinnen und Wissenschaftlern nicht erkannt wird, dass das Universum ein gewaltiger, von „Leben" und „Bewusstsein" erfüllter Organismus ist, eine lebende Wesenheit, die sich ihrerseits aus lebenden Wesen zusammensetzt, werden sie lediglich mit leblos erscheinenden Körpern, mit leeren Schalen operieren, deren inhärentes „Leben“ ihnen aber verborgen bleibt. So bleibt sie eine tote, auf Theorien und Hypothesen aufgebaute Wissenschaft, die heute noch als „die“ Wahrheit Geltung haben, jedoch morgen schon als vergessenes Fossil der Vergangenheit angehören mögen.

Unsere mit „Leben“ erfüllte Natur aber wird weiterhin durch den Menschen leiden, ersticken im Sumpf materialistisch ausgerichteten Denkens, sofern nicht ein grundlegendes Neu-denken eingeleitet wird.

Aber noch stehen wir fassungslos der Umweltzerstörung gegenüber. Und solange die Ursachen nicht erkannt werden, geht die Ursachenforschung an den „Ursachen“ vorbei.

Geist, Bewusstsein und Intelligenz sind die Triebfedern hinter jeder Manifestation. Gleich den zwei Seiten einer Medaille gehören Geist und Materie zusammen. So hat es allein der Mensch in der Hand, das Gleichgewicht in der Natur wiederherzustellen.

»Es gibt keine Materie an sich. Alle Materie entsteht und besteht nur durch eine Kraft, welche die Atomteilchen in Schwingung bringt und sie zum winzigsten Sonnensystem des Alls zusammenhält.

Da es im ganzen Weltall aber weder eine intelligente Kraft noch eine ewige Kraft gibt, so müssen wir hinter dieser Kraft einen bewußten intelligenten Geist annehmen. Dieser Geist ist der Urgrund aller Materie.

Nicht die sichtbare, aber vergängliche Materie ist das Reale, Wahre, Wirkliche – denn die Materie bestünde ohne den Geist überhaupt nicht –, sondern der unsichtbare, unsterbliche Geist ist das Wahre!«

Max Planck

(Aus einem 1929 in Berlin gehaltenen Vortrag)

Wirklichkeit und Illusion

Heute wie zu allen Zeiten sucht der Mensch nach Wahrheit. Doch was ist „Wahrheit", und was unterscheidet sie von Illusionen, die oft fälschlicherweise für Realität gehalten werden?

In seiner „Politeia" verwendet Platon das berühmte Höhlengleichnis. Darin geht es darum, ob und wie der Mensch Wahrheit erkennen kann. Das Ziel ist der Aufstieg aus der sinnlich wahrnehmbaren Welt der vergänglichen Dinge – die mit einer unterirdischen Höhle verglichen wird – in die rein geistige Welt des Seins der unwandelbaren Ideen.

In allen religiösen und philosophischen Systemen, die durch die Jahrhunderte ihren Wert bewiesen haben, wurde auf die eine oder andere Art ein Unterschied gemacht zwischen Illusion und dem, was als Wirklichkeit betrachtet werden kann. Doch die Natur des menschlichen Denkens war die Ursache dafür, dass nur wenige imstande waren, den Sinn zu erfassen. So zum Beispiel ist das Gleichnis von Platons Höhle in einer Sprache verfasst, die nicht mehr die eindringliche Kraft für den heutigen Menschen hat, wie es der Fall war für diejenigen, an die der große Philosoph seine Botschaft unmittelbar richtete. Dieselbe Schwierigkeit besteht mit den in anderen Systemen benutzten Bildern, sodass es wünschenswert ist, die alten Gedanken in ein für unsere Zeit passenderes Gewand zu kleiden.

Materie – die große Täuschung

Im Allgemeinen kann gesagt werden, dass unsere normale Welt, so, wie sie von unseren Sinnen wahrgenommen wird, als die Welt der Erscheinungen zu betrachten ist und daher keinen Daseinsgrund an sich hat. Das bedeutet, die stoffliche Welt existiert nur als Offenbarung einer anderen Realität, die sich der sinnlichen Wahrnehmung entzieht. Die hinter den Erscheinungen stehende Ursache wird auf vielfältige Weise lediglich angedeutet. In einigen Religionen ist die Rede von göttlichen Wesenheiten, in anderen von einem alleinigen Gott. Wissenschaftliche und philosophische Systeme hingegen verlegen die Naturgesetze, Naturkräfte oder einfach die Natur in den Bereich der Ursachen.

Doch erklären diese Begriffe tatsächlich die Verursachung unserer materiell-sichtbaren Welt oder werden sie lediglich als Worthülse benutzt, deren wahre Bedeutung sich unserem Verständnis entzieht, ähnlich, wie es auch in Bezug auf den Begriff Geist im Gegensatz zu Materie der Fall ist? Wichtiger als die unterschiedlichen Begriffe ist jedoch die Erkenntnis, dass das für uns wahrnehmbare Weltall nur die Widerspiegelung einer anderen Daseins-Realität ist. Wer seine Zuflucht daher nicht zum Glauben nehmen will, um eine Erklärung für die Existenz des materiell Sichtbaren zu finden, muss andere Wege suchen, weil die Begriffe Naturgesetz oder Naturkräfte oder einfach Natur ebenso wenig eine Erklärung geben.

Der Ausweg, den die materialistisch geprägten Wissenschaften lange Zeit für richtig hielten, nämlich nur das zu akzeptieren, was wahrzunehmen ist, erwies sich als eine Sackgasse. So wurde in der Technik das Ende des 19. Jahrhunderts auch als das Ende der Helmholtzschen Ansicht bezeichnet, nach der die bloße allgemeine Darstellung von Tatsachen und ihrer Gesetze die Aufgabe der Physik sei. Heute wenden Wissenschaftler zunehmend die Methode Keplers an: „vom Sein der Dinge zu den Ursachen ihres Seins vorzudringen". Diese Aussage führte zu einer langen Reihe von Veränderungen wissenschaftlicher Auffassungen, und so kann gesagt werden, dass die unter dem Zwang der neuen Erkenntnis verlassene alte Ansicht eine

Illusion war. Ein Beispiel mag dies erläutern: Das Atom war schon immer teilbar, auch zu der Zeit, als noch die Meinung vertreten wurde, es sei ein unteilbares Partikel der Materie. Heute ist bekannt, dass Atome wiederum aus kleineren Teilchen, den Protonen und Neutronen im Atomkern sowie den Elektronen in der Atomhülle, bestehen. Das Vermögen, Atome zu teilen, erbrachte jedoch nur den Beweis der Teilbarkeit, sagt aber nichts über deren Verursachung aus.

Da die sinnliche Wahrnehmung das „Wie“ und „Warum“ der Dinge nicht zuverlässig verdeutlicht, kann davon ausgegangen werden, dass die manifestierte Welt nur das Abbild von Ideen und somit illusorisch ist. Die Wirklichkeit entzieht sich unserer sinnlichen Wahrnehmung. Auch Platon unterschied streng zwischen der vergänglichen, sinnlich erfahrbaren Welt und dem unveränderbaren, ewigen Reich der Ideen.

Es ist besser, von dem Gedanken auszugehen, dass die Triebkraft hinter dem Wahrnehmbaren nicht zu erkennen ist, als die eigene Unwissenheit hinter einem nichtssagenden Wort zu verbergen. Durch das Eingeständnis der Unwissenheit behält man die Möglichkeit, zu Wissen zu gelangen, begnügt man sich jedoch mit einer Erklärung, die faktisch nichts erklärt, wiegt man sich in Schlaf.

Objektiver Idealismus

Verschiedene philosophische Systeme gehen von einem absoluten Idealismus aus, der besagt, dass die wahrnehmbare Welt praktisch nicht existiert. Doch konsequenterweise kann die Frage aufgeworfen werden, wie es dann möglich ist, diese, unsere illusorische Welt, zu erfahren. Während das materialistische und anthropomorphe Denken von dem Standpunkt ausgeht, dass das, was nicht wahrgenommen oder gemessen werden kann, auch nicht existiert, geht der absolute Idealismus von der Auffassung aus, dass das äußere Universum absolut nicht existiert und dass jede äußere Erscheinung nur im Gemüt existiert.

Mehr im Einklang mit der Realität steht der Gedanke, der dem sogenannten objektiven Idealismus zugrunde liegt. Er besagt, dass die geoffenbarte Welt, obwohl sie eine Illusion, also eine Täuschung, ist, für das wahrnehmende Bewusstsein doch Realität ist, wenn es sich mit ihr identifiziert. Als klassisches Beispiel wird in diesem Zusammenhang gern angeführt, dass jemand im Dunkeln erschrickt, weil er eine Schlange vor seiner Tür zu sehen glaubt. Sieht er aber genauer hin, zeigt sich, dass die vermeintliche Schlange nur ein aufgerolltes Stück Tau ist. Die erste Wahrnehmung verlieh der Illusion jedoch eine so große Realität, dass der Schreck ebenso groß war, als wäre es tatsächlich eine Schlange gewesen. Gemäß dieser Auffassung ist die äußere Welt also so lange real, wie das wahrnehmende Bewusstsein das Illusorische nicht durchschaut hat, und so lange kann man auch durch die ihrem Wesen nach illusorischen Dinge beunruhigt werden.

Wirklichkeit kann erkannt werden

Der materiellen Welt wird Realität zuerkannt, weil sich der Mensch völlig auf seine sinnliche Wahrnehmung verlässt, sie aber nicht kritisch genug hinterfragt. Er ist nicht imstande, das in ihm schlummernde Vermögen zur Wahrnehmung und Unterscheidung zu erkennen und nutzbar zu machen.

Wir besitzen jedoch die Möglichkeit, Wirklichkeit zu erkennen, wenn der deutliche Unterschied der beiden Aspekte erkannt wird: von dem „niederen Selbst" und dem „höheren Selbst", von unserer „Persönlichkeit" und unserer „Individualität". Das Wort Persönlichkeit ist abgeleitet von dem lateinischen Wort „persona" mit der Bedeutung „Maske", das Wort Individualität von „Individuum" oder Einheit.

Aus theosophischer Sicht ist die Individualität das „höhere Selbst", der unsterbliche Teil unserer menschlichen Konstitution. Dieses höhere Selbst bedient sich für die Manifestation in der stofflichen

Welt – infolge der Reinkarnation oder Wiedergeburt – der Persönlichkeit, der Maske des niederen Selbstes. Das Höhere Selbst ist in seinem Kern essenziell mit dem Herzen des Universums verbunden. Hierdurch haben wir die Möglichkeit, sofern wir unsere illusorischen Fesseln abstreifen, die Wirklichkeit erkennen zu lernen. Die Ausrichtung unseres Bewusstseins auf das höhere Selbst ist der Weg, der durch Erkenntnis zu Wahrheit führt. Die Persönlichkeit, unsere niedere Natur, muss von ihrer oft herrschenden Position verdrängt werden, denn sie ist die Ursache für die vielfältigen persönlichen Disharmonien, deren Kräfte nicht ohne Auswirkung auf Mensch und Natur bleiben. Doch solange diese Erkenntnis nicht erlangt ist, besteht keine Aussicht für den so notwendigen Frieden. Macht, Besitzgier und Streit werden durch die Betonung der Persönlichkeit und aus Unkenntnis weiterhin unser Leben bestimmen.

Die äußere Erscheinungswelt ist mit einer Leinwand zu vergleichen, auf der der Film des Lebens abläuft. Die Persönlichkeit ist die Linse, über die der Filmstreifen läuft, das Bewusstsein ist der Zuschauer, und hinter unserem Bewusstsein steht die universale Lichtquelle, durch die die Bilder auf der Leinwand zum Leben erweckt werden und durch die ihr schattenhaftes Dasein zum Vorschein kommt. Diese universale Lichtquelle ist der gemeinsame „eine universale Ursprung", in dem alle Wesenheiten essenziell vereint sind.

Die Erkenntnis dieser inneren Lichtquelle zeigt, wie Wirklichkeit von Illusion unterschieden werden kann, denn Wahrheit selbst ist die Quelle aller Erkenntnis.

»Solange die Ursachen nicht erkannt
werden, geht die Ursachenforschung
an den „Ursachen" vorbei.

Geist, Bewusstsein und Intelligenz sind
die Triebfedern hinter jeder Manifestation.
Gleich den zwei Seiten einer Medaille gehören Geist und Materie zusammen. So hat es
allein der Mensch in der Hand, das Gleichgewicht in der Natur wiederherzustellen.«

Hermann Knoblauch

Der Prüfstein für Wahrheit: Universalität

Wissenschaft, Religion und Philosophie *an sich* sind die drei großen Denkmöglichkeiten des Menschen. Sie legen Wahrheit dar, wenn sie nicht durch mentale oder emotionale Hindernisse gehemmt werden. Denn Wahrheit, so wie sie heute größtenteils verstanden wird, ist nur eine in systematische Form gebrachte Formulierung der Funktionen der Natur. Doch „Natur" bedeutet nicht nur die physische Natur, die unser Auge wahrnehmen kann und über die uns unsere anderen Sinne weitere Vorstellungen vermitteln. Vielmehr bedeutet Natur die ungeheuren Reiche auch der inneren Welten, aus denen wir ursprünglich hervorgegangen sind. Die Frage ist daher: Wie und wo kann Wahrheit gefunden werden, die das kausale Beziehungsgeflecht, die äußeren und inneren Wirkungsweisen der Natur, mit einbezieht?

Tatsächlich wird auch heute noch an der materialistischen Vorstellung festgehalten, dass die edelsten Tätigkeiten des menschlichen Geistes lediglich Produkte zufälliger, sinn- und regelloser Bewegungen zwischen den Atomen des physischen Gehirns sind, dass Gewissen, ethischer Sinn und Bewusstsein die Ergebnisse molekularer Veränderungen in der Gehirnrinde seien. Diese durch nichts bewiesene Theorie wurde nun durch die DNA (Desoxyribonukleinsäure) ergänzt, mittels derer die Vererbung von Eigenschaften und

Merkmalen stattfinden soll. Nur, das größte Problem, wie Bewusstsein, Geist und Intelligenz entstehen, konnte auch mit der DNA nicht gelöst werden.

Die bloße Tatsache, dass in unserer Zeit der Veränderung und Entwicklung die wissenschaftliche Forschung ihre spekulativen Denkgrundlagen großenteils fast von Jahr zu Jahr ändert, bedeutet, dass sie stetig radikale Meinungsänderungen erfährt, dass das wissenschaftliche Denken ständig im Fluss und das Ende davon nicht absehbar ist. Doch wie können wir hinter diesen Meinungen, Ansichten, Theorien und Spekulationen Gesetzmäßigkeiten der Natur erkennen, die logisch, konsequent, für Herz und Verstand gleichermaßen annehmbar und mit dem Universalschlüssel der Analogie nachvollziehbar sind?

Es fehlen ethische Grundlagen

Weiter stellt sich die Frage: Wozu brauchen wir eine Alternative zu unseren heutigen Denkgewohnheiten? Und brauchen wir sie überhaupt? Offensichtlich ja! Denn wie sieht es in unserer Welt und damit in den Gemütern von Abermillionen Menschen aus? Weltweit wird durch die modernen Kommunikationsmittel Mord, Terror, Gewalt, Schrecken und Kriegsangst verbreitet. Was aus kommerziellen Gründen wohlweislich unberücksichtigt bleibt, ist, dass gewaltbereite Menschen geradezu zur Nachahmung aufgefordert werden. Das Resultat ist offensichtlich, die Politik machtlos! Ethik und Moral, das eigentlich Menschliche, Humane, finden kaum noch Zugang in die Vorstellungswelt der Allgemeinheit; wie auch, wenn eine Horrormeldung der anderen folgt? Unsere Welt krankt offensichtlich an Inhaltslosigkeit, ihr fehlen wahre Wertvorstellungen, die ethischen Grundlagen, nach denen sich im Innersten doch jeder so sehr sehnt.

Wo aber sind ethische Grundlagen zu finden? Bieten die Wissenschaften eine Alternative? Wohl kaum, denn bisher gelang es ihnen nur wenig, über die Grenzen des empirisch Feststellbaren hinaus zu den immateriellen, feinstofflichen Sphären oder Schwingungsfrequenzen zu gelangen, denn Bewusstsein, Geist und Intelligenz sind weder mit den bisher bekannten Methoden messbar noch mit der DNA erklärbar, wodurch eine fast unüberwindbare Schranke für das Verstehen immaterieller Prinzipien seitens der Wissenschaften besteht. Selbst die Quantentheorie, die das physikalische Weltbild teilweise revolutionierte, hat keine Antworten zu Bewusstsein, Geist und Intelligenz.

Und die Kirchen? Geben sie genügend Halt, um den inneren Zerfall aufzuhalten? Wie weit stimmen sie noch mit ihrem Ursprung, ihrer „Religion" *an sich* überein, deren Kern wahre Offenbarungen enthält, wenn er von Mystifikation und Dogmatismus befreit wird?

Bleibt noch die Philosophie zu erwähnen. Kann sie eine Alternative zu dem materialistisch geprägten Denken unserer Zeit geben? Vermittelt sie in ihrer heutigen Form noch „Liebe zur Weisheit"? Bildet sie „die Wissenschaft von den Wissenschaften und ihren Grundlagen", allgemeiner gesagt von den Ursachen des Seins, dessen Manifestation und schließlich reflektiver Erkenntnis? Erklärt sie die Kausalität von Bewusstsein, Geist und intellektuellem Denken? Sind „ihre Werkzeuge" noch „Vernunft und Erfahrung"? Offensichtlich wohl kaum, denn die moderne Philosophie basiert nicht mehr auf der Erkenntnis der Grundstrukturen der Natur, des Noumenalen; sie ist zu einem System wortreicher Gedankenkombinationen geworden, das wenig erklärt und daher nur noch wenig Anwendung im täglichen Leben finden kann.

Gehen wir jedoch auf die *alte* Philosophie zurück, so gelangen wir zu einem Wissensgut, das von Zeitalter zu Zeitalter überliefert wurde, der „Weisheit der Zeitalter" – sie kann als das unvergängliche Erbe der Menschheit angesehen werden. Diese „Weisheit der Zeitalter" findet ihren Niederschlag in einem alles umfassenden Lehrgebäude, das von den größten Gemütern, Weisen, Gelehrten und Genien aller Zeiten zusammengetragen und auf seinen wahren Gehalt sowie auf seine Richtigkeit hin geprüft wurde – geprüft von Menschen, die der normalen Evolution des Menschen vorausgegangen sind. Ihre geistigen Fähigkeiten und ihr Wissen sind wesentlich weiter entwickelt, als dies dem heutigen Menschen bisher gelungen ist. Durch ihr hoch evolviertes Bewusstsein sind diese Menschen nicht nur imstande, die stofflich-materielle Erscheinungswelt und deren Gesetzmäßigkeiten zu ergründen, vielmehr sind sie in der Lage, die *Verursachung,* die hinter allem Sein wirkenden Kräfte, zu erfahren und zu erkennen. Diese *ursächlichen* Naturgesetze wurden zu allen Zeiten menschlicher Existenz zu einem Lehrgebäude formuliert und in entsprechender Weise vermittelt. Eine Einschränkung muss hier jedoch gemacht werden: Niemals und zu keiner Zeit wurden die inneren Lehren offen dargelegt. Alle großen Weltreligionen verschleierten den inneren Kern in symbolhafter Weise, dem Verständnis und der Sprache des jeweiligen Volkes sowie der entsprechenden Zeit angepasst. Die Mysterienschulen Ägyptens, Griechenlands und Roms sind unserer Wissenschaft bekannt, nur, was tatsächlich in ihnen gelehrt wurde, ist ihnen nicht bekannt. Aus diesem Grunde entzieht

Die Celsus-Bibliothek in Ephesos. Auch einzelne Städte wurden gelegentlich Brennpunkte oder Zentren zur Aufnahme und Bekanntgabe von Wissen aus den Mysterienschulen. Ephesos, eine antike Stadt an der türkischen Ägäisküste, war eines dieser örtlichen Zentren, in denen einst die tieferen Lehren ausgegeben wurden.

sich ihrer Kenntnis, dass eine „Weisheit der Zeitalter", eine „Theosophia", göttliche Weisheit, tatsächlich existiert. Denn diese Weisheit bleibt immer dieselbe. Sie birgt das Letzte, was menschlicher Erkenntnis zugänglich ist, und daher wurde sie stets sorgfältig gehütet.

Warum aber wurde das tiefere Wissen stets geheim gehalten? Es gibt Schlüssel zum Verstehen der inneren und der äußeren Naturgesetze, und es liegt nun einmal im Wesen des Menschen, das Positive auch zum Negativen zu verwenden.

So lautet die Frage: Kann die „Theosophia" – diese göttliche Weisheit, die Weisheit der Götter – eine Alternative sein, die aus dem eingleisig festgefahrenen Denken moderner Wissenschaft führt? Diese Frage mag jeder für sich selbst beantworten. Fakt ist jedoch, dass die Natur als ein einheitliches Ganzes, irdisch wie kosmisch, unabänderlichen Naturgesetzmäßigkeiten folgt. Ihre Lebensäußerungen unterliegen einheitlichen Wirkungsweisen, die auch der Mensch nicht verändern kann, denn sie sind zeitlos, unveränderbar. Sie in die getrennten Schubläden Wissenschaft, Philosophie und Religion einordnen zu wollen, widerspräche jeglicher Vernunft. Daher kann ursprüngliche „Theosophia" als Synthese von Wissenschaft, Religion und Philosophie, als Einheit betrachtet, ein Wegweiser in eine erhabenere Zukunft sein. Die von ihr ausgehenden Impulse werden alle Dogmen, kurzlebigen Theorien und Hypothesen überdauern, denn es gibt nur einen Prüfstein für Wahrheit:

Universalität.

Weisheit der Zeitalter

Die großen Weisen und ihre Lehren

Teil 1: Woher hatten sie ihr Wissen?

Weil zeitlos und immer aktuell, leben sie auch heute noch: die Lehren jener großen Denker und Weisen aller Zeitalter, die der normalen evolutionären Entwicklung der Menschheit weit voraus sind. Mehr denn je erlebt dieses Wissen eine Renaissance. Die Rückbesinnung auf innere Werte verabschiedet, wenn auch noch zaghaft, den seelenzerstörenden Materialismus unserer Zeit. Wollen wir die tatsächliche Realität der sichtbaren wie der unsichtbaren Welten erkennen und frei sein von Manipulationen der vielfältigsten Arten, so gibt es nur einen Weg, der aus ihrer Umklammerung befreien kann: den Weg, der zu der Erkenntnis führt, dass hinter allen Manifestationen Kräfte, Intelligenzen und Gesetzmäßigkeiten am Wirken sind, die die naturbedingte Harmonie bewahren und unser Leben lenken und leiten.

Heute wie zu allen Zeiten suchen die Menschen nach Wahrheit. Doch was ist „Wahrheit", und wer beurteilt sie? Woher wollen wir wissen, was Wahrheit von Illusionen, Hypothesen, Theorien, Irrtum, Aberglauben oder bloßem Dogmatismus unterscheidet?

Wir sind der Überzeugung, dass wir die höchste Erkenntnisstufe der bisherigen Menschheit erreicht haben und alle Menschen, die vor uns lebten, nicht die Intelligenz hatten, die wir heute zu haben glauben. Gemäß der darwinistischen Evolutionstheorie (ich sage: Theorie, denn eine bewiesene Lehre ist sie ja nicht) kann es ja auch gar nicht anders sein, denn ihr zufolge stammen Menschen und Menschenaffen von einem gemeinsamen Vorfahren ab. Sie passten sich durch natürliche Auslese der Umwelt an, und so entstanden ganz von selbst Affenarten und Menschen.

Um es gleich vorweg zu sagen: Diese als wissenschaftlich bezeichnete Theorie ist in der bisher gelehrten Form einer der folgenschwersten Irrtümer unserer Wissenschaft. Wie weit enthält sie Wahrheit, und wo liegt ihr grundlegender Irrtum? Man könnte, ja man muss sich fragen, wie viele menschliche Gemüter zerstört und wie viele menschliche Seelen hoffnungslos in ihrem Dasein erniedrigt wurden durch diese folgenschwere materialistische Lehre, die seit über einem Jahrhundert propagiert wird. Ihr zufolge ist der Mensch nichts weiter als eine eher zufällige Ansammlung lebloser Materie, die Kraft emaniert.

Der Gedanke, dass es in und über dem Menschen nichts gibt, das auf das Engste mit ihm verbunden ist, etwas, das feiner, edler, spiritueller oder geistiger ist als sogenannte tote Materie, aus der auf völlig unverständliche Weise blind wirkende Kräfte entstehen, ist eine Vorstellung, die in Bezug auf den Menschen einfach als entwürdigend und verderblich bezeichnet werden muss.

Wenn man die Menschen lehrt, dass sie nichts weiter sind als das zufällige Ergebnis ziellos und blind agierender Kräfte und toten Stoffes, so werden sie unausbleiblich auch entsprechend denken und handeln. Daher braucht sich wirklich niemand über die Ergebnisse unserer modernen Erziehung zu wundern, denn was der Mensch säet, das wird er auch ernten.

Seelenloser Dogmatismus

Die moderne Wissenschaft hat Schranken materialistischen Denkens errichtet, die die Intuition verkümmern lassen und die Denkfähigkeit lähmen. Sie hat unserer Zeit ein Erbe seelenloser Dogmen, Hypothesen und unbewiesener Theorien hinterlassen, die auch heute noch, teils dogmatisch, als Wahrheit verkündet werden. Auch wenn ernsthafte Wissenschaftler unermüdlich auf der Suche nach Antworten auf die alles entscheidenden Fragen sind: Woher kamen wir? Was sind wir? Wohin gehen wir?, so muss doch auch festgestellt werden, dass sie in der Regel noch immer dem materialistischen Weltbild Darwins verhaftet sind, das lediglich eine Transformation, eine Umwandlung der Formen beschreibt. Sie versuchen die mannigfaltigen Lebensvorgänge auf physikalischer Basis zu erklären. In diesem Bestreben werden die tatsächlichen *Ursachen* für unsere manifestierte Welt, die in anderen Sphären, Welten oder Frequenzen zu suchen sind und die mit den derzeitigen wissenschaftlichen Methoden nicht erforschbar sind, fast völlig ignoriert. Beim Studium der Phänomene werden die Noumena übersehen, wie die alten Griechen sagen würden.

Alle Formeln und Urformeln, alle Erkenntnisse in der Physik und der Chemie im weitesten Sinne, in der Biologie, der Mikroelektronik sowie der Raumfahrt, die wunderbaren Erkenntnisse der Atomwissenschaft sowie die der Astronomie – hier denke ich an Quasare und Pulsare –, all diese fast wunderbar zu nennenden Entdeckungen und Erkenntnisse werden die Fragen „Woher kamen wir?“, „Wohin gehen wir?“, „Wie entstehen Welten?“, „Gibt es den ‚Urknall‘?“, „Gibt es tote Materie?“, „Was sind wir?“ dennoch nicht beantworten können. Woran liegt das?

Ich deutete es schon an. Die verursachenden Kräfte und Intelligenzen, die hinter aller Manifestation wirksam sind, werden nicht entsprechend berücksichtigt. So bleibt die Frage offen: Wie können wir zu besseren Erkenntnissen über die *Ursachen* der uns umgebenden Welt kommen?

Das Wissen der Alten wird ignoriert

Eines der großen Rätsel ist und bleibt, warum bis auf wenige Ausnahmen in der Forschung die Erkenntnisse unserer Ahnen und Urahnen ignoriert werden. Analog hieße dies, Eltern und Erziehungsberechtigte ließen ihre Kinder in einer Schulklasse in der Erwartung allein, ihnen würde nun das kleine oder große Einmaleins von selbst zufallen. Doch lernt der Mensch nicht tatsächlich von seinen Vorfahren, Eltern und Großeltern? Das ist so selbstverständlich, dass wir gar nicht darauf kommen, es auf andere Gebiete zu übertragen.

Nirgendwo in der Natur erfolgt das Wachstum von selbst, alles baut auf den Erfahrungen vorheriger Arten oder Lebewesen auf. Desgleichen haben Milliarden vor uns lebender Menschen ihre Erfahrungen gesammelt. Diese Erfahrungen erhielten sie von den großen Denkern ihrer Zeit, die ihr tiefgehendes Wissen in Symbolen, Hieroglyphen und Schriften niedergelegt haben. Es gilt nun, die verborgenen Kenntnisse wieder aufzuspüren, sie zu entziffern und das in ihnen enthaltene Wissen über die ursächlichen Zusammenhänge in der Natur erneut aufzudecken.

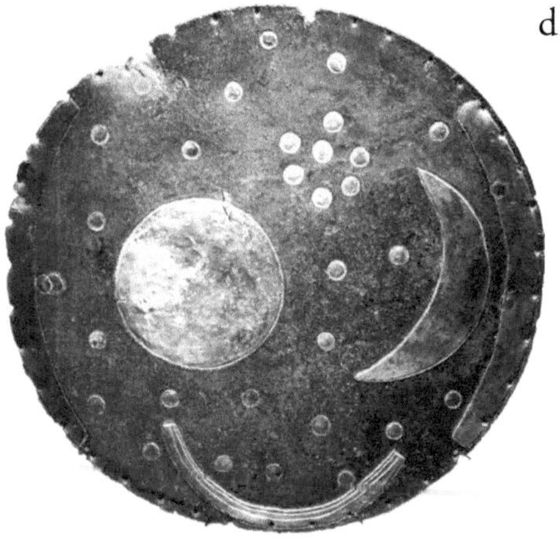

Die Himmelsscheibe von Nebra ist einer der bedeutendsten archäologischen Funde des vergangenen Jahrhunderts. Ihr Alter wird auf 3700 bis 4100 Jahre geschätzt. Sie zeigt die weltweit älteste konkrete Darstellung astronomischer Phänomene, die wir kennen.

Es mögen nun die Fragen gestellt werden: Wo sind diese Aufzeichnungen? Wo oder wie können wir die uns überlieferten Erfahrungen studieren? Sehr berechtigte Fragen, denn viele, zu viele Menschen und Vereinigungen, Priester und Gurus behaupten, *die* Wahrheit zu besitzen. Sie stützen sich auf Religionsstifter, auf alte Schriften und Überlieferungen oder auch auf Eingebungen sogenannter Erleuchteter, scheinbar

Inspirierter, oder gar auf vermeintliche Wesen aus dem Jenseits. Hier heißt es, kritisch zu prüfen und die Wölfe im Schafspelz von den Schafen zu unterscheiden.

Die Unterscheidungskraft schulen

Es gibt zwei äußere, sehr wichtige Kennzeichen der Unterscheidung:

Erstens: Wenn Lehren als Dogmen angeboten werden und der Studierende sie *glauben muss,* ohne sie einer Nachprüfung unterziehen zu können, wenn Glaube zum Dogma erhoben wird, so ist die Lehre mit äußerster Vorsicht zu betrachten. Befriedigt sie trotz tiefen Nachdenkens nicht restlos, sollte weitergesucht werden. Denn wer kann Wahrheit beurteilen? Sollen wir uns auf das Urteil Anderer verlassen? Oder ist eine echte Befriedigung des inneren Menschen nur durch die eigene kritische, aber vorurteilslose Nachprüfung möglich? Diese letztere Methode hat sich als einzige bewährt, weil der Mensch selbst das Ergebnis dieser Erfahrungen der Jahrtausende oder Jahrmillionen ist. Denn alles, was das Weltall enthält, hat auch der Mensch in sich, er kann es durch Schulung zur Prüfung von Wahrheit heranziehen.

Zweitens: Wenn Lehren, auf welche Art auch immer, für materiellen Lohn angeboten werden, so ist doppelte Vorsicht geboten. Warum? Ist nicht jede Arbeit ihren Lohn wert? Das ist richtig, aber, und das ist sehr wichtig: *spirituelle* Lehren können nicht für *materiellen* Lohn angeboten werden. Dies ist Naturgesetz, doch ist es leider, leider zu wenig bekannt! Tatsächlich ist im Gegenteil die Ansicht weit verbreitet: „Was nichts kostet, kann auch nichts taugen."

Doch wo oder wie können wir nun zu den Erfahrungen der Denker vergangener Zeiten gelangen, die im Gegensatz zur modernen Weltanschauung Kenntnis von den *inneren* und *äußeren* Naturgesetzen hatten?

Erkenntnis durch platonisches Denken

Der bekannte Atomphysiker Werner Heisenberg (1901–1976) schreibt in seinem Buch *Der Teil und das Ganze,* er habe als sehr junger Mann Platons Schriften in die Hand bekommen und sei von dessen Ausführungen, besonders hinsichtlich der Atome, gefesselt worden. Auf Seite 27 zitiert er die Aussage eines Freundes: „Wenn es wahr ist, dass alle materiellen Dinge aus Atomen bestehen, so sind diese Atome eben auch genauso wirklich und real wie die materiellen Dinge."* Heisenberg führt dann weiter aus, dass er aufgrund dieser platonischen Gedanken, des platonischen Denkens, zu wesentlichen Erkenntnissen gekommen ist.

Im Folgenden möchte ich nun einige Hinweise zu den Aufzeichnungen großer Denker und Weisen geben, die zeitalterlang für die Nachwelt aufbewahrt wurden. Die größte uns bekannte Bibliothek der Welt umfasste etwa 700 000 bis 800 000 Buchrollen. Sie befand sich in Alexandria in Ägypten bis zum Jahre 47 v. Chr., als sie endgültig, wie (fälschlich?) behauptet wird, durch Brandstiftung bei der Belagerung durch Cäsar vernichtet wurde. Wichtige, unschätzbare Erfahrungsaufzeichnungen wurden verbrannt, ein Teil der vielen jahrtausendealten Dokumente konnte jedoch gerettet werden. Aufzeichnungen dieser Art sind praktisch bei allen Völkern in Sagen und Mythen und nicht zuletzt in verborgen gehaltenen Heiligtümern zu finden, die der Öffentlichkeit fast unbekannt sind. Doch was ist bekannt? Einerseits wenig, weil das meiste bis zum heutigen Tag geheim gehalten wird, aber andererseits ist sehr, sehr viel bekannt. Wie heißt es doch: „Suchet, so werdet ihr finden; klopfet an, so wird euch aufgetan." Ich möchte hinzufügen: „Aber es muss in der richtigen Weise angeklopft werden." Eine andere Regel lautet: „Gib auf dein Leben, wenn du es finden willst."

* Werner Heisenberg: *Der Teil und das Ganze. Gespräche im Umkreis der Atomphysik.* München 1969.

Altes Wissen

In Sagen, Mythen und den verschiedenen Religionen können Bruchstücke entdeckt werden. Auch im modernen Christentum und im Buddhismus sind Kerne dieser Aufzeichnungen enthalten, doch nur Wenigen ist es möglich, sie unter den täuschenden Überwucherungen mannigfacher Halbwahrheiten zu erkennen. Es sind aber noch Hinweise zu finden über die Entstehung von Universen, Welten, Sonnen, Planeten, Menschen, Tieren, Pflanzen, Wesenheiten aller nur denkbaren Formen, Größen oder Arten. Sie lassen erkennen, dass alle diese zyklisch bedingt leben und sterben.

In diesem Zusammenhang sind besonders die deutschen Denker von Meister Eckehart über Jakob Böhme, Paracelsus, Leibniz bis Schelling und Goethe zu erwähnen. Doch woher bekamen *sie* ihre Inspiration, ihre Anregungen? Unzweifelhaft von den Denkern der Zeitalter, von dem Wenigen, das öffentlich von ihnen bekannt wurde, das jedoch sehr viel ist, wenn es entschlüsselt wird.

Unser abendländisches Denken geht insbesondere aus der so sehr missverstandenen Kultur Hellas', also des alten Griechenlands, hervor. Daher erwähnte ich bereits die Inspiration Heisenbergs durch Platon als Beispiel. Der olympische Götterstaat mit Zeus an der Spitze der Gottheiten ist aus der griechischen Mythologie allgemein bekannt. Jene alten Denker lehrten nicht einen *einzigen* erhabenen außerkosmischen Gott als „Schöpfer des Himmels und der Erde“, sondern Zeus als Hierarchen, als den älteren Bruder einer die Welt erfüllenden Götterschar. Es gibt keinen Endpunkt, weder im Olymp noch im Hades, alles fließt, nur Übergänge sind erkennbar. Unsterblichkeit wird von Sterblichkeit unterschieden.

Relief, das Zeus darstellt

Hierzu einige Beispiele: In der Phäakenepisode in Homers *Odyssee** wird mit einem Lied die Liebe des Ares und der Aphrodite beschrieben. In einem tieferen Sinn wird hier auf die planetarischen Kräfte zwischen Venus und Mars hingewiesen, zwischen denen sich die Menschheit befindet.

Ein anderes Beispiel ist der an den Felsen geschmiedete Prometheus. Prometheus ist der wirkliche, evolvierende Mensch, der zeitweilig, das bedeutet Leben für Leben, an den Felsen der Materie gekettet ist, um durch Leid und Erfahrung zu lernen, zu evolvieren.

Bei der Betrachtung der Menschen Hellas' ist ersichtlich, dass ihnen die großen Denker ihres eigenen Volkes ebenso unverständlich geblieben sind, wie dies offenbar überall in der Welt bis auf den heutigen Tag der Fall ist. In rauschenden Festen und in Ekstase wähnten sie den Göttern näherzukommen, doch die Unterscheidung zwischen den Göttern der Sterblichkeit (Dämonen) und der Unsterblichkeit (spirituelle Götter) wurde größtenteils den Priestern überlassen. Auf diese Weise haben wir Abendländer das Erbe Hellas' zu „Olympiaden des Körpers" degradiert.

In dem Epos *Werke und Tage* (Vers 287–292) des *Hesiod* (um 700 v. Chr.) ist Folgendes zu lesen:

„Laster kannst du dir ohne Bemühen in Menge erwerben.
Kurz ist der Weg dahin, und nahe dir wohnen sie immer.
Doch vor die Tugend setzten den Schweiß die unsterblichen Götter;
Weit und steil ist der Pfad, der zu *ihr* führet den Wanderer,
Und gar rauh im Beginn. Doch hat er die Höhe gewonnen,
Geht es sich leicht darauf hin, war auch beschwerlich der Aufstieg."

Dies wurde vor zweieinhalb- bis dreitausend Jahren geschrieben, doch die tiefe darin enthaltene Aussage ist bis heute uneingeschränkt gültig.

---

* Homer: *Odyssee*. 8. Gesang, Vers 267 ff.

Da die Denkweise Hellas' bis auf den heutigen Tag vom Abendland niemals recht verstanden wurde, folgen nun einige inhaltstiefe Zitate dieser unsterblichen Denker.

Anaximander (611–547 v. Chr.) schrieb:

„Der Ursprung der Dinge ist das Grenzenlose. Woraus sie entstehen, darein vergehen sie auch mit Notwendigkeit, denn sie leisten einander *Buße und Vergeltung für ihr Unrecht nach der Ordnung der Zeit.*"

Derselbe Satz kann auch wie folgt übersetzt werden: „Der Ursprung der Dinge ist das Grenzenlose. Woraus sie entstehen, darein vergehen sie auch mit Notwendigkeit, denn sie leisten einander *Ursache und Wirkung, ihr immerwährendes Karma der Zeitalter.*"

Das ist ursprüngliche, unverfälschte Weisheit der Zeitalter: Reinkarnation oder das Wiedererscheinen des Kernes, der Monade, des Funken des Grenzenlosen. Dieser Funke gelangt zur Offenbarung oder Manifestation durch die gegenseitige Beeinflussung von Ursache und Wirkung, wodurch das Karma von Wesenheiten und damit von allen Welten des Seins erzeugt wird.

Von *Anaximenes* (588–524 v. Chr.), einem Schüler des Anaximander, wurde folgender Ausspruch überliefert:

„Wie unsere Seele, die aus Luft besteht, uns zusammenhält, so umschließt auch Lufthauch das ganze Weltall."

In unsere Zeit und Sprache übersetzt:

„Wie unser Astral (ein Teil der niederen Seele), aus Feinerem bestehend, uns zusammenhält, so umschließt er das gesamte Weltall. Er erscheint unseren Sinnen als etwas Unkörperliches, und weil wir durch Emanation aus dem Weltall hervorgehen, muss der Astral grenzenlos und überall sein, denn er geht niemals aus." So weit das Zitat.

Vor noch gar nicht langer Zeit wurden einige der unsere Erde umgebenden unsichtbaren Gürtel, Ringe oder Sphären entdeckt, ähnlich den Ringen des Saturn. Der Van-Allen-Gürtel schützt die Erde vor gefährlichen kosmischen Teilchen und Strahlen. Jenes uralte Wissen ist damit in einem sehr geringen Maße wissenschaftlich wiederentdeckt worden. Darüber hinaus ermöglicht es die Kirlian-Fotografie, vitale Lebensströme sichtbar zu machen.

Alkmaion, griechischer Arzt und Naturphilosoph, der auch etwa um 500 v. Chr. lebte und vermutlich ein Schüler von Pythagoras war, hinterließ folgende wichtige Hinweise für unsere Gesundheit:

„Der Mensch hat vor den übrigen Lebewesen den Vorzug, dass allein er denkt; die anderen können wohl wahrnehmen, aber nicht denken. Die Gleichstellung der Kräfte [Frequenzen], des Feuchten und Trockenen [des Spirituellen und Materiellen], des Kalten und Warmen, des Bitteren und Süßen und anderem mehr, erhält die Gesundheit; aber die Alleinherrschaft einer von ihnen bewirkt Krankheit, denn die Alleinherrschaft je eines der Gegensätze ist schädlich. Krankheiten sind die Folge eines Überschusses von Hitze oder Kälte [Disharmonie in der menschlichen Konstitution]. Sie haben ihren Auslöser in zu reichlicher oder zu kärglicher Nahrungsaufnahme und ihren Sitz im Blut, Mark oder Gehirn, doch erkranken Organe auch aus anderen Ursachen, zum Beispiel aufgrund der Beschaffenheit des Wassers oder des Landes, infolge von Anstrengung oder Not und aus ähnlichen Anlässen. Die Gesundheit besteht in der gleichmäßigen Mischung der Qualitäten."

Diese Sätze kommen auch bei *Paracelsus* vor, denn unzweifelhaft schöpfte Paracelsus aus den zeitalteralten Quellen, und die heutigen Mediziner, insbesondere aber Heilpraktiker, klopfen wieder bei Paracelsus an. Doch verweilen wir noch einen Augenblick bei den Denkern Hellas'.

Heraklit, etwa 500 v. Chr., lehrte das ewige Werden und Vergehen aller Dinge:

„Auge und Ohr sind für die Menschen schlechte Zeugen, wenn sie kein feines Seelenleben haben."

„So vieler Menschen Theorien ich schon vernahm, niemand dringt zu der Erkenntnis durch, dass die Weisheit von allem getrennt ist."

„Eines ist Weisheit: Den Geist zu verstehen, der alles durchdringt und alles regiert."

„Der Steuermann des Weltalls ist der Blitz" (Elektrizität).

„Leben und Tod, Wachen und Schlafen, Jugend und Alter sind ein und dasselbe; denn Dieses verwandelt sich in Jenes, und Jenes wiederum in Dieses."

„Alles geschieht nach Schicksalsnotwendigkeit" (Karma).

So weit also Heraklit.

Über die Weisen Griechenlands ist mehr als über die Weisen irgendeines anderen Landes öffentlich bekannt geworden. Woher aber haben *diese* großen Denker ihre Anregungen bekommen, wer waren ihre Lehrer? Wunderkinder oder sogenannte Genies, die einfach alles zu wissen scheinen, ohne es in diesem Leben gelernt zu haben, sind äußerst selten. Hiermit sind jene Menschen gemeint, die aus vergangenen Leben infolge von Reinkarnation und Karma mit einem außerordentlichen Wissen oder mit hervorragenden Fähigkeiten geboren werden, wie zum Beispiel Mozart. Wer also waren *ihre* Lehrer?

Gedanken werden zur Offenbarung gebracht

Ein gravierender und grundlegender Irrtum besteht in der Annahme, heutige Universitäten lehren „der Weisheit letzten Schluss". Goethe sagte ganz bescheiden in seinem *Faust:* „Das ist der Weisheit letzter Schluss, dass täglich neu man sie erobern muss." Das bedeutet, dass es ebenfalls ein großer Irrtum ist, *neue* Gedanken denken zu können. Sie müssen „erobert" werden, denn Gedanken können nur aus der Welt der Ideation mittels Imagination und Konzentration oder durch *Nachdenken* aus der Gedanken-Sphäre zur Offenbarung beziehungsweise zur Manifestation gebracht werden. Gedanken können also lediglich aus der Gedankensphäre geschöpft und geformt werden, wir können ihnen einen Impuls geben, sie aber nicht erzeugen.

In dem neuen Weltbild der modernen Wissenschaft findet diese uralte Weisheit heute mehr und mehr Eingang. So sagte zum Beispiel der bekannte Biochemiker *Rupert Sheldrake* (∗1942) Folgendes:

„Die gesamte Vergangenheit ist in der Gegenwart enthalten. Jede

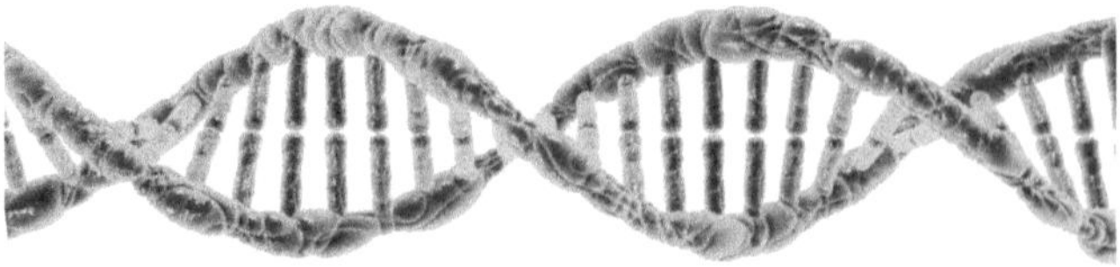

Die DNS bildet eine Doppelhelix aus zwei antiparallelen Strängen

einmal dagewesene Form hinterlässt ihren Eindruck auf dem entsprechenden Feld. Die DNS (Desoxyribonukleinsäure) ist für das morphogenetische Feld notwendig, doch schafft sie nicht selbst die Form."

Das ist uralte Weisheit in einem neuen Gewand! Dieses bisher wissenschaftlich unerforschte Feld war den großen Weisen seit jeher als Astralkörper, Astrallicht oder Âkâśa bekannt. Es handelt sich hierbei um real existierende Sphären oder Welten einer anderen Schwingungsfrequenz, die sich wie eine Schutzhülle zum Beispiel um Planeten legen. Dass die unsere Erde umgebende Schutzhülle inzwischen erheblich geschädigt ist (Ozonloch), ist längst bekannt. Die Schutzhülle, die uns Menschen umgibt, wird „Astralkörper" genannt. Sie wird insbesondere durch psychische Praktiken aller Art für schädliche Einflüsse anderer Daseinsbereiche durchlässig, sozusagen durchlöchert, aber auch mittels Drogen, Alkohol, Nikotin und anderer das Nervensystem schädigender Gifte, denn die Nerven stellen die Übergänge vom Physischen zum Astralen dar.

Universitäten des Geistes

Die Hochschulen des Altertums, in denen diese verborgenen Wahrheiten gelehrt wurden, waren „Universitäten des Geistes", im Gegensatz zu unseren heutigen Universitäten, an denen in den Naturwissenschaften lediglich experimentell Nachweisbares, also das Materielle, gelehrt wird. Diese Universitäten des Geistes gab es und gibt es in aller Welt, doch wurden nur entsprechend vorbereitete, geeignete Schüler zugelassen. Lehrer belehren ihre Schüler, *darum braucht die Welt Lehrer!*

Von den Universitäten Griechenlands weiß die moderne Wissenschaft zwar, dass sie existierten, doch *was* in ihnen gelehrt wurde, weiß sie bis auf den heutigen Tag nicht, da bisher wenig öffentlich bekannt gegeben wurde. Aus diesem Grunde werden die Universitäten des Altertums auch „Mysterienschulen" genannt.

Die uns bekannten Denker, die Weisen Hellas', erhielten ihr Wissen und ihre Ausbildung in diesen Mysterienschulen, den Universitäten ihrer Zeit. Das Studium der aus ihnen hervorgegangenen literarischen Werke vermittelt dem nach Wahrheit Suchenden eine Ahnung von dem, was dort gelehrt wurde, denn die tieferen Lehren wurden niemals veröffentlicht.

In der hellenischen Wissenschaft wird streng die phänomenale von der noumenalen Seite der Natur unterschieden, das heißt, es wurden mehr die *Ursachen* als die Wirkungen studiert, heute ist es umgekehrt. In der Forschung wird versucht, über die Wirkung, über die Offenbarung, das Physische zu den Ursachen, dem Unsichtbaren oder Spirituelleren, zu dem Noumenalen vorzudringen. Die Mysterienschulen, besonders diejenigen, die kaum bekannt waren, die keine festen Gebäude oder öffentlich bekannten Lehrstätten hatten, waren „Universitäten des Geistes".

Von Purucker sagte hierzu in einer nicht öffentlichen Zusammenkunft: „Die Mysterienschulen des *Altertums* [nicht nur die Griechenlands] waren von verschiedener Art. Einige lehrten den wissenschaftlichen Aspekt der Natur, andere spezialisierten sich auf die religiöse Seite, wieder andere hatten einen philosophischen Charakter." Was Griechenland betrifft, so kann der Universität in Samothrake ein eher wissenschaftlicher Charakter zugeschrieben werden, wohingegen Eleusis mehr religiöse und verborgene Studien zum Inhalt ihres Lehrsystems hatte.

Nach der äußeren Schließung der Mysterienschulen wurden die Olympischen Spiele schließlich zur Ablenkung vom Geistigen für die Massen inszeniert, wobei die ihnen zugrunde liegende Bedeutung der völligen Degeneration zum Opfer fiel, indem nur noch dem Körper gehuldigt wurde und wird. Die Fackel und das olympische

Feuer blieben als Symbol des spirituellen Ursprungs in Erinnerung. Weitere Beispiele der Degeneration lassen sich überall feststellen, besonders im alten Ägypten. Fast immer entstand sie durch Verrat, teils allerdings auch aus Machtgier gewissenloser Priester und treuloser Schüler. Daher wurden und werden die tieferen Lehren niemals öffentlich mitgeteilt, sondern nur von Mund zu Ohr, um die geheiligten Lehren vor Missbrauch zu bewahren, zum Segen für die Menschheit in ihrer jetzigen Evolution.

Die großen Weisen und ihre Lehren

Teil 2: Mysterienschulen und Avatâras

Wenn wir die Geschichte zurückverfolgen, stoßen wir auf die großen Religionsstifter und Philosophen, die ihrer Zeit ihren Stempel aufgeprägt haben. Bei einem Vergleich der von ihnen gegebenen Botschaften fasziniert die Erkenntnis, dass die Aussagen hinsichtlich der großen Lebensfragen essenziell, im Kern, immer die gleichen sind. Hierin liegt der unumstößliche Beweis für das Vorhandensein einer fundamentalen Identität aller Weisheit, einer Quelle, in der alles Wissen, alles Sein seinen Ursprung hat.

Die sich hieraus für das menschliche Denken ergebenden Konsequenzen sind weitreichend und von erhabener Schönheit.

In allen Mysterienschulen, den „Universitäten des Geistes", wo immer sie sich befanden und zu welcher Zeit sie auch existierten, gab es eine Nachfolge von Lehrer auf Lehrer. In einigen Fällen waren diese Lehrer Sendboten, die der Menschheit wieder einmal einige elementare Lehren aus dem großen Wissensschatz über die Natur zurückbrachten.

So kam vor etwa 2000 Jahren Jesus, später „der Christus" genannt, zu dem jüdischen Volk als Verkünder alter Weisheitslehren. Er war der Stifter der christlichen Religion, weniger der christlichen Kirche.

Die *ursprünglichen* Lehren des Avatâra Jesus, der erst in späteren Zeiten Jesus Christus genannt wurde, entsprachen im Wesentlichen denen des Buddhismus, was wiederum nichts anderes besagt, als dass das *ursprüngliche* Wissen beider Religionen die Gupta-Vidyâ des Altertums ist. Diese Gupta-Vidyâ ist als die Weisheitsreligion, Weisheitsphilosophie oder Weisheitslehre vergangener Zeitalter im alten Indien bekannt. Ein Avatâra ist ein „Herabgekommener"; und in der Geschichte sind mehrere Avatâras verschiedener Grade bekannt geworden. So zum Beispiel werden auch Śankarâchârya und Apollonios von Tyana als Avatâras bezeichnet.

Gut 600 Jahre vorher war dem indischen Volk ein anderer ganz großer Weiser erschienen, der Begründer des Buddhismus, *Gautama der Buddha*. Weil er der größte der bekannten Weisen der letzten 2600 Jahre ist, möchte ich etwas zu der exoterischen Geschichte dieses wunderbaren Weisen ausführen. Ich zitiere überwiegend Prof. Dr. Gottfried von Purucker, weil auch er, wie unschwer zu erkennen ist, aus jener Quelle sein Wissen schöpfte, die unversiegbar die Zeiten hindurch allen Großen ihre Geheimnisse offenbart. Seine literarische Hinterlassenschaft ist eine der wertvollsten des 20. Jahrhunderts. Er schreibt:

„Ich nehme an, Sie kennen die Geschichte Buddhas. Seine Eltern waren beunruhigt durch die Zeichen erstaunlicher Weisheit und intelligenter Kraft, die er manifestierte, und sie waren von den Weisen jener Zeit gewarnt, die mehr oder weniger ein Leben im spirituellen Licht führten und daher die Zukunft voraussehen konnten. So versuchten seine Eltern, ihn an das Familienleben zu binden, wie sie gleichfalls bemüht waren, seine innere Natur davor zu schützen, durch weltlichen Kummer und Sorge erschüttert zu werden. Alle diese exoterischen Geschichten beruhen auf der Grundlage von Tatsachen, obgleich sie mehr oder weniger ausgeschmückt sind.

Schließlich aber reifte die Zeit heran, da der Buddha in dem

Gautama unter dem Bodhi-Baum

jungen Mann sich klar und deutlich zu zeigen begann; und als das geschah, kam das ‚Erwachen' über ihn als einen jungen Menschen, nachdem sein Sohn Rahula geboren war. Er verließ seine Heimat, begab sich in den Himâlaya, übte sich in verschiedenen Disziplinen, durchforschte alle Dinge und suchte nach Weisheit. Er suchte das größere Licht und zog sich mehr und mehr in sein eigenes inneres Wesen zurück. Dabei wurde er immer mehr von dem göttlichen Glanz und der Herrlichkeit seiner inneren Gottheit durchstrahlt, bis er sich eines Tages unter dem sogenannten Bo-Baum niedersetzte, dem Bodhi-Baum, dem Baum der Weisheit, der aus dem Grunde so genannt wird, weil Gautama unter ihm zum voll erblühten Buddha wurde.

Schon als Kind manifestierte er transzendente Kräfte, und dies beruht auf der soliden Grundlage von Tatsachen. Als Sechstrundler war er schon als Kind das, was wir heute ein Genie nennen würden, und zwar ein Genie in jeder Beziehung. Er war nicht bloß einseitig begabt wie einige dieser seltenen Kinder, die gelegentlich zum

Beispiel als musik- oder mathematikbegabte Wunderkinder geboren werden; er war ein Genie auf allen Gebieten.

In allen Richtungen menschlicher Entwicklung, der äußeren ebenso wie der inneren, ließ er die transzendenten Kräfte der innewohnenden Göttlichkeit erkennen. Die Grundlage der exoterischen Überlieferungen besagt, dass er schon als kleiner Knabe alle seine Lehrer, die Meister der Weisheit seiner Zeit in Verwirrung brachte. Er schien alles zu wissen, ohne es gelernt zu haben, und zum großen Teil war das wirklich so.

So gingen die Jahre dahin. Die Bewegung, die er im Lande verursachte, war groß. Schüler strömten ihm aus allen Himmelsrichtungen zu. Sein Name wurde weit und breit bekannt. Er vollbrachte Wunderwerke, Werke menschlicher Güte. Er verkündete das Evangelium der Liebe, des Mitleids und des Erbarmens, einer Liebe ohne Schranken, einer unendlichen Liebe, die das ganze Universum umfasst und einschließt. Er lehrte die essenzielle Einheit, die spirituell-göttliche Einheit aller Dinge sowie die spirituell-göttliche Einheit des Menschen mit dem spirituellen Universum.

Als er achtzig Jahre alt und sein Haar weiß geworden war – so berichtet die Legende –, legte er sich eines Tages nieder, und den buddhistischen Schriften nach waren seine letzten Worte:

‚Meine Brüder, alle Dinge sind zusammengesetzt.
Arbeitet mit Fleiß an eurer Erlösung.‘

Dann ging er über in Nirvâṇa; er ging durch alle Bewusstseinszustände hindurch: vom menschlichen Stadium bis hinauf zum höchsten spirituellen, stieg dann die Bewusstseinsleiter wieder hinab, öffnete die Augen und sah sich um. Ein zweites Mal stieg er die Stufen des Bewusstseins hinan bis zur Göttlichkeit und dann wieder hinab, öffnete noch einmal die Augen und blickte auf seine Jünger, die ihn umgaben. Und zum dritten Mal stieg er all die Bewusstseinsstufen bis zur Göttlichkeit empor, und alsdann, so berichtet die exoterische Legende, verschied der Gesegnete.

Unsere *esoterischen* Berichte lauten anders. Was soeben beschrieben wurde, geschah tatsächlich, als er im physischen Körper starb; es geschah aber zwanzig Jahre, nachdem er im Alter von achtzig Jahren Nirvâṇa erlangt hatte. Buddha, der Herr, ist also als Mensch hundert Jahre alt geworden. Er erlebte den physischen Tod in seinem hundertsten Jahr, nachdem er im achtzigsten Jahr Nirvâṇa erreicht hatte.

Da er – gemäß der abendländischen christlichen Zeitrechnung – 643 v. Chr. geboren wurde, starb er also körperlich 543, und 563 erlangte er Nirvaṇa.

Er lebte also noch zwanzig Jahre, nachdem er Nirvâṇa erlangt hatte, entzog sich aber dem Auge der Menschen und lehrte nur einige wenige seiner auserwählten Arhats*." **

Quellen der Weisheitslehren

Doch zurück zu der Frage: Woher hatten die alten Griechen ihre Weisheitslehren? Nun, die Geschichte zeigt es recht deutlich, ein großer Teil wurde von den Mysterienschulen der alten Ägypter übernommen. Diese wiederum übernahmen die Lehren vom alten Indien und von den Resten atlantäischer Weisheitsüberlieferungen.

So kommen wir nun zu der Weisheit der alten Ägypter. Die Reihenfolge der Könige – von denen die älteren fast immer auch die Gottkönige, das heißt die in die Weisheitslehre Eingeweihten, waren – ist wissenschaftlich bekannt, doch die Weisheitslehre selbst ist so gut wie unbekannt, ebenso wie die Lehren der Schulen Griechenlands.

Bei König Menes vor etwa 5000 Jahren beginnt die uns bekannte Degeneration Ägyptens und damit der teilweise Verrat einiger alter Weisheitslehren, die dann mit den sogenannten ägyptischen Totenbüchern überliefert wurden. Da die heutige Degeneration jedoch wesentlich weiter fortgeschritten ist, können wir aus den ägyptischen

* Ein Arhat hat den höchsten Grad der Spiritualität errungen und ist selbstbewusst für Nirvâṇa würdig geworden. Arhat war auch eine allgemeine Bezeichnung, die einem würdigen Jünger des Buddha gegeben wurde.

** Das Zitat stammt aus nicht veröffentlichten Schriften von Puruckers.

Aus dem Totenbuch des Hunefer: Das Wiegen des Herzens. Britisches Museum, London.

Totenbüchern sehr viel lernen. Die Theosophie hält die Schlüssel für Sie bereit, doch müssen die Schlüssel in der richtigen Weise umgedreht werden, da sonst der Zugang zu ihnen verwehrt bleibt.*

Doch wo sind weitere Anhaltspunkte zu finden, die auf die großen Denker der Zeitalter und jene Weisheit hinweisen? Sie sind in praktisch allen alten Mythen und Sagen aller Völker der Erde zu finden, wenn auch verschleiert und im Kern oft schwer zu erkennen. In den nordischen Sagen und der *Edda* ist die alte Weisheit noch verhältnismäßig leicht zu erkennen. In dem alten indischen Epos Mahâbhârata, von dem die Bhagavad-Gîtâ** ein Teil ist, können wir die Weisheit der Denker der Zeitalter wohl am offensten und am verständlichsten auch in europäischen Sprachen nachlesen. Auch die asiatischen Religionen, die auf Buddha, Lao-tse, Konfuzius, Śankarâchârya, Zoroaster und andere zurückzuführen sind, enthalten viele Hinweise auf die alten Weisheitslehren.

In Nordamerika haben die Indianer ebenfalls noch viele Lehren der alten Weisheit aufbewahrt. Die Weisheit der Azteken und Mayas aber wurde von den spanischen Eroberern ausgerottet, und in

* Die Ägyptischen Totenbücher sind nicht mit dem „Tibetanischen Totenbuch" zu verwechseln!

** William Q. Judge: *Bhagavad-Gîtâ – Studienausgabe.* Hannover 2014.

Südamerika ebenso wie im südöstlichen Asien sind bis auf den heutigen Tag die materiell-psychischen Praktiken, die gegensätzliche Seite der Weisheitslehre, dominant.

Für diese andere Seite, die leider auch bei uns fälschlicherweise als Erkenntnis-Weisheit in vielen sogenannten psychischen Lehren und Praktiken angepriesen wird, ist zumindest ein Vortragsabend an Zeit erforderlich, um wenigstens einiges Hintergrundwissen zu vermitteln. Vor diesen materiell-psychischen Praktiken haben alle großen Denker der Zeitalter gewarnt, denn sie führen über psychische Krankheit zu Siechtum, geistiger Verkümmerung oder Besessenheit. Im christlichen Sinne sind sie der sicherste Weg zur Hölle.

Vom Materiellen zum Geistigen: Es ist Zeit, umzudenken

Seit Jahrtausenden ist nicht so viel von der Weisheit der Denker archaischer Zeitalter in das Gedankengut der Menschheit geschleust worden wie in heutiger Zeit, das heißt seit etwa 100 Jahren. Die unglaublichen Veränderungen der letzten 100 Jahre in Forschung und Technik haben unser Leben von Grund auf verändert. Können wir wirklich glauben, dies alles sei einfach Zufall oder geschehe ganz von selbst?

Die Gedanken der Menschen können nach jahrtausendelanger Degeneration zum Materiellen hin sehr schwer zum Geistigen hin umgelenkt werden, sodass diese edlen Ströme auch für materielle Macht- und Gewinnsucht missbraucht werden. Das Gewissen, der spirituell-göttliche Mahner im Menschen, ist verkümmert, und somit werden die besten intuitiven Gedanken und die daraus entstehenden Erfindungen und Handlungen für den eigenen Egoismus eingesetzt, sie werden missbraucht.

Doch muss das so sein? Nein, und nochmals nein! *Sie* gehören zu den Menschen, in denen das Gewissen noch nicht versiegt ist, *Sie* haben über diese Welt nachgedacht, denn sonst wären Sie ja nicht hier (im Vortrag, d. Hrsg.). Daher ergeht der Ruf besonders an Sie: Bleiben Sie heutigen materiell-egoistischen Strömungen gegenüber nicht passiv, reihen Sie sich ein als Nachfolger in die Reihen der Denker der Zeitalter, versuchen Sie, Theosophie zu lernen, zu leben und gegebenenfalls auch zu lehren! Doch machen Sie keine krampfhaften, verzweifelten Anstrengungen, quälen sie sich nicht ab! Nehmen Sie die Dinge, wie sie kommen, doch streben Sie unaufhörlich; das ist echte Konzentration!

Das tägliche Leben ist der Lehrmeister, versuchen wir, das Beste daraus zu machen. Das Streben nach dem Guten und Edlen ist die beste Meditation, der Verzicht auf alles Übrige ist Weisheit. Unsagbare Freude und Zufriedenheit stellen sich ein. Die inneren Sinne werden geöffnet, sodass die spirituellen Fähigkeiten gepflegt werden können. Auf diese Weise wird der innere Prüfer fähig, augenblicklich Wahrheit von Pseudo- und Halbwahrheiten zu unterscheiden.

Und so lautet die Weisheitslehre der Weisen aller Zeitalter: Die Natur, das heißt alle Dinge, alle Wesenheiten, ob sichtbar oder unsichtbar, ist zusammengesetzt. Das Universum ist auf dem Zusammenwirken und der gegenseitigen Hilfeleistung aller Lebewesen aufgebaut. Nur der Mensch hat die Möglichkeit, seinen persönlichen Egoismus, seinen Willen dieser fundamentalen Einheit allen Seins eine kurze Zeit oder während einiger seiner Verkörperungen entgegenzusetzen. Der Wahn des persönlichen Sonderseins ist die Ursache allen Übels.

Die Regel der fundamentalen Einheit ist vollkommen universal: Jedes Individuum im Universum lebt für alle anderen.

„Lebe für das Wohl der Menschheit, denn dies ist der erste Schritt", sagen alle Weisheitslehrer, die die Welt bisher gesehen hat.

Wenn du die Sonne schauen willst, dann lass die Erde mit ihren Wolken hinter dir!

Hierdurch erlangen wir ein Gefühl von Freiheit, von wahrem Menschentum, die Erkenntnis unseres Einsseins mit dem All!

Gott, Götter oder unveränderliches Prinzip?

Teil 1: Der Ursprung der Götter

Religionen vereinen Menschen in ihrem Glauben, doch sie schaffen auch Fronten zu Andersgläubigen. Und so paradox es bei nüchterner Betrachtung erscheinen mag, es ist oft der Glaube, der Gräben schafft und blutige Kriege zur Folge hat. Wie anders sähe unser Weltbild und daher unsere Welt aus, würden die Menschen erkennen, dass hinter allen zeitlich begrenzten Manifestationen ein ewiges, unveränderliches Prinzip wirkt und jede Religion ihre Berechtigung und ihren Platz hat. Vor diesem Hintergrund erscheinen die großen Weltlehrer zyklisch bedingt zu verschiedenen Zeiten und in verschiedenen Völkern unter den Menschen. In diesem Sinne sagt Kṛishṇa zu seinem Schüler Arjuna: „So verkörpere ich mich von Periode zu Periode für die Bewahrung der Gerechten, die Zerstörung der Boshaften und die Aufrichtung der Gerechtigkeit."* Und in der Bibel steht: „Ich bin nur gesandt zu den verlorenen Schafen des Hauses Israel."**

---

* William Q. Judge: *Bhagavad-Gita – Studienausgabe.* Hannover, 2014, Kap. 4, S. 62.

** Matthäus 15, 24.

Allein diese Hinweise sind ein deutliches Zeugnis für das Erscheinen großer Weiser. Im Kern gleichen sich ihre Aussagen, nur die Form variiert der Zeit und dem Verständnis des jeweiligen Volkes entsprechend. Es bestehen Ignoranz und Unwissenheit in Bezug auf die gemeinsame Quelle, aus der sie ihr Wissen schöpfen. Die Wahrheiten, die sich hinter Mythen und Allegorien der großen Religionen befinden, sind Hoffnungsträger für eine aus den Fugen geratene Welt, denn es gibt eine Gerechtigkeit, die jenseits aller menschlichen Unvollkommenheiten wirkt. Und es gibt ein „unveränderliches Prinzip", das viele Klischees sprengt und auf die Wurzeln unseres Daseins zurückgeht. Es adelt die großen Weltlehrer, die ihr Leben für die Menschheit opferten, und es gibt jedem Einzelnen von uns die Gewissheit, dass wir ein unsterblicher Teil des grenzenlosen ewigen Lebens sind.

Seit Jahrtausenden geben die verschiedensten Vorstellungen über Gott oder Götter, über den Anfang und das Ende von Welten und Wesenheiten, über Endlichkeit und Ewigkeit Anlass zu Streit unter den Menschen. Dieser Streit führte zu entsetzlichen Kriegen zwischen Völkern und Nationen, und so ist es bis auf den heutigen Tag geblieben. Warum aber hat sich hieran trotz aller leidvollen Erfahrungen, trotz allen Elends nichts geändert? Die Antwort ist simpel: Wir leben in spiritueller Dunkelheit und materieller Überheblichkeit. Und trotz aller Forschung, die sichtbare Grenzen längst überschritten hat, wird heute immer noch gelehrt, aus der Materie habe sich durch Umwelteinflüsse und Auslese der Mensch zu seiner jetzigen Blüte entwickelt. Bewusstsein, Spiritualität, unser Gewissen, alles soll so ganz nebenbei aus der Materie entstanden sein! Diese Theorie, denn als etwas anderes kann sie nicht angesehen werden, gehört zu den größten Irrtümern unseres materialistisch geprägten Zeitalters. Sie ist eine der für das menschliche Gemüt verderblichsten Theorien und Lehren, weil die von Geist und Intelligenz geleitete Evolution keine Berücksichtigung findet.

Fundamentales Wissen – von allen Weltlehrern gelehrt

Jeder der großen Weisen früherer Zeiten, zu denen Buddha, Laotse, Śankarâchârya, Jesus, Empedokles, Pythagoras und Apollonios von Tyana gehören – jeder einzelne lehrte dasselbe fundamentale Wissen, das unveränderbar immer dasselbe war und bleiben wird. Eine ihrer wichtigsten Aufforderungen lautete: „Mensch, erkenne dich selbst!" Denn Selbst-Erkenntnis, die Kenntnis des höheren, spirituellen Selbstes, ist der Pfad der Weisheit, des Verstehens, des Lichtes und des Friedens. Indem wir unsere innere Natur weiten und sie öffnen, lassen wir das Sonnenlicht des Geistes in uns einströmen.

Eine weitere fundamentale Aussage enthält die Realität, dass jeder Mensch, jede Wesenheit ein Kind des Universums ist. Das Universum ist unsere Heimat. Tatsächlich sind wir in den Sternenräumen ebenso zu Hause wie auf diesem Planeten Erde. Darum lehrten die großen Weisen, dass es dem Menschen möglich ist – während die Zyklen der Evolution dahinrollen –, weiterzugehen von Sphäre zu Sphäre, von Plan zu Plan, ja von Sonnensystem zu Sonnensystem. Sein Aufenthalt auf Erden gleicht der Einkehr in ein Wirtshaus, für einen Tag.

Das Universum ist unsere Heimat, wir sind in den Sternenräumen ebenso zu Hause wie auf unserem Planeten Erde. Eine Tatsache, die den Anblick der sogenannten „Säulen der Schöpfung", hier aufgenommen mit dem James-Webb-Weltraumteleskop, noch atemberaubender erscheinen lässt.

Diese Erkenntnis erweckt zumindest eine Vorstellung von unserem essenziellen Einssein mit allem, was ist. Denn wir alle sind aus der Substanz des Weltalls, wir sind seine Kinder, ein untrennbarer Teil von ihm, und daher sind wir überall daheim und bleiben es die endlose Dauer hindurch.

Das grenzenlose All ist unsere Heimat

Diese Lehre schneidet der Selbstsucht und dem Materialismus unserer Zeit und damit allem Üblen die Wurzel ab. Sie enthält den starken und unwiderlegbaren Beweis für die Realität der Ethik: Ethik ist im Universum verankert, sie ist universal. Ethik gründet sich auf die Struktur des Universums und seine Wirkungsweise, denn das, was das All ist, ist gleichermaßen jeder Mensch: das Grenzenlose. Wir sind Bein von seinem Bein, Herz von seinem Herzen, Blut von seinem Blute, Substanz von seiner Substanz. Für ewig sind wir im grenzenlosen All beheimatet und spirituell mit allem verbunden, denn alle Wesenheiten gehen aus derselben Quelle des Seins hervor. Sie kehren, nachdem sie ihren individuellen Zyklus beendet haben, zu dieser unversiegbaren Quelle zurück, nur um sich aufs Neue auf eine Pilgerfahrt oder eine Evolutionsbahn zu begeben, die zu noch erhabeneren Höhen führt als die vorangegangene.

Dieses Wissen wurde von einem spirituellen Zeitalter zu dem unseren weitergegeben. So wie Wissenschaftler heute die materielle Welt erforschen, gab es Zeitalter, in denen große Wissenschaftler die spirituellen Welten erforschten, und einige ihrer Ergebnisse wurden als „archaische Weisheit", die „Weisheit der Zeitalter", heute Theosophie genannt, übermittelt. Auf diese Weise wird der materiellen Gedankenwelt unserer Zeit ein spiritueller Pol entgegengesetzt. Jeder Mensch fühlt dies, jeder Mensch ahnt, dass es eine höhere Ordnung, etwas Höheres geben muss als unseren vom Materialismus geprägten vergänglichen Alltag.

Schöpferische Kräfte in der Natur

Dieses Höhere bezeichneten die Alten als das ewige, unveränderliche Prinzip, als DAS oder JENES. Und die entsprechenden Kräfte, die unsere Welt durchpulsen, sie in allen ihren Bereichen beeinflussen, sind göttliche Kräfte, die in einzelnen Religionen auch als verschiedene Götter bekannt waren. Die Gründung der großen Weltreligionen geht auf hoch evolvierte Menschen zurück, die Kenntnisse über die tätigen Mächte sowie deren Kräfte, die hinter unserer materiellen Welt wirksam sind, haben. Sie belehrten die Völker gemäß ihrer Kultur über den Aufbau der Welt und die damit verbundene Ordnung, über die Vernetztheit und Universalität allen Seins.

Der Begriff „Gott", wie er im Westen benutzt wird, stammt aus dem jüdisch-christlichen Alten Testament. Er wird als „Jehova" oder „Jahwe" bezeichnet und insbesondere als Schöpfer unserer Erde angesehen, nachzulesen auch in der Genesis, dem 1. Buch Mose, im Alten Testament. Dieser Jehova bezog sich besonders auf den Saturn und das entsprechende Zeitalter, das sogenannte „goldene" oder „saturnische" Zeitalter. Der Saturn ist nun wiederum besonders mit dem Astralen und Physischen unserer Erde verbunden, doch ist hier weniger der physische Planet Saturn gemeint. Das Wort „Jehova" ist altes Hebräisch, und da im Hebräischen keine Vokale geschrieben wurden, kann es auch als „Jod-Eva" übersetzt werden. Es bedeutet dann die Dualität allen Seins oder die der Schöpfung. Da gemäß der jüdischen Geschichte die Menschen sündigten und aus dem Paradies, also dem himmlischen Zustand, vertrieben wurden, das heißt als spirituelle Wesen in die Materie versanken und sich mit Materie (dem Feigenblatt und später mit Röcken aus Fellen) bekleideten, ist hier ganz eindeutig unser physischer Globus Erde gemeint.

Der Begriff Jehova oder auch Jahwe wird in europäischen Sprachen als „Herr" oder „Gott" bezeichnet beziehungsweise übersetzt. Er ist also weder ein Schöpfer, der aus dem Nichts schöpft, noch ein außerkosmischer Gott, denn Nichts ist Nichts. Jehova wirkt vielmehr als der Transformator für spirituelle Sphären, Welten oder Frequenzen in oder zu unserer astral-physischen Welt. Das ist nun ein wenig echte Kabbalistik. Um jedoch zu einem Verständnis der Begriffe Gott, Götter oder unveränderliches Prinzip zu kommen, ist es erforderlich, zu den Quellen dieser Begriffe vorzustoßen. Bei folgenden Betrachtungen ist der Glaube an einen Gott oder an Götter vorerst wenig von Bedeutung. Wichtig ist zunächst die Feststellung, dass durch den Glauben die Überzeugung reift, dass hinter der physischen Welt Kräfte wirksam sind, die auf die eine oder andere Weise Einfluss ausüben – auf die Menschen, auf die Welt und damit auf die Natur. Selbst diejenigen, die das Vorhandensein von Göttern verwerfen und nur die sichtbare, physische Welt anerkennen, sprechen von Kräften der Natur oder von „Naturgesetzen". Damit wird unbewusst zugegeben, dass hier Kräfte wirksam sind, die sich dem menschlichen Bewusstsein mehr oder weniger entziehen, denn wo Gesetze herrschen, müssen Kräfte oder Gesetzgeber vorhanden sein.

Gott oder Götter im Widerstreit

Das natürliche religiöse Gefühl im Menschen lässt sich nicht unterdrücken. Da der heutige Mensch in einer Zeit intellektueller Entwicklung lebt, in der sich viele Äußerungen der Wissenschaft mit den traditionellen Auffassungen über Gott oder Götter im Widerstreit befinden, ist eine tiefere Untersuchung erforderlich, um den wirklichen Inhalt dieser Begriffe zu erfassen. Dies insbesondere aus dem Grunde, um dem natürlichen Bedürfnis des menschlichen Herzens Befriedigung zu geben.

In der originären Theosophie wird das Wort „Gott" nur unter großem Vorbehalt angewandt, insbesondere angesichts der vielen vernunftlosen und unwissenschaftlichen Beschreibungen, die die westliche Welt mit diesem Wort verknüpft. Den ersten Platz nimmt die Vorstellung eines allgegenwärtigen, persönlichen und allmächtigen Gottes ein. Trotz seiner Allgegenwart befindet er sich irgendwo außerhalb seiner eigenen Schöpfung und scheint trotz seiner Allmacht nicht imstande zu sein, das Böse aus seiner Schöpfung zu verbannen. Es liegt auf der Hand, dass sich der nach Wahrheit und nach einer Lösung seiner Lebensprobleme Suchende mit der Zeit enttäuscht von dieser Vorstellung abwendet. Infolge der im Westen herrschenden Unsicherheit in Bezug auf Gott oder Götter entsteht eine Leere, die allein durch den Glauben nicht auszufüllen ist. Dies erklärt sich einerseits durch die westlichen Gottesdiensten anhaftenden Dogmen und andererseits durch die weitgehend materialistische Wissenschaft. Das umfassende Wissen anderer Völker und unserer Vorfahren in Bezug auf ihre Götter wird völlig außer Acht gelassen. Verblendet durch einen Erhabenheitsdünkel besteht die Überzeugung, heute mehr Kenntnis über Gott oder Götter zu haben als die „Alten" selbst, die offensichtlich über ein größeres spirituelles Wissen verfügten.

Vater, Mutter und Sohn

Ungeachtet der Begriffsverwirrung führt die Theosophie zu der Grundlage zurück, auf der alle philosophischen und religiösen Systeme einheitlich beruhen. Sie basiert auf *einem* allumfassenden, ewigen, grenzenlosen und unveränderlichen Prinzip, das durch menschliches Bewusstsein nicht zu erfassen ist, da es über das menschliche Denkvermögen hinausgeht. Daher ist jeder Name unvollkommen, der dem „unveränderlichen Prinzip" gegeben wird, er kann lediglich eine Begrenzung und somit eine schwache Wiedergabe der innewohnenden Bedeutung sein. Selbst den Ursprung dieser „ursachlosen Ursache", dieser „wurzellosen Wurzel" erklären zu wollen, käme dem Versuch gleich, die Wasser der Weltmeere in ein Litermaß zu gießen. Daher kann nur der Schluss gezogen werden, dass der Anfang, der Ursprung aller Dinge nicht zu erforschen ist und dass nichts, vom niedersten Atom bis zum größten Sternensystem, ohne ES bestehen kann. Dieses ES wird auch mit dem Wort TAT im Sanskṛit angedeutet. Der große chinesische Weise Lao-tse nannte es TAO, und er umschrieb es folgendermaßen:

Du schaust danach, und du siehst es nicht, denn es ist farblos;
du horchst danach, und du hörst es nicht, denn es ist tonlos;
du tastest danach, und du fühlst es nicht, denn es ist stofflos.

Wie erhaben sind diese Gedanken im Vergleich zu westlichen Auffassungen über das Göttliche, das in der Vorstellung mit vielerlei kleinlichen menschlichen Eigenschaften versehen wird. Um wie viel edler ist der Grundgedanke der *Geheimlehre* gegenüber dem, was der Mensch mittels Personifizierung daraus gemacht hat. Selbst ohne Ursache, ungeschaffen oder unerschaffen ist ES der Brunnen aller Manifestationen. Doch ebenso, wie aus einer Quelle ein Strom werden kann, der Strom aus dem Brunnen fließt und der Brunnen somit zu einem Strom wird, kann von ES gesagt werden, dass es Schöpferkraft hat. *Alle* Dinge fließen aus ES hervor, so wie ein Bach aus seiner Quelle.

Die Griechen nannten den ersten Logos den „ungeoffenbarten Logos", aus dem die Dualität Geist-Stoff als der zweite Logos hervorgeht, der bei seiner Geburt den Anstoß gibt für den dritten Logos, die universale Weltseele. Diese Dreiheit wird in sehr vielen religiösen und philosophischen Systemen wiedergefunden. Im Osten wird sie mit Brahmâ, Vishṇu und Śiva bezeichnet; die alten Ägypter sprachen von Osiris, Isis und Horus, und bei uns im Westen wird sie mit Vater, Sohn und Heiliger Geist umschrieben. Beim Christentum ist beachtenswert, dass die Aufzählung ursprünglich Vater, Mutter und Sohn lautete, wobei das Wort Mutter später fortgelassen wurde. Doch welcher Name dieser Dreiheit auch gegeben wurde, in jedem

Götter-Dreiheiten	**Vater**	**Mutter**	**Sohn**
Griechenland	1. Logos ungeoffenbart	2. Logos Geist-Stoff	3. Logos Universale Weltseele
Indien	Brahmâ	Vishṇu	Śiva
Ägypten	Osiris	Isis	Horus
Christentum	Vater	Heiliger Geist	Sohn

System wird von dem Gedanken ausgegangen, dass es nur endliche Manifestationen sind auf verschiedenen Stufen der Offenbarung, die aus der einen universalen ursachlosen Ursache, aus ES, dem *einen* Leben, ins Dasein traten.

So wie es analog nur eine Natur gibt, deren Wirkungsweise seit Menschengedenken unveränderbar dieselbe ist, so gibt es die Begriffe Gott oder Götter lediglich als Personifizierung in mythologischer Ausdrucksweise. Aus der Erkenntnis heraus, dass in und hinter der Natur spirituell-bewusste Kräfte, hoch entwickelte Wesenheiten wirksam sind, gaben ihnen die Weisen früherer Zeiten Namen, mit denen sie deren Charaktere umschrieben und vor den Laien personifizierten. Ohne Kenntnis der den Namen zugrunde liegenden ursächlichen Struktur des Universums kamen die Menschen dann dazu, die hinter aller Manifestation stehenden Kräfte als Götter zu verehren. Diese Unwissenheit wurde dann oft für persönliche Zwecke des Priestertums ausgenutzt, und so entwickelten sich die heutigen Kirchen, die sich mehr oder weniger von ihrer Ursprungsreligion entfernt haben.

Wird daher das Wort „Gott" angewandt, dann lediglich als technischer Ausdruck. Es soll jene Kräfte oder Wesenheiten andeuten, deren Bewusstsein weit über das des Menschlichen erhaben ist. Hierdurch sind sie imstande, bewussten Anteil an dem kosmischen Geschehen zu nehmen. In diesem Sinne ist auch das Wort „Deva" zu verstehen. Es handelt sich um einen allgemeinen Ausdruck, der sowohl höher entwickelte Wesenheiten als auch die einer niedrigeren Stufe angehörenden Wesen bezeichnet.

Götter und Dämonen

Die Griechen machten einen Unterschied zwischen den „Göttern", den Bewohnern der Himmelswelten, und den „Dämonen", die jene Welten bewohnen, die materieller sind als unsere Erde. Hierbei muss jedoch betont werden, dass diese Ausdrücke ursprünglich *nicht* die

Bedeutung von „guten“ oder „bösen“ Wesen hatten, die Wesenheiten wurden vielmehr gemäß ihrer Entwicklungsstufe als höher oder niedriger stehend als der Mensch eingestuft. So zum Beispiel kommt der im Christentum angewandte Ausdruck „Engel“ aus dem Griechischen und hat die Bedeutung von „Botschaftern“. Sie waren die Mittler zwischen den Menschen und den Göttern.

Jeder Punkt im grenzenlosen Universum ist mehr oder weniger bevölkert von Wesenheiten der unterschiedlichsten Bewusstseinsgrade, doch werden sie alle gleichermaßen von der einen *ursachlosen* Ursache durchdrungen, von dem einen Leben. Der eingeweihte Paulus drückte diese Gedanken im Neuen Testament (1. Kor., 3, 16), folgendermaßen aus: „Wisset ihr nicht, dass ihr Gottes Tempel seid und der Geist Gottes in euch wohnt?“ Dieser Ausspruch verdient sorgfältige Überlegung in Bezug auf die Tatsache, dass sich nicht nur in allen Menschen, sondern in allen Wesenheiten, sichtbar oder unsichtbar, wie klein oder groß sie auch immer sein mögen, Wohnplätze für den Geist Gottes befinden. Durch diese Betrachtungen lernen wir, die Natur mit anderen Augen zu sehen – welch erhabene Vorstellung, Gottes Tempel zu sein!

Auch aus Märchen und Erzählungen wird deutlich, dass Bezeichnungen wie „Nymphen“, „Elfen“ und „Trolle“ nur andere Namen sind für das, was heutige Wissenschaftler als „Kräfte der Natur“ bezeichnen. Der moderne Mensch hat das innere und schöne Gefühl für die Anwesenheit und Wirksamkeit der spirituell-göttlichen Kräfte der Natur fast gänzlich verloren, wodurch ihm ihr erhabener und inspirierender Einfluss verborgen bleibt. Führende Wissenschaftler haben dies gewissermaßen intuitiv erkannt, indem sie sagen, der ethische und geistige Fortschritt der Menschheit habe mit der Technik nicht Schritt gehalten und es sei daher eine gewisse „Leere“ entstanden.

Gott, Götter oder unveränderliches Prinzip?

Teil 2: Das göttliche Prinzip

Der zweite Teil zu diesem vielschichtigen und tiefgreifenden Thema geht vor allem auf die ursächlichen Kräfte ein, die allgemein als „göttlich" bezeichnet werden. Dass diese Kräfte typischerweise als Dreiheit wirksam werden, spiegelt sich in den Götter-Dreiheiten vieler Mythologien sowie in der christlichen Trinitätslehre wider. Das Dreieck ist auch ein Symbol dafür, wie aus dem Unendlichen die ersten begrenzten Wesenheiten hervorgehen. Dennoch ist jede Wesenheit Teil des Unendlichen und als Individualität essenziell unsterblich. Welch erhabene Vorstellung, welch großartige Aussicht!

Das ewige, unveränderliche Prinzip

Der erste fundamentale Lehrsatz in der *Geheimlehre* Blavatskys lautet: „Ein allgegenwärtiges, ewiges, grenzenloses und unveränderliches Prinzip, über das gar keine Spekulation möglich ist [...]"*

Dieser fundamentale Lehrsatz bildet in der Tat einen wunderbaren Gegenstand des Nachdenkens. Zwischen Gott und dem Unaussprechlichen, JENES, gibt es nur eine sehr oberflächliche Ähnlichkeit: Beide liegen jenseits der Reichweite und des Fassungsvermögens

* Helena Petrowna Blavatsky: *Die Geheimlehre*. Hannover, 2012, Band I, S. 42.

> Ein allgegenwärtiges, ewiges, grenzenloses und unveränderliches Prinzip, über das gar keine Spekulation möglich ist [...]
>
> *Helena Petrowna Blavatsky*

unserer Vorstellungskraft und des Verstehens. Gott ist ein Schöpfer, ein Demiurg. JENES dagegen ist Schöpfer wie auch Nichtschöpfer. Dies bedeutet die äußerste Tiefe der Unendlichkeit und der unbegrenzten Dauer – grenzenloser Raum und unbegrenzte Zeit. Ich belasse es dabei, weil es durch Hinzufügung irgendwelcher Eigenschaften begrenzt werden würde; das aber ist undenkbar, denn es kann nicht beschrieben werden. Im Gegensatz hierzu wird der christliche Gott als Schöpfer der Welt beschrieben, als allgütig, allmächtig, allliebend, allbarmherzig, obgleich er im Widerspruch hierzu unendlich und ewig sein soll. Barmherzigkeit, Mitleid, Güte sind jedoch menschliche Eigenschaften, die edlen Menschen zugeschrieben werden. JENES oder das Unaussprechliche und Undenkbare gibt hingegen keine Vorschriften heraus, denn eine Vorschrift ist das Ergebnis der Tätigkeit eines Gesetzgebers.

Die größten Weisen der uns bekannten Geschichte sagen, dass das gänzlich allgegenwärtige Mysterium – aus dem alles hervorkam und in das alles wieder zurückkehren wird, das jenseits der Fassungskraft menschlicher oder sogar göttlicher Gedanken liegt – undenkbar und infolgedessen unaussprechlich ist. Dies bedeutet jedoch nicht, dass all die ausgedehnten Bereiche des Raumes und der Zeit zwischen dem Undenkbaren und den Menschen leer sind. Ganz im Gegenteil: Die endlosen Räume sind mit unzähligen Hierarchien von Wesenheiten aller Stufen und Grade der evolutionären Entwicklung ausgefüllt. Das „unveränderliche Prinzip" oder JENES – um den Ausdruck zu verwenden, wie er in den Veden gebraucht wird – ist endloses, unbegrenztes Leben-Substanz-Bewusstsein. Dieses endlose, unbegrenzte Leben-Substanz-Bewusstsein ist mit einer Unendlichkeit sich entwickelnder Heere von Wesenheiten angefüllt, die vom unvorstellbar Göttlichen herab zu uns und jenseits davon in die andere Richtung reichen.

Die Trinitätslehre im frühen Christentum

Wenn wir einen persönlichen Gott zulassen, der allgegenwärtig und allmächtig ist, müssen wir annehmen, dass er der Schöpfer des Himmels und der Erde war. Infolgedessen ist er der Hervorbringer sowohl des Üblen als auch des Guten, jedes Geschöpf schaffend unter seiner allmächtigen Hand mit unendlicher Weisheit und Voraussicht über das, was es je tun würde. Auf diese Weise gibt es, wie die Calvinisten sagen (evangelisch reformierter Glaube), einen Gott, der manche Geschöpfe zu ewiger Verdammnis verurteilt und anderen Geschöpfen ewigen Frieden schenkt.

Die christliche Vorstellung von der Dreifaltigkeit oder dem einen Gott, der drei verschiedene Personen in sich zu einer einzigen Gottheit vereinigt, ist ein Echo aus den ursprünglichen Lehren der Mysterienschulen. Es gab viele Triaden in alten Tagen, und die christliche Dreiheit oder Trinität ist nur ein Beispiel einer unvollkommenen Kopie. Über Jahrhunderte hinweg versuchten Theologen, diese Trinitätstheologie zu klären. Sie entwarfen unterschiedliche Denksysteme, die in den verschiedenen Strömungen des Christentums auf die eine oder andere Weise gelehrt wurden und werden. So heißt es in dem Glaubensbekenntnis von Nicäa (325), dass der Sohn und der Heilige Geist aus dem Vater hervorgehen. Auf dem Konzil von Florenz (1439–1445) setzte die westliche Kirche unter die anhaltende theologische Spekulation für

Schemata zur Trinitätstheologie

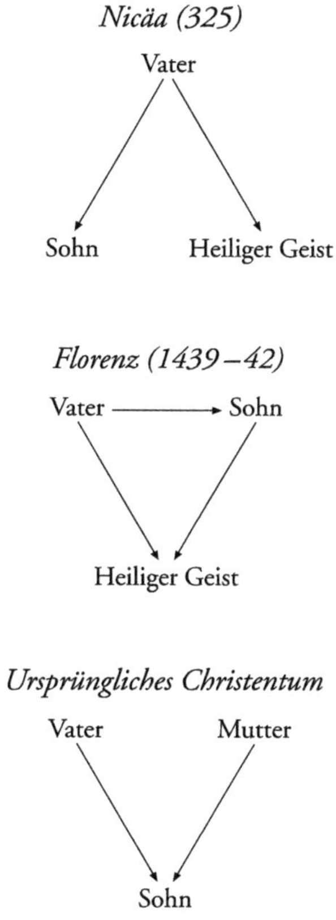

sich einen dogmatischen Endpunkt. Sie formulierte folgenden Glaubenssatz: Der Vater zeugt den Sohn. Der Sohn geht einzig vom Vater aus. Der Heilige Geist geht aufgrund der Einheit von Vater und Sohn von beiden aus. Diese drei Personen bilden eine untrennbare Einheit, sind also nicht als drei einzelne Götter zu verstehen, sondern spiegeln als Dreiheit die innergöttlichen Relationen wider.

Das Ewige und das Endliche

Eine mir oft gestellte Frage ist die folgende: Was ist die Beziehung zwischen dem *unendlichen* Gemüt und dem *endlichen* Gemüt? Wenn das endliche Gemüt ein Teil des unendlichen Gemütes ist, müsste dem unendlichen Gemüt die Unvollkommenheit des endlichen Gemütes zugeschrieben werden. Ist aber das endliche Gemüt nicht ein Teil des unendlichen Gemütes, kann das unendliche Gemüt nicht unendlich sein.

Diese Frage wurde zu allen Zeiten unter allen Völkern aufgeworfen. Es ist das gleiche Problem, das die Theologen beunruhigte und quälte, denn vom Standpunkt der Theologie aus ist augenscheinlich, dass, wenn Gott unendlich und nichtsdestoweniger ein Schöpfer ist, dann jede Wesenheit, die von etwas Unendlichem geschaffen worden ist, auch unendlich sein muss. Aber dennoch, wir sehen uns von einer unendlichen Anzahl endlicher Dinge umgeben.

Die Vorstellung, das Unendliche sei eine handelnde Person, ist gänzlich unrealistisch. Das Unendliche kann keine handelnde Person sein, weil eine Person eine begrenzte Wesenheit ist. Das Unendliche ist nicht wie eine Person tätig, es ist Tätigkeit *an sich*, ist Leben *an sich*, nicht ein Leben, denn das ist Begrenzung, Begrenztheit. Menschen, Himmelskörper wie die Sonne und die Planeten, Tiere, Pflanzen, sie alle sind begrenzte Wesenheiten. Jede begrenzte Wesenheit ist ein endliches Wesen in seiner physischen Ausdrucksform, lebt und bewegt sich und hat ihr Dasein im Unendlichen. Sie kann nicht außerhalb von ihm sein, weil das Unendliche keine

Grenzen, keine Abgrenzungen hat, nichts ist jenseits von ihm. Aus diesem Grunde hat jede begrenzte Wesenheit irgendwo, irgendwie, in irgendeinem Teil von sich ihre Wurzeln im Unendlichen. Das Unendliche durchspült sie sozusagen, wie die Wogen alles durchspülen, was die See umschließt, obwohl natürlich das Unendliche – bildlich gesprochen – ein uferloses Meer ist. Daher habe ich als Mensch meine Wurzeln im Göttlichen. Das Göttliche umgibt mich überall und durchdringt mich vollkommen in allen meinen Teilen, in meinem ganzen Wesen. Ich kann es niemals verlassen, ich bin ein Kind von ihm. Doch hier auf Erden lebe ich als Mensch in einem schwachen, äußerst begrenzten Körper ein relativ kurzes Leben, habe, wenn verglichen mit den Göttern, einen begrenzten Verstand, ethische Intuition und Empfindungen. Und doch fühle ich als Mensch meine Einheit mit allem, was ist. Warum ist das so? Das ist das Problem!

Wir können kein Ende finden

Die Antwort hierauf lautet: Es gibt eine Unendlichkeit von Endlichkeiten, ein seltsames Paradoxon. Mit anderen Worten, die begrenzten Wesenheiten sind zahlenmäßig unendlich. Die Atome des grenzenlosen Raumes sind an keine Grenzen gebunden, jedes einzelne von ihnen ist aber eine begrenzte Wesenheit, und doch existieren sie in unendlicher Zahl. Wir können kein Ende finden. Es wäre eine Begrenzung des Unendlichen, hätte unser Denken die Fähigkeit zu sagen, das Unendliche, aus dem die begrenzten Dinge hervorgehen, hätte ein Ende. Die zu Recht gestellte Frage ist daher: Warum sollte und wie könnte sich das Unendliche selbst in irgendeiner Hinsicht begrenzen? Unser Gehirn ist begrenzt und hat daher die Schwierigkeit, die Vielheit des Endlichen im Unendlichen zu erkennen. Die Intuition, ein Flüstern im Innern sagt jedoch, dass es so ist. Es ist der Atem des Unendlichen in uns, der uns durchspült und leben lässt.

Demzufolge gibt es eine unendliche Zahl begrenzter Wesen, die in unterschiedlich zusammengesetzten Massen oder Körpern vereinigt

sind. Was immer sie sein mögen, Menschen, Planeten, Sterne, Tiere, Pflanzen oder Steine: Sie können Atome genannt werden, weil alle Wesenheiten aus Atomen oder aus noch kleineren Wesenheiten aufgebaut sind, den Elektronen, Protonen und anderen infinitesimal kleinen Teilchen. Alle kosmischen Phänomene folgen im Großen wie im Kleinen demselben erhabenen kosmischen Gesetz oder Muster. Und im Gegensatz zu den Phänomenen des Universums sind die verborgenen Noumena die geheimnisvollen Ursachen.

Westliche Philosophen und Philosophien unterliegen daher einem kapitalen Irrtum, wenn sie das Unendliche als Schlussfolgerung nicht für möglich halten, da sich das Endliche radikal und essenziell von dem Unendlichen unterscheidet. Welch seltsamer Widerspruch! Denn gerade deshalb, weil die begrenzten Dinge grenzenlos, unendlich an Zahl sind, sind sie als kollektive Unendlichkeit ein Teil des Unendlichen; in der Tat, in einem Sinne sind sie die Schleier des Unbegrenzten. Sie *sind* Es. Mit anderen Worten: Wir müssen unsere

Ansicht über das Universum ändern, damit wir verstehen können, warum das Unendliche im Zeitlichen, in dem, was wir den unendlichen Raum nennen, atmet. In einer Hinsicht ist selbst ein Gedanke unendlich, weil er *ein* Gedanke aus einer unendlichen Anzahl von Gedanken ist, von Energien, die im Herzen der Natur leben, und er ist niemals fähig, das Unendliche zu verlassen.

Diese erhabenen und schwierigen Gedanken finden in den Veden wie folgt ihren Ausdruck: Tat tvam asi – JENES, das Grenzenlose, das bist du.

Die Lehre von den Hierarchien

Um zu einem besseren Verstehen des Grenzenlosen zu gelangen, können wir uns Grenzen setzen, indem wir in Hierarchien denken. Einer Hierarchie sind stets andere Hierarchien über- und untergeordnet, die begrenzt und daher nicht unendlich sind. So ist jede Hierarchie, jede begrenzte Wesenheit, jede Begrenztheit in wunderbarer Weise von dem Unendlichen durchspült, weil sie in ihrem Herzen, in ihrer Essenz von der Substanz des Unendlichen ist. Dieses Unendliche ist JENES. Es hat keinen konkreten Namen, denn ein Name würde Begrenzung bedeuten – daher ist es namenlos. JENES ist kein Titel, kein Name, es ist nur der Versuch des menschlichen Gemütes, das Unendliche nicht zu definieren, ihm nicht einen Namen oder ein Attribut zu geben. Der Ausdruck JENES wird lediglich als Ausdruck der Ergebenheit angewandt. Letztlich sind selbst die physischen Universen unendlich, weil sie aus einer unbegrenzten Zahl begrenzter Einheiten zusammengesetzt sind. Welch seltsames Paradoxon! Und dies ist so seit Ewigkeit. JENES hatte niemals einen Anfang und wird niemals ein Ende haben, weil das Unendliche weder Anfang noch Ende haben kann. Das Unendliche schafft nicht und bringt diese begrenzten Dinge nicht hervor. Sie *sind* daher immer, von der unendlichen Vergangenheit bis zur unendlichen Zukunft, sie sind und bleiben Teile des Unendlichen.

Weder Gutes noch Böses

Worte können fehlleiten, entgleisen lassen und unsere Gedanken auf Abwege führen. Und doch müssen wir Worte gebrauchen, um miteinander in Verbindung zu kommen. Die Philosophie des Ostens hat in Tausenden von Jahren nicht unter den schwierigen Umständen zu leiden gehabt wie die westliche Philosophie. Die Gedanken, die aus den orientalischen Philosophien und archaischen Mysterienschulen hervorgingen, hatten die Freiheit zum Wachsen und zur Entwicklung. In dem philosophischen und religiösen Gedankengut des Orients ist das Unbegrenzte, Unendliche oder JENES weder gut noch böse. Diese Bezeichnungen sind menschliche Begrenzungen und können nur in der Gegenüberstellung von begrenzten Wesenheiten angewandt werden. Menschen, Engel, Gott oder Deva können gut oder böse sein. Daher gibt es weder einen Geist des Guten noch einen Geist des Bösen. Was tatsächlich stattfindet, ist, dass aus dem Busen des Unendlichen, wie aus einem ewigen Leib, Hierarchien von Lebewesen, von Monaden, wie Leibniz sagen würde, kommen. Sie alle sind spirituelle Wesen verschiedener Grade und Stufen evolutionärer Entfaltung, von den höchsten der höchsten Götter die Stufen abwärts bis zum Menschen. Zudem gibt es Wesenheiten unterhalb des Menschen, auf anderen Stufen der Hierarchien, Tiere, Pflanzen, Mineralien und Elementale, und sie alle marschieren aufwärts auf ihrem evolutionären Pfad, höher und höher steigend. In der Tat gibt es in unserer Welt auch das, was wir Gut und Böse nennen. Wir sehen, wie wunderschön das Gute ist, denn es ist Harmonie, Liebe, Frieden, Fortschritt, Entwicklung, Evolution, Ausdehnung und Wachstum. Und gleicherweise sehen wir, was nicht gut ist: Einschränkung, Begrenzung, Leiden, Pein, Ungleichheit, Unkenntnis, mit anderen Worten Unvollkommenheit in der Entwicklung. Oftmals schließt das Böse Rückschritte oder das Abwärtsgehen zu noch stärkeren Unvollkommenheiten in sich, bis die Lektionen durch Gewohnheit und Erfahrung gelernt sind und die Wesenheit beginnt aufwärtszugehen. Der schlechte Mensch geht abwärts und rückwärts, solange er Übles tut, während der gute Mensch den Pfad seiner Evolution aufwärtsgeht. So kommt es, dass wir in den manifestierten Verkörperungen des Universums herrlich Gutes und das Beste wie auch schrecklich Böses und Unedles finden.

Die Lehre von dem Hervorbringen von Heeren begrenzter Wesenheiten, die aus den Hierarchien hervorgehen, wurde in der alten Philosophie „Emanation" genannt. Es kann nicht gesagt werden, das Unendliche sei gut, denn dies ist ein begrenzender Ausdruck, der einzig den emanierten Wesenheiten der entsprechenden Hierarchien zugesprochen werden kann. Daher ist es also vollkommen falsch, das Unendliche mit „Gott" als einer Person zu bezeichnen und ihr lediglich das Gute zuzusprechen. Wäre das Unendliche ausschließlich gut, wie erklärt sich dann das Schlechte in der Welt, von dem es wahrhaft genug gibt! Nein, Gut und Böse gehören zu den weiten Bereichen der Hierarchien, die im Unendlichen existieren. Sie treten in einer großen Lebenswoge in irgendeinem Teil des Universums in die Manifestation, leben ihre Lebenszeit, gehen vorwärts und entwickeln sich. Wenn sie dann den Kulminationspunkt, den höchsten Punkt ihres Wachstums in jener Zeitperiode erreicht haben, kehren sie am Ende ihres Evolutionszyklus in den Busen des Göttlichen zurück, bis sie wiederum in einer zukünftigen Zeit auf einer höheren Ebene, in einer erhabeneren Sphäre ins Dasein treten.

Das große Buch der Natur

Dieser Vorgang von Leben und Tod kann in der Natur beobachtet werden, wenn zum Beispiel der Baum im Frühjahr seine Blätter hervorbringt und sie im Herbst wieder abwirft. Das Gleiche wiederholt sich beim Menschen, der sich teils in höheren Welten, teils in physischen Welten in Leben auf Leben wiederverkörpert. Es ist ein Auf und Ab, wie das Schwingen des Pendels, das das Naturgesetz darstellt. Die Natur offenbart sich wie ein großes Buch, das wir studieren können: ihre Gesetzmäßigkeiten und Wesenheiten, alles, was ist und wie es ist. Mit Natur ist nicht allein die physische Natur gemeint, sondern die gesamte Natur, ihre sichtbaren wie ihre unsichtbaren Bereiche, die Natur der göttlichen, spirituellen und intellektuellen Welten sowie der physischen Welten, aber auch die Natur der Welten, die sich noch unter dem Physischen befinden. Wer kann, wer darf dem Leben im Unendlichen Grenzen setzen?

Der Kernpunkt der Antwort auf die gestellten Fragen – was ist das Endliche, was das Unendliche? – ist daher folgender: Jede Einheit aus der unendlichen Zahl begrenzter Wesenheiten, die im Unendlichen und durch das Unendliche leben, jede solche Einheit ist in ihrem höchsten Teil, in ihrer Essenz oder ihrer fundamentalen Substanz identisch mit der Substanz des Unendlichen. Doch diese Lebensatome der unendlichen Substanz oder diese monadischen Zentren in ihren unterschiedlichen Ausdrucksformen als kosmische Phänomene sind oder werden oder bringen sich selbst als begrenzte Einheiten zum Ausdruck. Daher ist jede Einheit, auch jeder Mensch, in seiner essenziellen Substanz von dem ursächlichen, kausalen Stoff des Unendlichen. Alle diese Einheiten sind oder werden jedoch in ihren Manifestationen oder körperlichen Ausdrucksformen der Emanation gesonderte oder für sich bestehende Wesenheiten in ihren zahllosen Armeen von Hierarchien.

„Gott, Götter oder unveränderliches Prinzip" zählt zu den schwierigsten Themen unserer Zeit. Es wirklich zu erfassen, ist wohl nur unter Zuhilfenahme unserer Intuition möglich. Doch derart tiefgehende Gedanken öffnen die realen Hintergründe unseres Daseins. Als einer zusammengesetzten Wesenheit sind dem Menschen, der sowohl Göttliches als auch Spirituelles, Psychisches, Physisches und Transzendentales enthält, keine Grenzen gesetzt, denn wir sind Kinder der Unendlichkeit, des ewigen, unveränderlichen Prinzips – Gott oder Götter sind Begrenzungen.

Mysterienschulen – Antworten auf die großen Lebensfragen

Seit undenklichen Zeiten gibt es bei praktisch allen Kulturvölkern Mysterienschulen – Universitäten, in denen nicht nur das Materiell-Sichtbare gelehrt wurde, sondern in erster Linie die hinter dem Sichtbaren stehenden verursachenden Kräfte. Dort wurden die weitaus tieferen Bereiche der unsichtbaren Welten und Sphären, die Bereiche der Seele und die des Geistes, beleuchtet.

In den Mysterienschulen wurden zweierlei Aspekte gelehrt: der äußere, um das Interesse der Bevölkerung für höhere Dinge zu wecken, und der innere, der nur von Mund zu Ohr dem zum Schweigen verpflichteten Schüler übermittelt wurde. So wundert es nicht, dass nur spärliche Zeugnisse über das Wissen aus den Mysterienschulen an die Öffentlichkeit drangen und dieses unseren Wissenschaften bis auf den heutigen Tag ein „Mysterium" blieb. Die Notwendigkeit der Geheimhaltung dieser universal anwendbaren Lehren liegt in der Natur des Menschen selbst, denn die beiden Pole der Dualität sind immer wirksam, und der Mensch ist in der Lage, Positives in Negatives, aber auch Negatives in Positives umzuwandeln. Aus diesem Grund wurde in den ethisch-moralisch degenerierteren Zeiten der

Verrat der Mysterien unter Todesstrafe gestellt. Dafür ist der Tod des Sokrates durch den Schierlingsbecher ein Beispiel.

Einige Mysterienschulen, wie zum Beispiel die von Eleusis und Samothrake in Griechenland, waren mehr oder weniger bekannt. Die größten Schulen waren jedoch jene, die keinen Wert auf Unterkunft in Gebäuden irgendwelcher Art legten, weil diese die Aufmerksamkeit und Beachtung der Öffentlichkeit auf sich ziehen. Die Versammlungen fanden in unbekannten Räumen oder Höhlen statt, gelegentlich sogar unter freiem Himmel; so trafen sich die Druiden Britanniens und die Germanen unter alten Eichen. In Indien gab es Mysterienzentren in großen Höhlentempeln, ebenso in Sri Lanka. Auch Memphis, Abydos, Theben, Abu-Simbel und Karnak in Ägypten waren Mysterienzentren. Sippar in Assyrien, Ekbatana in Medien, Babylon, Ur und Lagasch waren andere.

Die Tempelanlage von Abu Simbel gehört zu den beeindruckendsten Bauwerken des alten Ägypten. Beim Bau des Assuan-Hochdammes wurden die beiden Tempel an einen höher gelegenen Ort versetzt.

Der Fortbestand der Mysterienschulen

Es wäre nun falsch, aufgrund der strengen Geheimhaltung der Mysterienlehren zu dem Schluss zu kommen, es gäbe dieses Wissen in der heutigen Zeit nicht mehr. Mysterienschulen hat es immer gegeben, und es gibt sie auch heute noch, wenngleich unter verschiedenen Namen und ohne öffentlich zu lehren. In den Mysterienschulen wurde stets die Weisheit der Zeitalter gelehrt. Sie wurde von jenen Intellekten aufgezeichnet, die aufgrund ihrer hohen Entwicklungsstufe imstande waren, die verursachenden Kräfte und deren Wirkungsweisen zu erkennen. Diese Weisheit ist das Erbe der Menschheit, dessen jede Epoche teilhaftig werden kann.

Antworten auf die großen Lebensfragen

Eine Mysterienschule ist eine Universität „des Geistes". Und wenn das Wort „Geist" hier auch nur in dem allgemein gebräuchlichen Sinne Anwendung findet, so ist doch erkennbar, dass in den Mysterienschulen insbesondere die kausalen, das heißt die ursächlichen Wirkungsweisen der Natur vermittelt werden. Wir können fragen: Woher kommen wir, was geschieht nach dem Tod, gibt es darüber hinaus Bereiche, Sphären, Welten, die einem entkörperten Bewusstseinszentrum (Leibniz nennt es Monade) Wohnung geben? Welchen Sinn hat unser Erdenleben? Herrschen Zufall oder Gerechtigkeit und Ordnung im Universum?

Die komplexen Antworten auf diese und weitere Fragen sind in einem Lehrgebäude eingebettet, das unser Denken nicht begrenzt, sondern in immer tiefere Gefilde führt. Um mit Judge* zu sprechen:

> „Theosophie ist jenes Meer des Wissens, das sich von Küste zu Küste der Evolution aller fühlenden Wesen ausbreitet.

---

* William Q. Judge: *Das Meer der Theosophie*. Hannover, 2010, S. 25.

Unergründlich in seinen tiefsten Teilen, gibt es den mächtigsten Gemütern ihre vollste Entfaltungsmöglichkeit und ist dennoch an seinen Küsten flach genug, um den Verstand eines Kindes nicht zu überwältigen."

Einige der grundlegenden Aussagen aus den Mysterienschulen und in der heutigen Theosophie sind:

- der hierarchische Aufbau des Kosmos;
- Wiederverkörperung einer Essenz, in Bezug auf den Menschen „Reinkarnation" genannt;
- Karman, das Gesetz von Aktion und Reaktion, Ursache und Wirkung;
- die sichtbare oder materielle Welt ist die Manifestation der unsichtbaren, feinstofflicheren Welten;
- alle Lebewesen sind zusammengesetzt und unterliegen einer zyklischen Offenbarung, der Manifestation. Geburt, Reife, Alter, Tod und Wiedergeburt sind in der Natur zu beobachtende Gesetzmäßigkeiten.

Die Vernetzung allen Seins

Das Wissen der Mysterienschulen ist universal, allumfassend und kann daher nur in seiner Gesamtheit, als ein zusammenhängendes Ganzes, verstanden und studiert werden. So wie die Zahnräder einer Uhr ineinandergreifen, stellt sich unser Universum als ein mathematisch exakt geordnetes System dar, und dies nicht nur auf materieller Ebene, sondern auch in andere Welten, Sphären und Frequenzen übergreifend. Wissenschaftlerinnen und Wissenschaftler sprechen heute von einer „Vernetzung".

Je mehr wir diese Vernetzung und die Kausalität der Wirkungsweisen der Natur verstehen, desto eher sind wir in der Lage, Antworten auf die großen Lebensfragen zu finden. Damit wächst die

Erkenntnis der Verantwortung, die wir Menschen gegenüber allen anderen Naturreichen haben. Wir sind Teile dieser Vernetzung und handeln im Gegensatz zu den unter uns stehenden Naturreichen, wie zum Beispiel den Tieren und Pflanzen, in Selbstverantwortung.

Das Gesetz von Aktion und Reaktion ist Naturgesetz, und es wird uns immer die entsprechende Wirkung erreichen, für die wir die Aktion gelegt haben. Hierin liegt die Bedeutung der Mysterienschulen: das Bewusstsein für die Einheit allen Seins zu wecken. Und wenn Platon sagt: „Ideen regieren die Welt“, so liegt darin einer der Schlüssel, die in den Mysterienschulen Anwendung fanden und auch heute noch finden.

Mysterienschulen sind Hoffnungsträger für die Menschheit. Ihren Ursprung haben sie in der zeitlosen Theosophie, der Weisheit der Götter – jener geistigen Vorfahren der Menschheit, die uns evolutionär in Bezug auf Erkenntnis weit vorausgeeilt sind. Das Wissen der Mysterienschulen offenbart den Sinn unseres Lebens und leitet dazu an, verantwortlich zu handeln und vor allem verantwortlich zu denken. Denn Ursache und Wirkung bedingen einander, was bedeutet, dass jeder Einzelne an seinem eigenen Schicksal und dem der Menschheit webt!

Als Beispiel eines Mysterienzentrums im alten Ägypten mag die noch erkennbare Tempelanlage in Karnak dienen, die täglich von einigen hundert Touristen besucht wird. Die folgenden Erläuterungen entstammen einer Reisebeschreibung:

„Die Teilnahme von Laien an den religiösen Feierlichkeiten war auf den Platz vor dem Tempel beschränkt – nicht nur aus klimatischen Gründen, sondern auch, um die Trennung exoterischer und esoterischer Riten zu betonen. Zudem galt das Tempelgebäude als architektonische Inkarnation der Gottheit, der an sich besondere Ehrerbietung galt. Überreste dieser Auffassung finden sich im Baustil der mittelalterlichen Kathedralen Europas, die als Abbild des göttlichen Menschen konzipiert waren; auch dort waren die Laien im Langhaus vor dem Altarraum untergebracht, während die Geistlichen (Ordensmitglieder) im Chorraum hinter einer Wand, dem

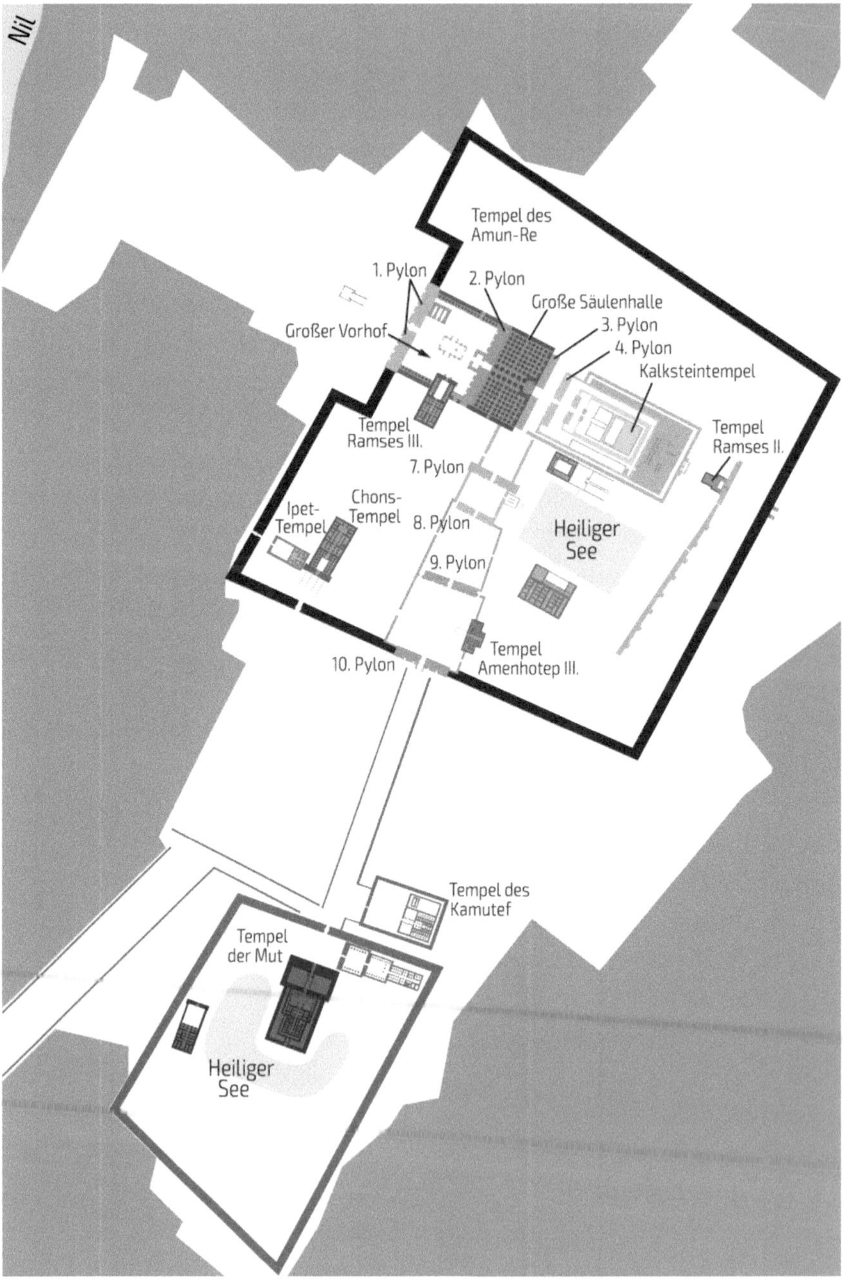

Tempelanlage in Karnak, Ägypten

Lettner, von der Gemeinde getrennt saßen. Außerdem war ein heiliger See zur rituellen Waschung der Mysten (in die Mysterien Eingeweihte) ebenfalls Bestandteil dieses Mysterienzentrums."

Bei meinen Studienreisen durch Ägypten war bei verhältnismäßig gut erhaltenen Tempelanlagen der sogenannte „Heilige See" noch erkennbar. Eine befriedigende Erklärung seiner Bedeutung konnte ich jedoch nirgendwo erhalten. Handelte es sich um einen See, in dem Rituale vorgenommen wurden, oder handelte es sich um eine Art Weihwasser?

Helena P. Blavatsky macht in ihrem umfassenden Werk *Isis Entschleiert** folgende Angaben:

> „In Ägypten wurde jede Stadt von irgendwelcher Bedeutung von ihrem Begräbnisplatz durch einen heiligen See getrennt. Dieselbe Zeremonie der Aburteilung, die das ‚Buch der Toten' als in der Welt des Geistes vor sich gehend darstellt, fand auch statt während des Begräbnisses der Mumie. 42 Richter oder Beisitzer versammelten sich am Ufer und richteten die abgeschiedene ‚Seele' gemäß ihren Taten im Körper, und es war nur aufgrund eines einmütigen Gutachtens dieses Totengerichtes, dass der Bootsmann, der den Geist des Toten darstellt, den Leib des gerichteten Verstorbenen an seinen letzten Ruheplatz bringen durfte. Danach kehrten die Priester in ihren heiligen Bereich zurück und belehrten die Neophyten über das vermutlich feierliche Drama, das alsdann in dem unsichtbaren Bereich stattfand und in das die Seele entrückt wurde."

Die Mysterienschulen des Altertums bildeten den inneren Brennpunkt archaischen Denkens, und die Lehren, die in ihnen studiert wurden, wurden die „Herzenslehre" genannt, weil sie das Wissen darstellten, das verborgen war. Die verschiedenen Philosophien jedoch, die dieses Wissen öffentlich auslegten, wurden die „Augenlehre"

* Helena Petrowna Blavatsky: *Isis Entschleiert*. Hannover, 2005, Band II, S. 380.

genannt, weil sie die in exoterischer Ausdrucksweise gegebenen Lehren über die sichtbaren und nicht über die verborgenen Dinge waren. Die „Herzenslehre" schloss die Lösungen der Rätsel des Seins ein. Sie handelt von der wahren Natur, dem Ursprung und der Bestimmung des Kosmos und des Menschen.

Die Mysterienschulen zeigten den Menschen, dass der Weg zu einem vollkommenen Verstehen der Mysterien des Seins im „Erforschen des Inneren" besteht. Kein Mensch kann eine Wahrheit richtig verstehen, wenn sie nur durch die Ohren eintritt und er nicht vorher auch die innere Fähigkeit des Verstehens in sich entwickelt hat. Die ganze Anstrengung bestand daher darin, den Menschen „sich selbst erkennen zu lassen", weil unsere innerste Essenz in den innersten Essenzen des Universums wurzelt.

Weihnachten – die Zeit der Wintersonnenwende

Ist Weihnachten ein christliches Fest und welche Bedeutung liegt ihm naturbedingt ursprünglich zugrunde?

Die Natur ist ein wunderbar spannendes Buch. Es enthält die verborgensten Geheimnisse, die unserem Leben Inhalt und Sinn geben. Da sich alles in der universalen Natur in seiner Struktur und Wirkungsweise wiederholt, sind wir in der Lage, ihre Geheimnisse zu entschlüsseln, denn das Kleine spiegelt das Große wider, und das Große wiederholt sich im Kleinen.

Beim Studium der Weltreligionen, dem Buddhismus oder dem Hinduismus, der nordischen Edda oder der kulturrichtungsweisenden Denker und Philosophen früherer Zeitalter wie Platon, Pythagoras, Cicero und anderen schälen sich gravierende Ähnlichkeiten der teils in Symbolik und Metaphern gehüllten Lehren heraus. So gesehen lassen sich unsere christlichen Feste auf eine gemeinsame Quelle zurückführen, auch wenn die verschiedenen religiösen und philosophischen Systeme ihre inhaltlichen Schwerpunkte und Inhalte der jeweiligen Zeit entsprechend in verständlicher Sprache anpassen.

Im Allgemeinen wird angenommen, unser Weihnachtsfest sei ursprünglich ein rein christliches Fest, das in heutiger Zeit vielfach auf materielle und prosaische Art herabgewürdigt wird. Forschungen haben jedoch ergeben haben, dass das Weihnachtsfest heidnischen Ursprungs ist und von der Kirche als Gedenktag an die Geburt Jesu Christi übernommen wurde.

In Anlehnung an die zyklisch bedingten Jahreszeiten lassen sich Verbindungen erkennen, die bei näherer Betrachtung tatsächlich der Ausgangspunkt und die essenzielle Basis für die Inhalte der Religionen sind. Es gibt vier Wendepunkte im Jahresablauf: Die Sonnenwenden des Winters und Sommers und die Tagundnachtgleichen des Frühlings und Herbstes. In dem Jahreszyklus sahen die alten Völker unter anderem stets ein Symbol auch für das menschliche Leben. Die Geburt zur Wintersonnenwende (21./22. Dezember); die Jugend-Reifezeit zur Frühjahrs-Tagundnachtgleiche (21./22. März); das Erwachsenenalter zur Sommersonnenwende (21./22. Juni); und das große Hinscheiden während der Herbst-Tagundnachtgleiche (22./23. September). Diese vier Wendepunkte werden auch die „vier heiligen Jahreszeiten“ genannt, da zu ihrer Zeit gewisse planetarische Einflüsse wirksam sind. So wird verständlich, warum die großen Religionsstifter zur Zeit der Wintersonnenwende ihre Geburt hatten.

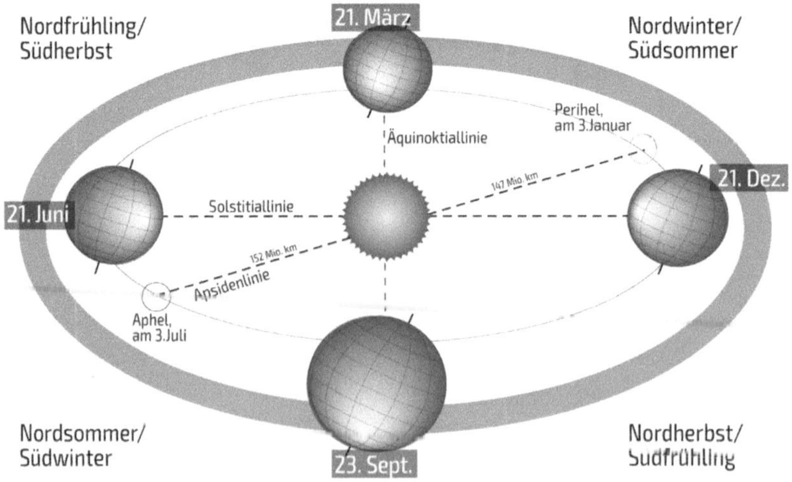

Die Bahn der Erde um die Sonne. Tagundnachtgleichen (Äquinoktien) finden im März und im September statt, wenn die Erdachse der Sonne nicht zu- bzw. nicht weggeneigt ist. Zu den Sonnenwenden des Winters und Sommers erreicht der Sonnenstand – entweder im Norden oder im Süden – seinen größten Winkelabstand von der Äquatorebene.

Die Geburt des Adonis aus dem Myrrhenbaum
Zugeschrieben Giovanni Francesco Barbieri, genannt Guercino (1591 – 1666).
Staatliche Kunstsammlungen Dresden, Kriegsverlust.

Den Überlieferungen gemäß wurde der Sonnengott „Adonis" – so genannt bei den Ägyptern und in Phönizien (im Altertum Küstenland Syriens) –, zu diesem Zeitpunkt in menschlicher Gestalt in einer Höhle oder Grotte geboren. In Phrygien (antikes Reich in Nordwest-Kleinasien) hieß dieselbe geheimnisvolle Verkörperung des Sonnengottes „Atys“ und in Persien „Mithras“; auch hier wird von der Geburt in einer Höhle oder Grotte zur Wintersonnenwende berichtet. Dieser besondere Tag wurde oft die „Nacht des Lichtes“ genannt. Eine Vorstellung besagte, dass die Verkörperung des Sonnengottes die des LOGOS sei, des geistigen Mittlers zwischen dem Göttlichen und dem Menschen. Daher wurde er „Freund“, „Mittler“ oder „Erlöser“ genannt.

Auch die Druiden (keltische Priester) feierten in alten Zeiten, besonders in Frankreich und Britannien, zur Wintersonnenwende mit Freudenfeuern den mystischen Festtag; für sie war es ein geheimnisvolles Fest des Lichts.

Wahres, tiefes Wissen liegt in diesen Mysterien verborgen. Wir können auch heute noch die Tore zu ihnen öffnen, wenn wir bereit sind, kristallisierte Denkgewohnheiten zu zerbrechen, um unseren Gedanken freien Raum zu geben. Jeder Tag birgt die Möglichkeit, uns als einen Teil des Universums zu erkennen und danach in Eigenverantwortung zu handeln. Dieser, unser Teil einer universalen Bruderschaft – diese Vernetzung aller Wesenheiten –, basiert auf dem fundamentalen Naturgesetz, das besagt: Nichts kann ausschließlich für sich selbst existieren.

Jeder Einzelne von uns hat in einem geringeren Sinn nicht nur die Gelegenheit, spirituell „neu geboren“ zu werden, sondern er wird es auch tatsächlich, sofern er nach Höherem strebt und insbesondere danach lebt.

Haben wir das Christuslicht in unseren eigenen Herzen, werden keine Schatten von Unverständnis oder Unbrüderlichkeit unser Leben trüben.

So können wir Weihnachten im Kleinen erleben, damit eines Tages die wahre erhabene „Weihe-Nacht“ erlebt werden kann.

Faszination Ägypten und Astrologie

Astrologie – Teil 1: Verloren gegangenes Wissen

Die Astrologie war einst eine erhabene Wissenschaft, die aus der Quelle archaischen Wissens hervorging. Doch obgleich sich die Flut spiritueller Ströme in alle großen Religionen und Philosophien der Welt ergoss, verebbten sie im Laufe der Zeit zu spärlichen Rinnsalen, den Unrat menschlicher Gewinnsucht mit sich führend. Daher passt die ursprüngliche Astrologie kaum noch in das gängige Bild heutiger, moderner Astrologie. Umso aufschlussreicher gibt sie Einblick in das kosmische Gewebe, in das der Mensch untrennbar und schicksalhaft verwoben ist. Wahre Astrologie ist alles umfassend. Ihr Wirken zeugt auf faszinierende Weise von den Vernetzungen der äußeren und inneren Planeten und von den kaum noch bekannten tieferen planetarischen Einflüssen.

Der Trend moderner Astrologie hat sich in nahezu allen Bevölkerungsschichten etabliert. Doch was ist „dran“ an der Astrologie? Was kann sie, was kann sie nicht? Wo sind ihre Grenzen, und wo berührt sie die Wurzeln unseres Daseins?

Mit heutiger *angewandter* Astrologie möchten viele Menschen „ihrem Schicksal ein Schnippchen schlagen“! Wenn ein Astrologe einen ungünstigen Tag voraussagt, wird ein wichtiger Termin eben auf einen anderen, vermeintlich günstigeren Termin verlegt. Damit beginnt jedoch in der Regel eine fatale Aufschubtaktik, denn niemand kann seinem Karma ein Schnippchen schlagen, da es unbedingt gerecht wirkt und sich nicht manipulieren lässt! Der beste und auch gefahrloseste Weg besteht daher darin, Freud und Leid beherzt auf sich zu nehmen. Dies ist eine hervorragende Methode, die Lektionen des täglichen Lebens zu lernen und auf der Stufenleiter der Evolution aufwärtszusteigen. Denn zwei Pfade liegen immer eng beieinander: der Pfad der rechten Hand und der Pfad der linken Hand. Ähnlich wie die Anzahl menschlicher Inkarnationen einer karmisch-mathematischen Gleichung zufolge bestimmt ist, kann niemand seinem Karma aus dem Weg gehen. Wir können es lediglich vor uns herschieben, es aufstapeln, indem wir sklavisch astrologischen Vorausberechnungen folgen. Damit wird ungünstiges Karma nur wie ein Berg aus Unrat aufgestapelt, der zu guter Letzt nur schwer bewältigt werden kann und dessen Last schließlich zu Verzweiflung führen kann. Die Berechnung der Sternen- oder Planetenstände kann jedem Lehrbuch entnommen werden. Daher wird hier die Astrologie, soweit in diesem Rahmen möglich, im Sinne der uralten Wissenschaft aufgezeigt, denn das ist *alte* Astrologie: eine uralte erhabene Weisheit, deren Schlüssel uns vor langer Zeit verloren gegangen sind.

Die Wissenschaft über Himmelskörper

Moderne Astrologie ist mit diesem uralten Wissen nicht mehr vergleichbar, sie ist nur noch ein Steinchen aus einem einst erhabenen Gebäude. Und wer möchte bezweifeln, dass die sogenannte Astrologie, die in Wochen- und Monatszeitschriften der bloßen Unterhaltung dient, nicht viel mehr wert ist als das Wahrsagen aus dem Kaffeesatz?

Hierzu sagte der große Gelehrte archaischer Wissenschaften von Purucker:

„Die sogenannte Astrologie, die wir heute kennen, besteht lediglich aus einer Reihe unvollständiger und verstümmelter Bruchstücke von Lehren, die selbst die späteren Griechen und Römer falsch verstanden haben. Das sollte gut verstanden werden, denn es gab tatsächlich eine mächtige und edle Wissenschaft, die in den alten Zeiten Astrologie genannt wurde, ein Ausdruck, der die ‚Wissenschaft über die Himmelskörper' bedeutet. Diese Wissenschaft war so erhaben und edel, dass sie als Mysterienlehre streng gehütet wurde. Es war immer gegen das Gesetz der Mysterien, der äußeren Welt irgendeine dieser Mysterienlehren mitzuteilen. Jede Verbreitung wurde als ernstes Verbrechen betrachtet und in späteren Zeiten vom Staat sogar mit dem Tode bestraft. Die alten Völker, zum Beispiel die späteren Griechen und Römer, verboten die öffentliche Ausübung und das öffentliche Lehren der Astrologie aus Gründen gesunder öffentlicher Politik, weil sie wussten, dass sie als Mittel für persönlichen Gewinn nicht ehrlich gelehrt und ausgeübt werden kann. Im Römischen Reich ging man sogar so weit, ihre Ausübung unter Strafe der Verbannung oder unter Todesstrafe zu verbieten. Die Völker um das Mittelmeer erließen zu verschiedenen Zeiten drastische Gesetze gegen sie und auch gegen die ‚Chaldäer' oder ‚Astrologen', wie sie von den Römern allgemein genannt wurden, infolge des vielen Unheils, das der Ausübung der Astrologie entsprang. Die Irreführung und Verwirrung der Gemüter der Unwissenden und Gedankenlosen rüttelten die Gesetzgeber jener Zeiten auf, und sie leiteten in dem Versuch, dem wachsenden Übel zu begegnen, gesetzliche Maßnahmen ein. Dessen ungeachtet stellt die wirkliche Astrologie eine sehr tiefe Wahrheit dar, denn es besteht tatsächlich ein Band engster Verbundenheit, eine enge und vollkommene Entsprechung zwischen allen Teilen des Seins."*

---

* Gottfried von Purucker: *Grundlagen der Esoterischen Philosophie.* Hannover, 2003, S. 565 f.

Unter der Strahlendusche der Sterne

Was macht ein Astrologe, wenn er ein Horoskop stellen will? Er benötigt den Anfang des betreffenden Objektes, in Bezug auf den Menschen also die Geburtszeit und den Geburtsort. Sodann entnimmt er den Sterntabellen des Ortes und den Ephemeriden die entsprechenden Werte oder Sternstände zur Zeit der Geburt.

Das ist sehr einfach ausgedrückt, denn die Schwierigkeit der Astrologie liegt nicht in der Berechnung, sondern in der *Ausdeutung*, das heißt in der Erfassung der Bedeutung der verschiedenen Sterneneinflüsse oder Strahlenarten *zu*einander, *mit*einander und *gegen*einander, die sich auf das Objekt auswirken. Astrologie ist also nicht die Berechnung und Festlegung der Sternstände, denn das ist

1850 FEBRUAR

Tag	♆ Länge	♅ Länge	♄ Länge	♃ Länge	♂ Länge	♀ Länge	☿ Länge
	° ′	° ′	° ′	° ′	° ′	° ′	° ′
1	3 ♓ 37	22 ♈ 48	4 ♈ 8	22 ♍ 7	18 ♊ 19	5 ♒ 8	24 ♒ 9
2	3 39	22 50	4 13	22 ℞ 2	18 26	6 23	23 ℞ 32
3	3 41	22 52	4 19	21 57	18 33	7 39	22 45
4	3 44	22 53	4 25	21 52	18 41	8 54	21 51
5	3 47	22 55	4 31	21 47	18 49	10 10	20 49
6	3 49	22 57	4 37	21 42	18 58	11 25	19 42
7	3 51	22 59	4 43	21 37	19 7	12 39	18 32
8	3 53	23 1	4 49	21 31	19 17	13 55	17 21
9	3 55	23 3	4 55	21 25	19 28	15 10	16 10
10	3 58	23 5	5 1	21 19	19 39	16 25	15 2
11	4 1	23 7	5 7	21 18	19 51	17 40	13 58
12	4 3	23 9	5 13	21 7	20 4	18 56	13 0
13	4 5	23 11	5 20	21 1	20 17	20 11	12 8
14	4 7	23 13	5 26	20 55	20 30	21 26	11 22
15	4 10	23 15	5 32	20 49	20 44	22 41	10 45
16	4 12	23 17	5 38	20 42	20 58	23 56	10 15
17	4 15	23 19	5 44	20 34	21 13	25 11	9 52
18	4 17	23 22	5 51	20 28	21 29	26 27	9 38
19	4 10	23 25	5 58	20 21	21 45	27 42	9 31
20	4 21	23 27	6 5	20 14	22 1	28 57	9 D30
21	4 28	23 29	6 12	20 7	22 18	0 ♓ 12	9 36
22	4 26	23 32	6 19	20 0	22 35	1 27	9 48
23	4 29	23 34	6 26	19 53	22 53	2 42	10 7
24	4 31	23 36	6 33	19 45	23 11	3 57	10 31
25	4 33	23 39	6 39	19 38	23 29	5 12	11 0
26	4 36	23 41	6 46	19 31	23 48	6 27	11 33
27	4 38	23 44	6 53	19 23	24 7	7 42	12 12
28	4 40	23 47	7 0	19 15	24 27	8 57	12 54

Historische Ephemeridentafel aus dem Jahre 1923. Otto Wilhelm Barth Verlag, Berlin.

Astro*no*mie, sondern das Wissen um die Qualität, den Charakter der Himmelskörper und damit ihrer Strahlen sowie die Reaktion dieser Strahlendusche auf die verschiedenen Objekte. „Objekte" bezieht sich auf jedes Lebewesen, auf jeden Menschen, jedes Tier, jede Pflanze und selbst auf jedes Atom sowie auf alle Götter der unterschiedlichsten Grade. Sie alle stehen unter einem gewissen Austausch von Energien mit dieser Strahlendusche.

Astronomie hingegen befasst sich in der Hauptsache mit den Stern-Standorten, sie ist ein Sammelbegriff für verschiedene Wissensgebiete über die Himmelskörper. *Astrophysik* erforscht die physikalischen Eigenschaften, dabei geht speziell die *Radioastronomie* über die sichtbaren Welten hinaus und ortet auch unsichtbare Welten und Sterne aufgrund der von ihnen ausgehenden Strahlung in dem Bereich von etwa 30 mm bis 3 m Wellenlänge.*

Astrologie ist also die Auswertung der unterschiedlichsten Strahlenarten in Bezug auf die verschiedensten Objekte. Dies können Galaxien, Sonnen, Planeten, Globen, Mineralien, Pflanzen, Tiere oder auch der Mensch auf dieser Erde sein. Die ursprüngliche, alte Astrologie ist daher wesentlich mehr als im Allgemeinen angenommen wird. Sie umfasst mehr als Wissenschaft, mehr als Religion, mehr als Philosophie, denn sie war in alten Zeiten die Synthese von Wissenschaft, Religion und Philosophie. Dieses komplexe System umfasste sowohl die kausalen, unsichtbaren Welten des Kosmos als auch die sichtbare und für uns wahrnehmbare Welt der Erscheinungen. Die moderne Astrologie hat also mit der alten Astrologie nur noch herzlich wenig zu tun, denn sie ist nur noch ein Splitter eines großen erhabenen Baumes, der seinen Ursprung in der „Weisheit der Zeitalter" hat. Nur unter diesem Blickwinkel ist zu verstehen, warum die Astrologen vergangener Kulturepochen so sehr verehrt wurden.

Leben und Tod bilden die sich ständig wiederholenden Zyklen im Weltgeschehen. Doch woher kommen diese Zyklen? Warum gibt

---

* Das Radioteleskop bei Effelsberg empfängt Strahlungen einer Wellenlänge von etwa 3 mm bis 70 cm. Inzwischen wird der Versuch unternommen, in den Submillimeterwellenbereich vorzudringen.

es so unendlich viele verschiedene Zyklen sowohl in zeitlicher Begrenzung als auch in der räumlichen Ausdehnung, also in Zeit und Raum? Betrachten wir Zeit und Raum als relative Begriffe, so wird deutlich, dass es eine unendliche Zeit, oder genauer Dauer, und einen unendlichen Raum gibt. Die Objekte aber, Dinge, Kräfte oder Wesenheiten, die diese Zeit beleben oder diesen Raum erfüllen und dieser Raum in Wirklichkeit *sind,* haben ihren Anfang und ihr Ende sowohl in ihrer Zeitdauer oder Lebenszeit als auch in ihrer räumlichen Ausdehnung oder Größe.

Woher kommen diese Zyklen, die zum Teil als Lebenszeit und zum Teil als Zeit des Verschwindens bezeichnet werden, oder besser, wenn auch etwas ungewöhnlich, als Dauer der Todeszeit?

Die Frage lässt sich sehr einfach und logisch beantworten: Sie sind bedingt durch die „Strahlendusche der Sterne“ und ihre Reaktionen auf die verschiedenen Objekte. Auf das Physische bezogen werden die Reaktionen heute als „Radioaktivität“ bezeichnet. Wenn einige fortschrittliche Wissenschaftler sagen oder andeuten, dass praktisch die gesamte physische Materie radioaktiv ist oder Strahlung aussendet, so ist das nur die Bestätigung uralten Wissens über die „Wanderung der Lebensatome“, die Astrologen früherer Zeiten lehrten. Die Strahlendusche der Sterne könnte in einem gewissen Sinne also auch als Radioaktivität der Sterne bezeichnet werden.

Die Radioastronomie benutzt einen kleinen Teil dieser Strahlung – mit Wellenlängen von etwa 30 mm bis 3 m – für die Ortung unbekannter oder nicht sichtbarer Sterne beziehungsweise Galaxien. Diese Möglichkeit besteht durch das sogenannte *zweite Fenster,* das heißt, diese Wellenlängen werden von den verschiedenen die Erde umgebenden Strahlungsgürteln durchgelassen (→ Anhang „Das elektromagnetische Spektrum“).

Strahlungsgürtel, Strahlenduschen und Strahlen gibt es also überall. In Wirklichkeit besteht unser gesamtes Weltall nur aus Strahlen. Teils werden sie konkretisiert oder zu Körpern vereinigt, oder sie haben, von uns aus gesehen, als Strahlenbündel ihre Daseinsform. So bestehen also alle Dinge nur aus konkretisierten Strahlen, die in

Bezug auf unsere Materie von der Theosophie auch als konkretisiertes Licht bezeichnet werden.

Geist und Materie sind daher nicht voneinander getrennte Dinge, sie sind vielmehr die zwei Pole allen Seins, die zwei Seiten einer Medaille. Von einem anderen Standpunkt aus gesehen ist Materie kristallisierter Geist oder kristallisierte Kraft. Weil dies im gesamten Weltall so ist – es gibt keinen Anhaltspunkt dafür, dass es irgendwo nicht so sein könnte –, wird auch von dem Mikrokosmos und dem Makrokosmos gesprochen: „Wie oben, so unten." Auch in dem Ausspruch des Delphischen Orakels: „Mensch, erkenne dich selbst", ist das Geheimnis der Geheimnisse verborgen.

Alles im Weltall besteht also aus Strahlen in den verschiedensten Formen als Energie oder Körper. Wird nun für das Wort „Strahlen" das Wort „Bewusstsein" angewandt und werden die Strahlenpartikel als Bewusstseinseinheiten angesehen, dann kommen wir der Erkenntnis, dass alles belebt ist, einen großen Schritt näher.

Da wir Menschen sind und natürlich von unserem menschlichen Bewusstsein ausgehen, sehen wir uns zwischen dem Mikrokosmos und dem Makrokosmos befindlich, also in der Mitte zwischen ihnen, und wir bezeichnen sie nur aus dem Grunde so, weil *wir sie* von uns aus so sehen. Das, was wir heute mit unseren fünf Sinnen auf unserem Planeten Erde wahrnehmen, ist für uns so selbstverständlich, dass wir meinen, diese Form der Existenz sei die einzige Möglichkeit des Lebens, der Evolution oder des Bewusstseins. Diese Annahme ist jedoch ein außerordentlich großer Trugschluss.

Der Mensch sieht sich als Mittelpunkt der Welt

Der Mensch hat sich schon immer egozentrisch gesehen, und hierauf beruht auch die Astrologie. Das sogenannte ptolemäische Weltbild, in dem die Erde als Mittelpunkt betrachtet wird und die Sonne sowie die Planeten sich innerhalb des Tierkreises um die Erde bewegen, hat in Bezug auf den Menschen seine absolute Berechtigung.

Das heliozentrische Weltbild war im Altertum jedoch ebenso bekannt, und es ist ein großer Irrtum, zu meinen, dass es der Menschheit erstmals von Kopernikus verkündet worden sei; er hat es jedoch unzweifelhaft unserer westlichen Welt wieder neu bekannt gemacht.

Für uns Menschen und für unsere Erde wird in der Astrologie das ptolemäische Weltbild benutzt. Wollten wir ein Horoskop

Planet	Entfernung von der Sonne (große Halbachse inMio. km)	Umlaufzeit um die Sonne (Erdentage bzw. -jahre)*	Bekannte Satelliten/Monde
Merkur	57,9	88 Tage	keine
Venus	108,2	225 Tage	keine
Erde	149,6	1 Jahr	Mond
Mars	228	1,9 Jahre	Phobos, Deimos
Jupiter	778,3	11,9 Jahre	69: Io, Europa, Ganymed, Kallisto, Amalthea, Himalia, Elara, Pasiphae, Sinope …
Saturn	1434	29,4 Jahre	62: Mimas, Enceladus, Tethys, Dione, Rhea, Titan, Hyperion, Iapetus, Phoebe …
Uranus	2872	84,0 Jahre	27: Ariel, Umbriel, Titania, Oberon, Miranda, Cordelia, Ophelia, Bianca …
Neptun	4498	164,8 Jahre	14: Triton, Nereid, Naiad, Thalassa, Despina …
Pluto**	5906	247,9 Jahre	Charon, Nix, Hydra, Kerberos, Styx

* Das Jahr eines Planeten ist umso länger, je weiter seine Umlaufbahn von der Sonne entfernt ist.

** Seit 2006 wird Pluto nicht mehr zu den Planeten gezählt, sondern zu der neuen Klasse der Zwergplaneten, deren größter er ist.

für die Sonne oder einen Bewohner der Sonne erstellen, so müsste das heliozentrische Weltbild angewandt werden. Dies ist als weiterführender Hinweis gedacht. Doch ein anderer wesentlicher Aspekt sollte besonders beachtet werden: Nicht der sichtbare physische Körper ist in der Hauptsache Sender und Empfänger der Strahlen, es ist vielmehr die gesamte sieben-, zehn- oder zwölffältige Konstitution, die jede Wesenheit zusammensetzt. Mit anderen Worten: Es sind die verschiedenen Bewusstseins-Sphären, -Welten, -Einheiten oder -Schwingungen. Es handelt sich also nicht einfach um physische Radioaktivität, sondern um wesentlich mehr, weil eben auch Sonnen, Planeten oder Sterne zusammengesetzte Wesenheiten sind.

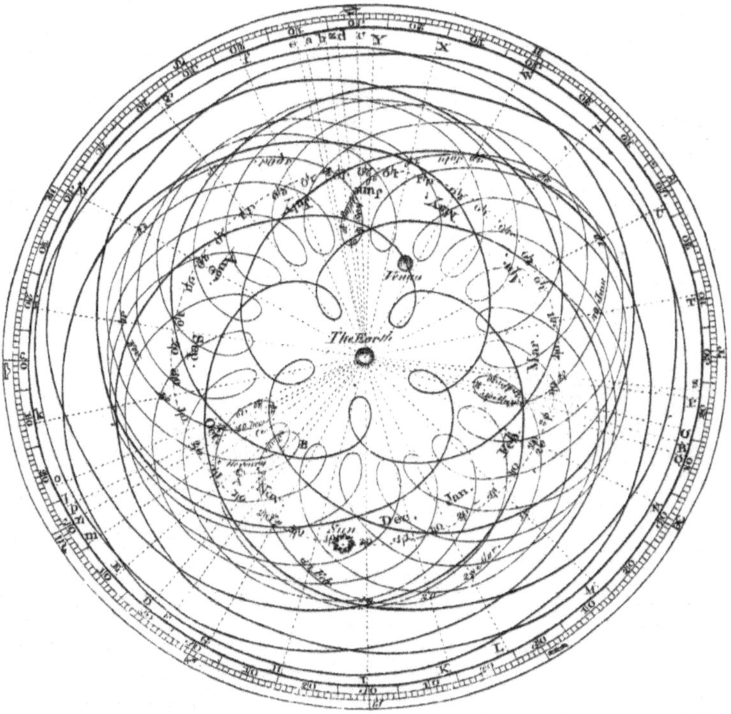

Die scheinbaren Bahnen der Sonne, des Merkur und der Venus für die Dauer von sieben Jahren nach dem ptolämäischen-geozentrischen System. James Ferguson, *Encyclopaedia Britannica* (1771).

Wir sind ganz fantastische Raumfahrer!

Aus welchem Grunde sind nun der Geburtsort und besonders der Tag und die Stunde der Geburt so wichtig? Weil wir in der Zeit, in der unsere Erde einmal die Sonne umkreist, Millionen und Abermillionen von Kilometern mit der Sonne zurückgelegt haben.

Wir fliegen jedoch nicht nur auf einer elliptischen Bahn um die Sonne, sondern wir beschreiben dabei eine Spiralbahn durch unsere Galaxie. Ja, wir sind als Bewohner der Erde wirklich alle ganz wunderbar ausgestattete Raumfahrer, nur mit dem Unterschied, dass wir niemals wieder zu unserem Ausgangspunkt zurückkehren. Wir haben Leben um Leben in anderen Häusern, in anderen Räumen des Raumes unser „Zuhause", und daher empfangen wir *jede Sekunde* eine *andere,* geänderte „Strahlendusche". Doch der angedeutete Raumflug geht noch weitaus schneller vonstatten, denn unsere Sonne bewegt sich mit ihren Planeten ja nicht nur um ihre Zentralsonne oder Râja-Sonne, sondern diese Râja-Sonne bewegt sich ihrerseits wiederum um eine weitere Königssonne, und außerdem dreht sich unsere Galaxie wiederum um einen Zentralpunkt im Raum. Astronomen haben berechnet, dass wir uns mit der Sonne in einer einzigen Sekunde um 18 km in Richtung des Sternbildes Herkules bewegen.

Unsichtbare Welten – Das Geheimnis wahrer Astrologie

Wie „Räder in Rädern" kreisen Planeten, Sonnensysteme, ganze Galaxien und schließlich auch wir Menschen mit ihnen durch den grenzenlosen Raum. Und je tiefer wir schauen, desto wunderbarer wird alles. Das Weltall offenbart sich in seinem mathematischen Aufbau, in dem es weder Zufall noch Willkür gibt, denn gäbe es so etwas wie Zufall, würde alles im Chaos versinken, nichts könnte existieren.

Bisher habe ich lediglich die physische Seite des Weltalls in Augenschein genommen, die wirklichen Wunder beginnen jedoch erst dann, wenn wir die verschiedenen Vibrationen, die verschiedenen Sphären der *unsichtbaren* Welten, Ebenen oder Sphären zu betrachten versuchen.

Wahre Astrologie ist also mehr, ja, sie ist weitaus mehr, als ein Horoskop in einer Illustrierten jemals wiedergeben kann. Selbst viele Astrologen haben von diesen tieferen Ursachen keine Kenntnis und wissen von dem grandiosen Zusammenspiel der sichtbaren und vor allem der *unsichtbaren* Welten nur sehr wenig. Es besteht zum Beispiel ein großer Unterschied zwischen den Konstellationen des Tierkreises und den Tierkreiszeichen selbst. In der Astrologie werden in der Regel die Tierkreiszeichen benutzt, um jeweils ein Zwölftel des Himmelsraumes, seiner „Strahlungen" oder Kräfte zu bezeichnen, während die Konstellationen des Tierkreises die Betrachtungsweise der physischen Sterne beinhalten.

In einer klaren Nacht können wir von der Erde aus etwa 1000 bis 6000 Sterne sehen, mit einem guten Amateur-Fernrohr sogar 100 000, und moderne Spiegel- und Weltraumteleskope holen das Licht von Milliarden von Sternen zu uns. Allein unsere Milchstraße, also unsere Galaxis, soll aus etwa 100 bis – nach neueren Schätzungen – etwa 400 Milliarden sichtbaren Sternen, Sternhaufen oder Sonnensystemen bestehen. Hierbei muss aber bedacht werden, dass es sich lediglich um *sichtbare* Sterne handelt! Unser sichtbares Licht umfasst jedoch nur eine Oktave von mindestens 80 wissenschaftlich nachweisbaren Oktaven! Das elektromagnetische Spektrum (→ Anhang „Das elektromagnetische Spektrum") geht jedoch in Analogie sowohl nach oben, das heißt zu feineren oder schnelleren Schwingungen, als auch nach unten, zu langsameren Schwingungen oder Zuständen, die dann als Zyklen bezeichnet werden, ins Unendliche, also ohne Ende weiter. Das bedeutet, dass diese geschätzten 100 Milliarden in der Regel „unendlich" oft malgenommen werden müssen, da die unsichtbaren Sterne weitaus zahlreicher sind als die sichtbaren. Es gibt also wortwörtlich unendlich viele Sterne, die uns, das heißt unsere Milchstraße, unsere Sonne mit ihren Planeten und damit auch uns Menschen auf diesem Globus, mehr oder weniger stark beeinflussen, uns beim Aufbau unserer Körper helfen oder sie zerstören, je nach Einfluss oder Schwingung, wie auch gesagt werden könnte.

Das ist es, was die alte, echte Astrologie beinhaltete und was unter der „Strahlendusche der Sterne" verstanden werden sollte. Es ist also nicht nur eine Strahlendusche, die wie Wasser abläuft, sondern mittels dieser und durch diese Strahlendusche, in Verbindung mit Strahlengürteln oder dem „Aurischen Ei"*, wird allen Wesenheiten der unterschiedlichsten Entwicklungsstufen zu ihrem Leben verholfen. Und dies geschieht in zyklischer Aufeinanderfolge von Leben und Tod. Die Strahlendusche der Sterne ist also überall tätig und umfasst weitaus mehr, als allgemein angenommen wird. Auf den Menschen bezogen bedeutet dies, dass auch er eine zusammengesetzte Wesenheit ist.

Der physische Körper macht lediglich ein Siebtel des gesamten Menschen aus. Er selbst ist wiederum aus den verschiedenen Organen zusammengesetzt, die mit dem alles durchflutenden Lebensstrom des Blutes versorgt werden. Weiter besteht er unter anderem aus Zellen, Molekülen und Lebensatomen, also allein schon physisch gesehen aus Billionen oder Trillionen und mehr einzelnen Bewusstseinseinheiten oder Wesenheiten. Der Mensch hat jedoch nicht nur einen physischen Körper, sondern er hat auch – was heute fälschlich als *psychisch* bezeichnet wird, denn „Psyche" heißt eigentlich „Seele" – einen Astralkörper, den sogenannten Modellkörper. Außerdem wird ein gewisser Kâma- oder Wunschkörper aufgebaut, und zudem besitzt der Mensch das eigentlich Menschliche, die Seele mit dem Ego als Zentrum. Weiterhin gehört zum Menschen der Vibrationskörper der Intuition und Inspiration in Verbindung mit dem Gewissen, und diese alle werden von Âtman, dem Spirituell-Göttlichen, überstrahlt.

---

* Aurisches Ei: enthält die zusammengesetzte Konstitution des Menschen, ist oval oder eiförmig. Der Sitz aller vitalen monadischen Energien.

Sonne bzw. Vulcanus	☉	1. **Âtman**	Geist – das Göttliche
Merkur	☿	2. **Buddhi**	Träger des Geistig-Göttlichen, Intuition
Venus	♀	3. **Manas**	Denkvermögen, Gemüt, Intellekt
Mars	♂	4. **Kâma**	Wünsche und Begierden, Wille
Jupiter	♃	5. **Prâṇa**	Lebensprinzip, Vitalität
Saturn	♄	6. **Liṅga-śarîra**	Astralkörper, Modell und Schutzhülle
Mond	☽	7. **Sthûla-śarîra**	physischer Körper

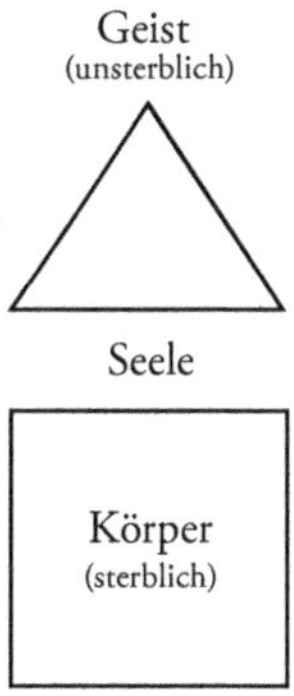

Das Diagramm veranschaulicht die sieben Prinzipien des Menschen mit ihren korrespondierenden sieben heiligen Planeten. Bei der Auswertung ist jedoch zu bedenken, dass die Bestrahlungen □, △ usw. durch die Planeten und die Mondknoten sowie durch kritische Punkte zu berücksichtigen sind.

Diese Siebenfältigkeit sind die mehr oder weniger in Manifestation befindlichen Schwingungsoktaven der sogenannten „Sieben Heiligen Planeten“, das heißt, jeder der sieben heiligen Planeten ist beim Aufbau eines der menschlichen Prinzipien mit seiner Strahlendusche besonders aktiv tätig, oder anders ausgedrückt: die Strahlendusche von einem der sieben heiligen Planeten befindet sich mit einem der sieben Prinzipien des Menschen in besonderer Harmonie oder im Gleichklang. Die Planeten sind daher besonders eng miteinander verbunden, und zwar sowohl in ihrer Manifestation als auch bei der Auflösung.

Wie schon allein aus diesen wenigen Angaben ersichtlich, ist der Mensch durch geheime Bande der Verwandtschaft mit den inneren und äußeren Welten des Kosmos, insbesondere mit den sieben heiligen Planeten, aufs Engste verbunden. Als Raumfahrer ungeahnten Ausmaßes durchqueren wir das All mit Geschwindigkeiten, die wir uns nicht mehr vorzustellen in der Lage sind. Und doch fühlen wir uns sicher auf unserem Raumschiff Erde, ja, wir bemerken nicht einmal das grandiose Schauspiel sich umkreisender Planeten, Sonnen, Galaxien, geschweige denn ihre inneren, unsichtbaren Kreisläufe, durch die sie einander durchdringen und dabei im ständigen wechselseitigen Energieaustausch zueinander stehen.

Angesichts dieser gewaltigen Flut kosmischer Lebensströme stellt sich die Frage nach den Intelligenzen, die hinter, durch und in diesem Reservoir von Bewusstsein wirken. Denn die kühnste Imagination macht Halt vor dem Irrglauben, dieses fantastische Zusammenwirken im Weltraum sei bloßem „Zufall" zuzuschreiben. Nein, unser Weltall wird gelenkt und geleitet von erhabenen Intelligenzen, und unser tiefstes Gefühl sagt uns daher: „Alles ist wohlgefügt!" – wenn, ja wenn sich der Mensch nicht anmaßt, klüger zu sein, und disharmonisch in die Natur eingreift.

Astrologie – Teil 2: Die Sterne zwingen nicht, sie machen nur geneigt!

Die Sterne zwingen nicht, sie machen nur geneigt! Hinter dieser Kernaussage verbirgt sich eine wunderbare Wahrheit: Nicht Fatum regiert unser Geschick, vielmehr können wir das Steuer unseres Lebens selbst in die Hand nehmen!

Der erste Teil dieses hochinteressanten Artikels führte in die kaum bekannten grenzenlosen Räume unseres sichtbaren wie unsichtbaren Heimatuniversums. Als ganz fantastische Raumfahrer durchqueren wir das Universum zusammen mit unserer Erde unter der Strahlendusche der Sterne. Wie komplex die Einwirkungen der „Sieben Heiligen Planeten" und der Tierkreiszeichen auf uns tatsächlich sind, ist fast unvorstellbar. Und doch können wir zumindest eine Vorstellung von dem kosmischen Gewebe erlangen, in das wir ununterbrochen, zeitalterlang schicksalhaft eingewoben sind.

Es gibt nichts Totes

Wahre Astrologie bewegt sich vor dem Hintergrund eines von Bewusstsein erfüllten kosmischen Geschehens. Oder mit anderen

Worten: Es gibt nichts Totes! Alles ist von Leben erfüllt, und hinter allen Lebensäußerungen stehen Intelligenzen, die uns armseligen Menschen in der Evolution weit, weit vorausgeeilt sind. Wie anders auch ließe sich dieses grandiose Zusammenwirken im Weltall erklären?! Kaum vorzustellen, es gäbe im Weltall so viele Autozusammenstöße und „Unfälle" wie in unserem eigentlich fantastisch geregelten Straßenverkehr. Als Raumfahrer, die wir tatsächlich in einem ganz außerordentlichen Ausmaß sind, würden wir von einer kosmischen Katastrophe in die andere geraten. Aber das tun wir nicht! Trotz der gewaltigen Geschwindigkeit, mit der wir auf unserem Raumschiff Erde durch das Weltall rasen, sind wir doch ziemlich sicher vor Zusammenstößen mit anderen Planeten!

Müssen wir hier nicht einmal innehalten, um uns wirklich bewusst werden zu lassen, was das bedeutet? Können wir immer noch alles auf puren „Zufall" zurückführen? Nein, spätestens hier müssen wir das Walten höherer Kräfte, Mächte oder Intelligenzen eingestehen. Sie stehen hinter diesem grandiosen, mathematisch exakt gesteuerten Aufbau des Universums, das sich aus seinen Sonnensystemen, Planeten und ihren Lebewesen einschließlich des Menschen zusammensetzt. Und weil hier unsere Imagination halt macht, sprechen die verschiedenen Weltreligionen und -philosophien von Gott, von DIESES, DAS oder JENES als dem Höchsten für uns Vorstellbaren!

Was bedeutet nun aber die mit Nachdruck betonte Aussage: „Es gibt nichts Totes!"? Es ist einfach unvorstellbar und würde zudem die Grenzen der Logik sprengen, würden wir von „totem" Leben sprechen oder in Bezug auf unser Sonnensystem von toten, leblosen Planeten. Nein, die Atomwissenschaft selbst liefert den besten Beweis für die geradezu gewaltigen Kräfte, die in jedem Atom eingeschlossen sind! Was aber sind diese Kräfte anderes als der Ausdruck von Leben? Wäre dies nicht der Fall, müssten wir uns wieder die Frage stellen: Wie kann aus „toter" Materie „Leben", Geist und Intelligenz entstehen? Die Theorie von „toter" Materie, gleichbedeutend mit „totem Leben", ist also nicht haltbar. Damit aber gelangen wir zu einem völlig neuen Weltbild! Es ist so voller Schönheit, voll von berstendem, evolvierendem, in der Entwicklung begriffenem Leben, dass bei seiner Betrachtung der Puls schneller schlagen möchte.

Planeten – lebende Wesenheiten

Diese sich intuitiv erschließende Wirkungsweise und Belebtheit der Natur, des Universums, machen nun sicher auch deutlich, warum die Alten auch Planeten als lebende „Wesenheiten" betrachteten und ihnen in der Astrologie Kräfte zuschrieben, die ihnen heute allgemein nicht zugestanden werden. Und tatsächlich hat, wie nun auch seitens der Wissenschaft mehr geahnt als gewusst wird, jeder Planet seine eigene Evolution, seine eigenen Runden und Lebenswogen sowie seine eigenen spirituellen und materiellen Eigenschaften, seine Geburt und seinen Tod. Da aber jeder Planet lebt, hat er natürlich auch seine eigenen Lebenszyklen, wodurch uns die Strahlungen auf sehr unterschiedliche Weise beeinflussen. Mit anderen Worten: die Strahlungen wirken sich auf unsere gesamte siebenfältig zusammengesetzte Konstitution aus, auf unser Leben und unseren Tod!

In Bezug auf die „Sieben Heiligen Planeten" soll nun gezeigt werden, wie wir sie von uns aus sehen und wie sie uns gemäß dem ptolemäischen Weltbild durch ihre Strahlendusche grundlegend beeinflussen. In alten Zeiten wurden sie wie folgt aufgezählt:

1.	☽	Mond	5.	♂	Mars
2.	☿	Merkur	6.	♃	Jupiter
3.	♀	Venus	7.	♄	Saturn
4.	☉	Sonne			

Doch warum wird von sieben *heiligen* Planeten gesprochen? Sie sind für uns aus dem Grunde heilig, weil sie durch und mittels ihrer energetischen Strahlungen am Aufbau unseres Planeten Terra, und damit unserer Erde, beteiligt sind. Wenn wir unser Sonnensystem als einen Organismus betrachten, ist jeder der sieben heiligen Planeten der Übermittler und Transformator für die gewaltigen Sonnenenergien, ohne die kein Leben auf Erden möglich wäre. Und so, wie unser Herz das Blut zu allen Organen unseres Körpers strömen lässt, empfangen die sieben heiligen Planeten von ihrem Hierarchen Sonne ihre Lebensströme, die sie ihrerseits zu Lebensemanationen transformieren und damit unsere Erde jeweils zum Teil mit aufbauen.

Bei der Aufstellung der sieben heiligen Planeten ist besonders zu beachten, dass Sonne und Mond hier stellvertretend für zwei verborgene Planeten stehen. Die spirituelle Sonne, also nicht nur die physische, für uns sichtbare Sonne, überstrahlt alle Planeten und hält sie wie mit golden gesponnenen Fäden zusammen. Analog dazu gab es zum Beispiel im alten Ägypten einen alten und einen neuen Osiris.

Das eiserne Zeitalter – das „Kali-Yuga"

Sonne, Mond und Saturn beeinflussen besonders die unteren drei Prinzipien der menschlichen Konstitution, also das Physisch-Materielle, während Merkur, Venus und Jupiter besonders zu den oberen drei Prinzipien starke Bindungen haben. Über den Mars wird im Allgemeinen wenig gesagt, da er einer der Mysterienplaneten ist und daher eine Sonderstellung einnimmt, das heißt, er wirkt in besonderer Weise. Bekannt ist jedoch, dass er mit Eisen und Streit verbunden ist, mit unserem sogenannten eisernen Zeitalter oder dem „Kali-Yuga", in dem wir uns seit etwas mehr als 5000 Jahren befinden.

Das Kali-Yuga, auch als „Schwarzes Zeitalter" bekannt, umfasst 432 000 unserer Erdenjahre. Es errechnet sich mithilfe der großen kosmischen Uhr, die den zyklischen Verlauf der Sternstände anzeigt. So befindet sich die Menschheit derzeit im Kali-Yuga auf einem ab steigenden Bogen. Doch wie überall in der Natur Zyklen innerhalb von Zyklen wirken, befinden wir uns innerhalb des großen Abstiegs auf einem kleinen Aufstieg, im sogenannten Wassermann-Zeitalter.

Der kleine Abstecher ins Kali-Yuga hat folgenden Grund:

Astrologische Berechnungen müssen, wenn sie überhaupt einen Sinn haben sollen, die dominierende Tendenz der Zyklen in Betracht ziehen, das heißt ihren Auf- oder Abstieg. Das Geheimnis der Zyklen ist zwar noch lange nicht gelöst, doch lässt sich vieles von ihnen ableiten. Wenn wir uns wundern, wie es zum Beispiel weltweit zu dem verheerenden Drogenkonsum kommen konnte, so ist sicherlich ein Grund in dem Kali-Yuga, dem Schwarzen Zeitalter, zu finden. Dass Gewalt und Brutalität die Menschheit nicht noch schlimmer treffen, ist dem kleinen Aufstieg innerhalb des großen Abstiegs des Kali-Yuga zu verdanken.

Die Planeten Uranus und Neptun waren im Altertum mit Sicherheit auch bekannt. Diese Planeten gehören jedoch nicht zu unseren sieben heiligen Planeten, die besonders am Aufbau der Erde beteiligt sind. Während Uranus zu unserem Sonnensystem gehört, ist Neptun lediglich ein Einfang der Sonne. Dieses Phänomen ist übrigens auch aus der Atomphysik bekannt, die nachweisen konnte, dass ein Elektron von einem Atom zu einem anderen Atom überspringen kann. Auch hier gilt: „Wie oben, so unten" – was im Makrokosmos geschieht, vollzieht sich gleicherweise auch in den Mikrokosmen, den Atomen.

In Bezug auf den physischen Körper des Menschen hier einige Beispiele, wie sich die Strahlungen der Planeten dominant auf die einzelnen Organe auswirken:

Sonne	☉	Herz, Arterien, Rücken, die Augen (bei Männern rechts, bei Frauen links) und vor allem die Lebenskraft, die Vitalität
Mond	☽	Gehirn als Intellekt, Eingeweide, das sympathische Nervensystem, das Geschlecht, Brüste und rechtes Auge der Frau, linkes Auge des Mannes
Saturn	♄	Ohr, besonders das linke, die Milz, Zähne, Sehnen, Knochen sowie das Gehör insgesamt
Jupiter	♃	Lunge, Schenkel, Blut (mit ♀), Leber und Arterien, von den Sinnen der Geruch

Mars	♂	rechtes Ohr, Galle, Nieren, Stirn, Nase, Muskeln, von den Sinnen der Geschmack
Venus	♀	Wangen, Kehle, Hals, auch das Blut (mit ♄), von den Sinnen das Gehör
Merkur	☿	Gehirn als Denker, das feinere Nervensystem, Gedächtnis, Sprache, Zunge, Hände, von den Sinnen das Gesicht (Sehen)

Auch die sogenannten Chakras, die oft in Unkenntnis der mit ihnen verbundenen Gefahren gelehrt werden, unterliegen den verschiedenen Strahlungen. Da ihre Aktivierung eine Dissonanz verursachen kann, ein Ungleichgewicht zwischen den einzelnen Chakras und Organen, das zu schweren körperlichen und seelischen Störungen führen kann, ist von einer Aktivierung der Chakras dringend abzuraten.

In diesem Rahmen kann nur ein ganz grober Überblick gegeben werden, auch die folgenden Angaben können nur zu einigen der Tierkreiszeichen gemacht werden, nicht jedoch zu allen zwölf:

Widder	♈	Kopf, Gesicht; Intellekt, Wunschkraft, Ehrgeiz
Stier	♉	Hals, Nacken, Kehle; steht für Ausdauer, Stolz, Unbeugsamkeit
Zwillinge	♓	Lunge, Arme, Hände, Blut; steht für Schlauheit, Temperament
Krebs	♋	Brust, Magen, Leber; Empfindungen, Sparsamkeit
Löwe	♌	Herz, Rücken, Zwerchfell; Stolz, Prachtliebe, Güte, Freiheitsliebe

Der Einfluss der Planeten auf den menschlichen Körper wird heute ansatzweise auch von Wissenschaftlern anerkannt. Die *Reaktionen* des Körpers auf die verschiedenen Gestirnstände können praktisch nicht mehr ignoriert werden.

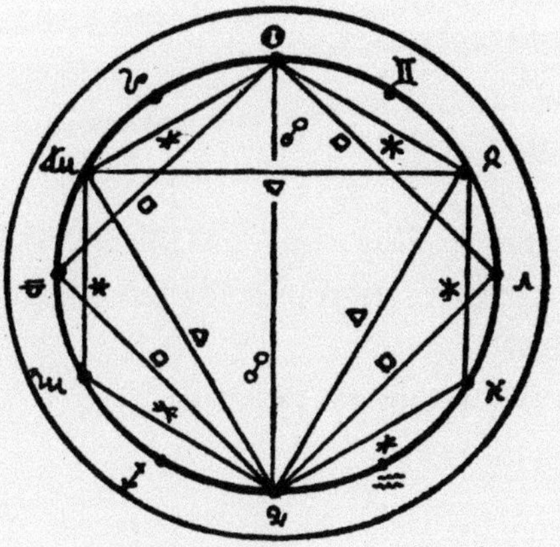

Nebenstehende Figur zeigt die Bildung der kräftigsten Aspekte wie ☌, ✱, □, △ und ☍. Man sieht aus dieser Figur, dass z. B. der Name „Sextil" insofern berechtigt ist, als sämtliche Sextilaspekte im Tierkreis immer ein Sechseck bilden. Die Quadrataspekte bilden ein Quadrat und die Trigone ein Dreieck.

Aus: Karl Brandler-Pracht: *Astrologische Kollektion.* Berlin, 1932, Bd. I, S. 45.

Operationen, die bei abnehmendem Mond ausgeführt werden, verlaufen zum Beispiel wesentlich schwieriger als solche, die bei zunehmendem Mond ausgeführt werden. Handelt es sich um Organe, die besonders unter Mondeinfluss stehen wie Organe des Unterleibs, kann der Ausgang der Operationen wesentlich ungünstiger sein, als wären sie bei zunehmendem Mond durchgeführt worden. Bei ungünstiger Bestrahlung durch andere Planeten und im Zusammenhang mit einem entsprechenden Tierkreiszeichen kann gegebenenfalls sogar der Tod die Folge sein, mag die Operation selbst auch noch so gut ausgeführt worden sein. Hier stehen die Ärzte noch immer vor einem großen Rätsel. Doch wie sich die Naturheilkunde ständig wachsender Beliebtheit erfreut, werden auch die Mondeinflüsse bei besonders intuitiven Medizinern langsam in Betracht gezogen.

Was aber wird unter günstiger oder ungünstiger Bestrahlung verstanden?

- Trigon △ und Sextil ⚹
  werden als günstige oder positive Aspekte bezeichnet.
- Quadrat □ und Opposition ☍
  werden als ungünstig, als negativ betrachtet.
- Konjunktion ☌
  ist ein sehr kräftiger Aspekt, seine „Plus"- oder „Minus"-Wirkung hängt jedoch von der Art (Vibration) der Planeten ab.
- Halbsextil ⊻ und Halbquadrat ∟
  sind weniger stark positiv beziehungsweise negativ.

Das Himmelsgewölbe

Wie schon bei der Zuordnung der Organe zu den einzelnen Tierkreiszeichen angedeutet wurde, sind die Wirkungen oder der Einfluss der Tierkreiszeichen sehr groß, das heißt, ihre entsprechende Strahlendusche ist bei dieser Betrachtung besonders wichtig. Was wird unter den Tierkreiszeichen verstanden?

Datum		31./8.	1./9.	2./9.	3./9.	4./9.	5./9.	6./9.
Wochentag		Sonntag ☉	Montag ☽	Dienstag ♂	Mittwoch ☿	Donnerstag ♃	Freitag ♀	Sonnabend ♄
Mondstellung		14° ♏	26° ♏	7° ♐	19° ♐	1° ♑	14° ♑	26° ♑
Lunar-Aspekte		□ ☿	□ ♅, ⚹ ♀	□ ☉, □ ♄ △ ♃, △ ♂	□ ♀, △ ☿	⚹ ♅, △ ♄	△ ☉	△ ♀
Mutual-Aspekte				♂ ☌ ♃	☉ ⊻ ♆		☿ V ♀	
2 stündiger Tattwalauf	Akash	5 Uhr 39	5 Uhr 41	5 Uhr 42	5 Uhr 44	5 Uhr 45	5 Uhr 47	5 Uhr 48
	Vayu	6 „ 3	6 „ 5	6 „ 6	6 „ 8	6 „ 9	6 „ 11	6 „ 12
	Tejas	6 „ 27	6 „ 29	6 „ 30	6 „ 32	6 „ 33	6 „ 35	6 „ 36
	Prithvi	6 „ 51	6 „ 53	6 „ 54	6 „ 56	6 „ 57	6 „ 59	7 „ 0
	Apas	7 „ 15	7 „ 17	7 „ 18	7 „ 20	7 „ 21	7 „ 23	7 „ 24
Beginn der Nachtgestirnstunden	13	♃ 7,10	♀ 7,8	♄ 7,6	☉ 7,4	☽ 7,2	♂ 7,0	☿ 6,58
	14	♂ $8{,}2\,^{7}/_{12}$	☿ 8,0	♃ 7,59	♀ 7,57	♄ 7,55	☉ 7,54	☽ 7,52
	15	☉ $8{,}55\,^{2}/_{12}$	☽ 8,53	♂ 8,52	☿ 8,50	♃ 8,49	♀ 8,48	♄ 8,46
	16	♀ $9{,}47\,^{9}/_{12}$	♄ 9,46	☉ 9,45	☽ 9,44	♂ 9,43	☿ 9,42	♃ 9,41
	17	☿ $10{,}40\,^{4}/_{12}$	♃ 10,39	♀ 10,38	♄ 10,37	☉ 10,37	☽ 10,36	♂ 10,35
	18	☽ $11{,}32\,^{11}/_{12}$	♂ 11,32	☿ 11,31	♃ 11,31	♀ 11,30	♄ 11,30	☉ 11,29
	19	♄ $12{,}25\,^{6}/_{12}$	☉ 12,25	☽ 12,25	♂ 12,24	☿ 12,24	♃ 12,24	♀ 12,24
	20	♃ $1{,}18\,^{1}/_{12}$	♀ 1,18	♄ 1,18	☉ 1,18	☽ 1,18	♂ 1,18	☿ 1,18
	21	♂ $2{,}10\,^{8}/_{12}$	☿ 2,11	♃ 2,11	♀ 2,11	♄ 2,12	☉ 2,12	☽ 2,12
	22	☉ $3{,}3\,^{3}/_{12}$	☽ 3,3	♂ 3,4	☿ 3,4	♃ 3,5	♀ 3,6	♄ 3,7
	23	♀ $3{,}55\,^{10}/_{12}$	♄ 3,56	☉ 3,57	☽ 3,58	♂ 3,59	☿ 4,0	♃ 4,1
	24	☿ $4{,}18\,^{5}/_{12}$	♃ 4,49	♀ 4,50	♄ 4,51	☉ 4,53	☾ 4,54	♂ 4,55

Wochentabelle der Gestirnstunden August/September 1919.
Aus: Karl Brandler-Pracht: *Astrologische Kollektion*. Berlin, 1930, Band V, S. 93.

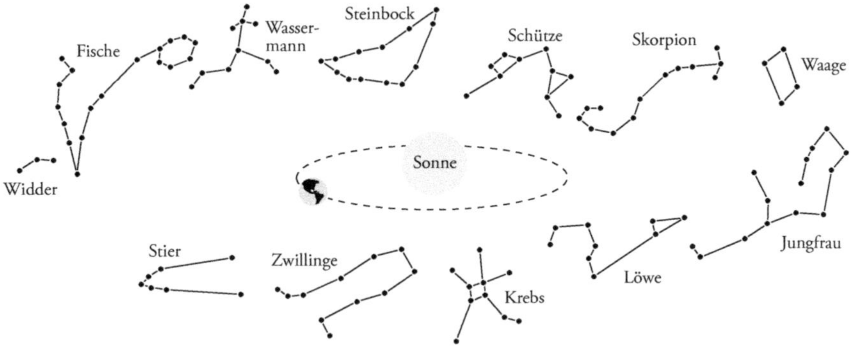

Der Zodiak oder Tierkreis markiert den Bereich vor dem Fixsternhintergrund, durch den sich die Sonne und die Planeten von der Erde aus gesehen bewegen. Jeweils 30° dieses Kreises bilden ein Zeichen des Zodiaks, das in der Regel durch ein Tier symbolisiert wird.

Das Himmelsgewölbe wird von alters her in 360° eingeteilt. Warum 360 und nicht 500 oder 1000 oder 20? Weil sich unsere Erde früher 360 mal in einem Jahr um ihre Achse drehte. Diese Einteilung eines Kreises in 360 Einzelteile, Tage oder Grade benutzt die gesamte Menschheit bis auf den heutigen Tag. Weil die Alten 12 große verschiedene Einflüsse der Strahlendusche feststellen konnten, wurde der Kreis in 12 Teile geteilt, und es wurden ihnen Namen gegeben, die mit den „Eigenschaften" uns bekannter Tiere beziehungsweise Objekte übereinstimmen. So erhielt die Menschheit die 12 Tierkreiszeichen und auch die 12 Monate des Jahres. Heute ist das alles so selbstverständlich für uns. Kaum jemand aber weiß oder macht sich Gedanken darüber, warum gerade sieben Tage zu einer Woche zusammengefasst sind und nicht fünf oder neun. Und noch weniger ist allgemein bekannt, dass jeder Wochentag unter dem besonderen Einfluss eines der sieben heiligen Planeten steht und daher auch dessen Namen trägt. Dies ist schon allein deshalb hochinteressant, weil die Reihenfolge der Wochentage in vielen Teilen der Welt seit alters immer die gleiche ist:

Sonntag	☉	Sonne
Montag	☽	Mond
Dienstag	♂	Mars
Mittwoch	☿	Merkur
Donnerstag	♃	Jupiter
Freitag	♀	Venus
Samstag	♄	Saturn

Die Zahl 7

Dass die Zahl 7 darüber hinaus von außerordentlich großer Bedeutung in Bezug auf unser manifestiertes Dasein ist, war in allen großen Kulturen und Religionen bekannt. Hierzu einige kurze, dafür aber umso interessantere Auszüge aus Blavatskys Standardwerk *Die Geheimlehre:*[*]

> „Der unparteiische Kritiker möge die zwei Berichte – das *Vishṇu-Purâṇa* und die *Bibel* – vergleichen, und er wird finden, dass die ‚sieben Schöpfungen' des Brahmâ die Grundlage der ‚Schöpfungswoche' in der Genesis sind. Die zwei Allegorien sind verschieden, aber die Systeme sind beide auf ein und demselben Grundstein aufgebaut." Und weiter: „Um die Sieben in der Natur noch deutlicher zu zeigen, kann hinzugefügt werden, dass die Zahl Sieben nicht nur die Periodizität der Lebenserscheinungen regiert, sondern dass man auch gefunden hat, dass sie die Reihe der chemischen Elemente beherrscht und dass sie gleichermaßen in der Welt des Tones vorherrscht und in jener der Farbe, wie sie uns durch das Spektroskop enthüllt ist." „Es gibt eine Harmonie der Zahlen in der ganzen Natur; in der Schwerkraft, in den Planetenbewegungen, in den Gesetzen von

[*] Helena Petrowna Blavatsky: *Die Geheimlehre.* Hannover, 2012, Band II, S. 660 f., 663, 658.

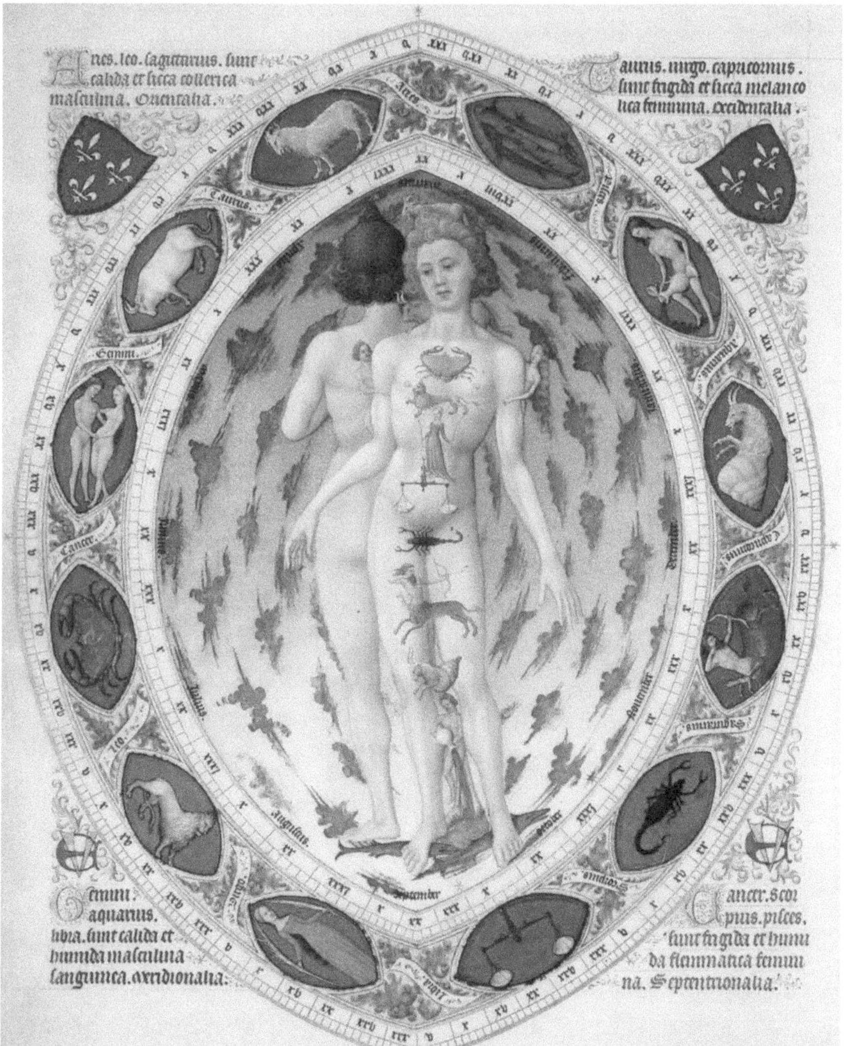

Eigenschaften und Korrespondenz der Tierkreiszeichen mit den Teilen des Körpers aus dem Stundenbuch *(Les Très Riches Heures du Duc de Berry)* des Herzogs von Berry (1340 – 1416). Nach den lateinischen Texten in den vier Ecken sind Widder, Löwe und Schütze warm und trocken, cholerisch, männlich, östlich; Stier, Jungfrau und Steinbock kalt und trocken, melancholisch, weiblich, westlich; Zwillinge, Wassermann und Waage heiß und feucht, sanguinisch, männlich, südlich; Krebs, Skorpion und Fische kalt und feucht, phlegmatisch, weiblich, nördlich. Künstler: Brüder von Limburg.

Wärme, Licht, Elektrizität und chemischer Verwandtschaft, in den Formen der Tiere und Pflanzen, in den Wahrnehmungen des Gemütes. […] Geburt, Wachstum, Reife, Lebensfunktionen, heilsame Umwälzungen der Veränderung, Krankheiten, Verfall und Tod bei den Insekten, Reptilien, Fischen, Vögeln und Säugetieren und selbst beim Menschen stehen mehr oder weniger unter der Herrschaft eines Gesetzes der *Vollendung in Wochen* (oder sieben Tagen)."

„Warum ließen die Alten, nachdem sie die Planeten in der Reihenfolge Saturn, Jupiter, Mars, Sonne, Venus, Merkur, Mond anordneten, ihre sieben Tage der Woche nicht dieser Ordnung folgen? Warum? Weil der Tag und die Nacht in 24 Stunden eingeteilt werden und jeder Tag mit dem Sonnenaufgang beginnt, wobei seine erste Stunde unter der Herrschaft eines besonderen Planeten steht. Wenn wir nun, mit dem Saturn beginnend, die 24 Stunden durchrechnen (es sind sieben Planeten, sieben heilige Planeten), dann ist sieben in 24 dreimal enthalten und es bleiben drei übrig. Dreimal sieben Stunden sind 21 Stunden, bleiben drei übrig: 22, 23, 24. Die 25. Stunde ist die erste Stunde des nächsten Tages. Sieben ist in 24 dreimal enthalten, und wir finden, dass, wenn die erste Stunde mit Saturn als dem präsidierenden Planeten beginnt, auch die achte, die fünfzehnte und die zweiundzwanzigste Stunde unter Saturn stehen würden. Die dreiundzwanzigste würde dann unter Jupiter, die vierundzwanzigste unter Mars stehen, und die fünfundzwanzigste Stunde, die erste Stunde des nächsten Tages, würde unter der Sonne stehen und einen Sonntag einleiten. Wenn wir also diese Liste nehmen und jeden vierten zählen, beginnend mit dem jeweils zuletzt aufgezählten Planeten als dem ersten (oder indem wir der letzten Stunde drei

Die 12 Häuser

Das vierte und wichtigste Element, das zur Berechnung und Ausdeutung eines Horoskops notwendig ist, sind die 12 Häuser. Auf die Mondknoten, das sind die Punkte für Krankheiten und Tod sowie für besondere Gefahrenkonstellationen, soll in diesem Rahmen nicht eingegangen werden, da hier nicht die Aufstellung eines Horoskops bezweckt wird. Die Strahlendusche der Sterne stellt vielmehr eine äußerst wichtige Tatsache in der Natur dar, auf der sich ein großer Teil unseres Lebens aufbaut und die besonderer Beachtung bedarf.

weitere hinzufügen), so ergibt das die Wochentage, und zwar auf folgende Weise: Saturn, Jupiter, Mars, Sonne: *Sonntag*. Sonne, Venus, Merkur, Mond: *Montag*. Mond, Saturn, Jupiter, Mars: *Dienstag* (Marstag). Mars, Sonne, Venus, Merkur: *Mittwoch* (Merkurtag) – das angelsächsische „Woden" [engl. Wednesday, d. Ü.], das mit den lateinischen und griechischen Ausdrücken übereinstimmt. Merkur, Mond, Saturn, Jupiter: *Donnerstag* (Thors Tag). Jupiter, Mars, Sonne, Venus: *Freitag*. Venus, Merkur, Mond, Saturn: *Samstag*, womit die zweite oder folgende Woche beginnt.

So gründen sich die Reihenfolge und die Namen unserer Wochentage letzten Endes auf eine sehr interessante und okkulte Überlegung – alte Astrologie, die nur in den Mysterien, wie wir sie kennen, erklärt und der Welt gegeben wurde. Die Reihenfolge und die Namen der Tage waren in Indien und Nordeuropa und in einigen Teilen Asiens dieselben – eine Tatsache, die von unseren Kalenderfachleuten und Astronomen niemals befriedigend erklärt werden konnte. Der Grund hierfür ist in dem im Wesentlichen identischen astrologischen System zu finden, das in der gesamten alten Welt gemeinsam im Gebrauch war."

Aus: Gottfried von Purucker: *Grundlagen der Esoterischen Philosophie*. Hannover, 2003, S. 339 f.

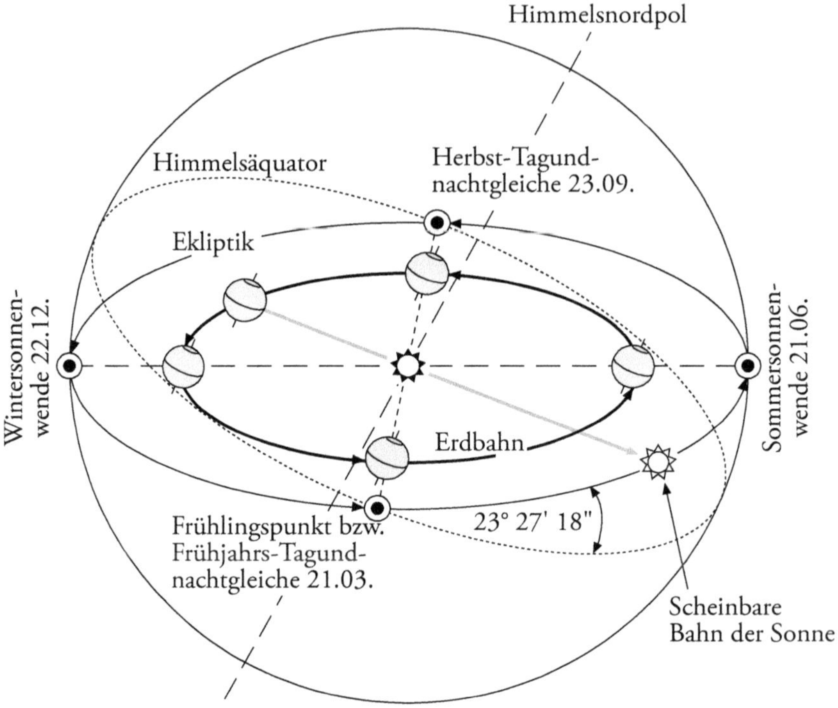

Die Erdbahn und die scheinbare Bahn der Sonne (Ekliptik)

Die Kompliziertheit der sich unendlich vielfältig auswirkenden Strahlungen, denen wir ständig ausgesetzt sind, zeigt sich auch im Folgenden:

Für den Augenblick der Geburt wird die Kreuzung der Ekliptik* mit dem Horizont als Beginn des ersten (am Ostpunkt) und des siebenten Hauses berechnet, und durch die Kreuzung des Meridians

* Die Ekliptik ist die von der Erde aus gesehene scheinbare Bahn der Sonne vor dem Fixsternhimmel, die sie innerhalb eines Jahres durchläuft. Die Ebene der Ekliptik ist gegenüber der Ebene des Erdäquators um gut 23° geneigt, da die Erdachse gegenüber der Senkrechten zur Ebene der Bahn der Erde um die Sonne um diesen Winkel geneigt ist. Mit der Bewegung entlang der Ekliptik „tritt" die Sonne etwa alle 30 Tage in ein neues Tierkreissternbild beziehungsweise in ein neues Tierkreiszeichen – und ebenso in ein anderes Haus.

(senkrecht zum Horizont in Nord-Süd-Richtung) mit der Ekliptik werden das zehnte und das vierte Haus festgelegt. Das erste so errechnete Haus, oder besser die Spitze des 1. Hauses, ist der Aszendent. Diese Berechnung selbst erfolgt ebenso wie die der Sternstände mithilfe entsprechender Tabellen. In Bezug auf den physischen Körper ergeben sich folgende besondere Beziehungen:

1. Haus: Kopf	7. Haus: Nieren
2. Haus: Kehle	8. Haus: Geschlechtsorgane
3. Haus: Lunge	9. Haus: Oberschenkel
4. Haus: Magen	10. Haus: Knie
5. Haus: Herz	11. Haus: Unterschenkel
6. Haus: Eingeweide	12. Haus: Füße

Die Deutung eines Horoskops erfordert nicht nur Wissen, sondern auch Intuition. Erst dann, wenn Wissen und Intuition zu einer gewissen Inspiration vereinigt werden, sind echte astrologische Auswertungen möglich. Daher ist ein echter Astrologe so selten wie die berühmte Stecknadel in einem Heuhaufen! Doch selbst dann, wenn Wissen und Intuition den komplizierten Berechnungen zugrunde liegen, gilt:

Die Sterne zwingen nicht,
sie machen nur geneigt!

Das Selbstbewusstsein des Menschen und damit sein relativ freier Wille sind die wirklichen Ursachen für sein gegenwärtiges Karma, für seine Vergangenheit und ebenso für sein zukünftiges Schicksal.

Die gewaltigen Intellekte der Urzeit des Menschengeschlechtes wussten um diese Ursachen. *Sie* wussten um das grandiose Zusammenwirken der Kräfte im Universum, die auf die gesamte siebenfältige Konstitution des Menschen einwirken und nicht nur auf den physischen Körper, seine Organe und Sinne. Vielmehr kannten sie die *Ursachen* von Sehen, Hören, Fühlen, Schmecken und Riechen.

Sie hatten Kenntnis von den inneren Fähigkeiten des Menschen, davon, warum wir ein Gewissen haben, warum wir Selbstbewusstsein, Intelligenz und Verantwortungsbewusstsein entwickeln können. Ebenso kannten sie den inneren Aufbau, das Zusammenwirken all jener Kräfte, Energien und Intelligenzen, die – unsichtbar – hinter der großen kosmischen Arena die nie irrende und für menschliches Begreifen nicht erfassbare universale Harmonie bewirken.

Ägypten – Auf den Spuren des Unbekannten

Teil 1

Ägypten, das Land der Pharaonen, birgt ungeahnte Schätze verborgenen Wissens. Uns „Modernen" sind sie längst verloren gegangen. Und doch blicken wir mit einer gewissen Ehrfurcht auf jene stolzen Kulturen zurück, die teilweise noch von wahren „Gottkönigen" regiert wurden.

Der erste Teil handelt von dem Alter der Großen Pyramide von Giseh, den Initiationsriten, die in einigen Pyramiden durchgeführt wurden, dem Kreuz sowie der Kreuzigung, wie sie in keinem herkömmlichen Geschichtsbuch beschrieben sind. Das alte, stets verborgen gebliebene Wissen ging mit der Degeneration Ägyptens fast völlig verloren, doch es ist aufgezeichnet in den Annalen unvergänglicher Weisheit, der „Weisheit der Zeitalter".

Bei dem Studium alter Kulturen und heute noch bestehender Weltreligionen werden Veränderungen in der Auslegung ursprünglicher Lehren deutlich, weder die christliche Religion noch die ägyptische machen hier eine Ausnahme. Teils wurde und wird mehr die wissenschaftliche Seite der Natur gelehrt, teils mehr die intuitive oder kosmische. Hierin liegt die große Schwierigkeit, alte Kulturen und damit Ägypten zu verstehen.

Ägypten, seine Kultur und Symbolik in der ganzen ursprünglichen Tiefe zu erfassen, heißt auch, den Prozess und die Wirkungsweise der Natur zu verstehen. Dieses Wissen hatten die Priester des alten, noch nicht degenerierten Ägypten. So kannten sie die für uns geheimnisvollen Zusammenhänge von Leben und Tod, denn sie waren zu ihrer Zeit tatsächlich noch „Weise", „Philosophen", „Initiierte", das heißt „Eingeweihte" in die Mysterien des Seins.

„Heute schweigen die Lippen Memnons; keine Orakelsprüche tönen mehr an unser Ohr, und der Sphinx selber ist in seiner stummen Sprache zu einem Rätsel geworden."* Und doch können auch wir seine Rätsel lösen, denn wir sind Kinder des Universums! Wir enthalten alles das, was dieses Universum zusammensetzt.

Um hinter den Sinn der ägyptischen Symbolik zu gelangen, sollte sie in ihrer *bildhaften* Darstellung verstanden werden, denn die buchstäbliche Deutung ist ins Wanken geraten. Um wahre geschichtliche Begebenheiten ranken sich die Ereignisse aus den frühen „Mysterienschulen", in denen die verborgenen Ursachen unserer sichtbaren, materiellen Welt studiert wurden. So ist die Symbolik die Mysteriensprache, die in ihrer Ganzheit stets nur den höheren Initiierten, den Eingeweihten, zugänglich war. Auch das Wort „Hieroglyphe" deutet darauf hin, denn die ägyptischen Schriftzeichen waren den „Göttern" geweiht; das Wort kommt von „hieros" = „heilig" und „glypho" = „ich grabe", bedeutet also „heilig eingegraben".

Aus welcher Quelle schöpften die Priester des alten Ägypten ihre wundervollen Kenntnisse? Woher hatten andere untergegangene Kulturen, von denen heute kaum noch etwas bekannt ist, ihr Wissen? Haben sie alle aus ein und derselben unversiegbaren alten Quelle geschöpft? Ja, denn es kann nur eine immerwährende Quelle geben,

* Helena Petrowna Blavatsky: *Isis Entschleiert.* Hannover, 2005, Band I, S. 548.

aus der alles hervorfließt, weil die Natur selbst unveränderbaren Gesetzmäßigkeiten folgt. Mythen und Sagen über den Ursprung des Sonnensystems, der verschiedenen Naturreiche und besonders des Menschen ähneln der Weisheit der Initiierten von Hindustan, Persien, Syrien, Arabien, Chaldäa, Sidon oder Babylonien. Unzweifelhaft waren sie auch den ägyptischen Priestern bekannt. Und je weiter wir in die Vergangenheit *zurückgehen,* desto tiefer wird das Wissen, das sich vor uns auftut: Wahrheit und Weisheit über die Unendlichkeit in Raum und Zeit – Natur im universalen Sinne.

Körper, Seele und Geist – geoffenbart in sieben Prinzipien

So lehrten die Ägypter, dass der Mensch weitaus mehr ist als lediglich der physische Körper. Sie unterteilten ihn in sieben zusammenwirkende Prinzipien, die, vereinfacht dargestellt, mit der Trinität des „Paulus" vergleichbar sind: Körper, Seele und Geist. Den Ägyptern waren die universalen Zusammenhänge längst bekannt, und vor allem wussten sie um die Vernetzungen allen Seins, denen auch wir uns nicht auf Dauer entziehen können. Durch Schulung waren sie in der Lage, zu *beweisen,* dass der Mensch mehr ist als ein vergängliches Wesen aus physisch-körperlicher Substanz. Sie kannten die Verbindungen zu den unsichtbaren Sphären unseres Sonnensystems, mit denen wir aufs Engste verbunden sind.

Die siebenfältige Aufteilung erläuterten sie folgendermaßen:

unsterblich	Geist	1. Das Unaussprechliche	Das Spirituell-Göttliche (Âtman)
		2. Sah wird göttlich (in die Weltseele aufgenommen)	Erkenntnis, Intuition (Buddhi)
	Seele	3. Ba = die höhere Seele	Höher-geistiges Denken (Manas)
sterblich		4. Akh = irdische Intelligenz	Intelligenz, Ichbezogenheit (Kâma)
		5. Ka = tierische Seele	Vitalität (Prâṇa)
	Körper	6. Khaba = Astralform oder Schatten	Feinstofflicher Körper (Astral)
		7. Kha = physischer Körper	(Körper)

Ober- und Unterägypten

Auch Ober- und Unterägypten, selbst von führenden Ägyptologen lediglich in ihrem geografischen Aspekt dargestellt, bergen das Geheimnis wahrer Evolution. Die ursprüngliche Bedeutung liegt in dem Erheben des Materiell-Persönlichen zum Höher-Geistigen, des Sterblichen zum Unsterblichen. Die ägyptischen Priester lehrten, die niederen Leidenschaften zu überwinden, und in den

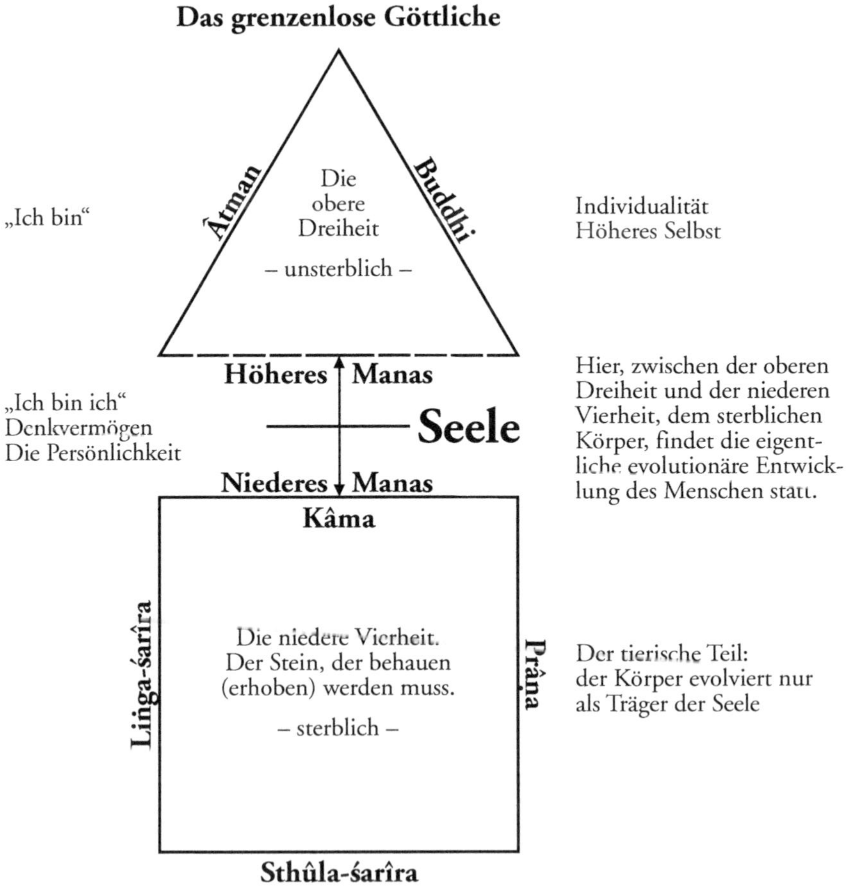

Darstellung der sieben den Menschen aufbauenden Prinzipien:
Vom Grenzenlosen zum Menschen

Einweihungskammern musste der Initiand aus den sterblichen Attributen seiner siebenfältigen Zusammengesetztheit hervorgehen, um in die Unsterblichkeit seiner höheren Seele eingehen zu können (siehe Diagramm).

Die sagenumwobenen Pyramiden

Das Thema Ober- und Unterägypten führt direkt zu den sagenumwobenen Pyramiden, denn Ägypten zu verstehen bedeutet, in die geheiligten Einweihungszeremonien einzudringen. Nun waren die Pyramiden ursprünglich alles andere als Begräbnisstätten. Am Beispiel der bekanntesten Pyramide, der Cheopspyramide, wird deutlich, wie stark die Degeneration Ägyptens zur Zeit Cheops', des ägyptischen Herrschers der 4. Dynastie (etwa 2650–2540 v. Chr.),

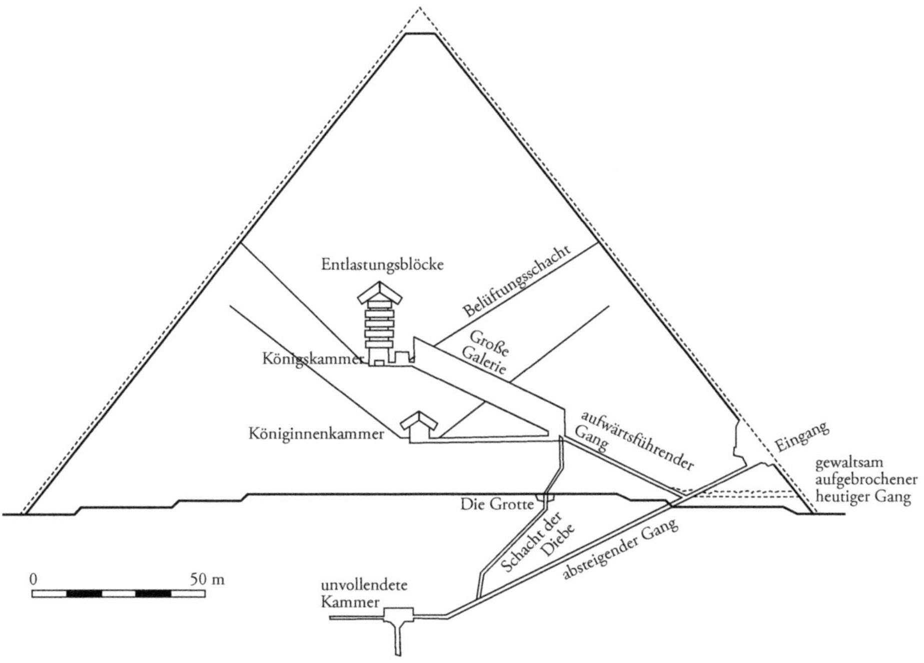

Schnitt durch die Große Pyramide mit ihren Kammern und Schächten

bereits vorangeschritten war, denn Cheops war nicht, wie immer noch irrtümlich angenommen, der Erbauer der nach ihm benannten Pyramide. Den fast lächerlichen rund 4500 Jahren, die als Alter der Cheopspyramide angenommen werden, stehen astronomische Berechnungen für den Zeitpunkt des Erbauens der Pyramide gegenüber, die sich unter Zuhilfenahme eines siderischen Jahres (Zyklus von ca. 25 920 Jahren) exakt untermauern lassen.

„‚Unter der Annahme, dass der lange, enge, abfallende Gang, der vom Eingang ausgeht, gegen den Polarstern der Pyramidenerbauer gerichtet war, haben die Astronomen gezeigt, dass im Jahr 2170 v. Chr. der Gang auf Alpha Draconis, den damaligen Polarstern, zeigte [...] Der Astronom Richard A. Proctor sagt, nachdem er festgestellt hat, dass der Polarstern in der verlangten Lage sich ebensowohl um 3350 v. Chr. befunden hat wie 2170 v. Chr.: ›Jede von diesen beiden würde der Lage des absteigenden Ganges in der Großen Pyramide entsprechen; aber die Ägyptologen sagen uns, dass unbedingt kein Zweifel darüber sein kann, dass die spätere Periode viel zu spät ist.‹‘

Aber es wird uns auch gesagt:

‚Da diese gegenseitige Stellung von Alpha Draconis und Alkyone eine außergewöhnliche ist, [...] konnte sie sich ein ganzes siderisches Jahr lang nicht wieder ereignen.‘

Das beweist, dass, nachdem der Dendera-Tierkreis den Ablauf von drei siderischen Jahren zeigt, die Große Pyramide vor 78 000 Jahren erbaut worden sein muss oder dass doch diese Möglichkeit zumindest ebenso leicht angenommen zu werden verdient wie das spätere Datum von 3350 v. Chr.“*

Da nun, wie festgestellt wurde, Cheops nicht der Erbauer der Großen Pyramide sein kann, liegt nahe, dass ihr ursprünglicher Zweck durch Cheops selbst entweiht wurde.

Was aber war der ursprüngliche, eigentliche Sinn der Großen Pyramide, die hier stellvertretend für viele andere, jedoch nicht für alle, beispielgebend ist?

---

* Helena Petrowna Blavatsky: *Die Geheimlehre*. Hannover, 2012, Band II, S. 451.

Äußerlich stellt sie das schöpferische Prinzip der Natur dar, und in geradezu vollkommener Weise gibt sie die tieferen Aspekte der Mathematik, Geometrie, Astrologie und Astronomie wieder. Keinem Architekten unserer Zeit gelang es bisher, Berechnungen in dieser Vollkommenheit und Präzision zu erstellen. Auch die Idee des Weltenbaumes ist symbolisch in ihr verankert:

„[...] die ägyptische Pyramide gibt diesen Gedanken vom Weltenbaum sinnbildlich wieder. Ihre Spitze ist das mystische Glied zwischen Himmel und Erde und gilt für die Wurzel, während die Grundfläche die sich ausbreitenden Zweige darstellt, die sich nach den vier Hauptpunkten der stofflichen Welt erstrecken."*

Die Königskammer – das Allerheiligste

Im Innern der Pyramide fanden jene heiligen Mysterien statt, aus denen alle großen Weltenlehrer siegreich hervorgegangen waren:

„Die *Königskammer* in der Cheopspyramide ist somit ein ägyptisches *Allerheiligstes*. Zur Zeit der Initiationsmysterien musste der Kandidat, der den Sonnengott darstellte, in den Sarkophag hinabsteigen und den Energie verleihenden Strahl darstellen, der in den fruchtbaren Schoß der Natur eintritt. Am folgenden Morgen versinnbildlichte er, aus ihm wieder hervorgehend, die Auferstehung des Lebens nach der Veränderung, die Tod genannt wird. In den Großen Mysterien dauerte sein sinnbildlicher ‚Tod' zwei Tage, worauf er sich mit der Sonne am dritten Morgen erhob, nach einer letzten

Sarkophag in der Großen (Cheops-) Pyramide

* Helena Petrowna Blavatsky: *Isis Entschleiert*. Hannover, 2005, Bd. I, S. 161.

Nacht der grausamsten Prüfungen. Während der Suchende die Sonne darstellte – das alles belebende Gestirn, das jeden Morgen *wieder aufersteht,* nur um allen Leben zu verleihen –, stand der Sarkophag symbolisch für das weibliche Prinzip. [...] Seine Form und Gestalt änderte sich mit jedem Land, nur dass es ein Gefäß blieb, eine symbolische *navis* oder bootförmiger Träger, und symbolisch ein *Enthalter* der Keime oder des Keimes des Lebens. In Indien ist es die *goldene* Kuh, durch die der Anwärter auf das Brâhmaṇentum hindurchzugehen hat, wenn er ein Brâhmaṇe zu sein und ein *Dvija,* ein *zum zweiten Male Geborener,* zu werden begehrt. Die mondsichelförmige Argha der Griechen war das Sinnbild der Himmelskönigin – der Diana oder des Mondes. Sie war die Große Mutter aller Existenzen, so wie die Sonne der Vater war."*

Die in Symbolen wiedergegebenen Einweihungsmysterien wurden also in jenen Kulturnationen vollzogen, die noch nicht der Degeneration zum Opfer gefallen waren. „Niedergefahren zur Hölle, am dritten Tage auferstanden von den Toten", ist die christliche Auslegung für Initiationen, aus denen der Kandidat geläutert hervorgehen muss. Hat er die schweren Prüfungen erfolgreich bestanden, ist er mit einem Glorienschein umgeben, der auch in der Ikonographie seinen bildhaften Ausdruck findet.

Die tiefgehende Reichweite des nur skizzenhaft Beschriebenen ist unverkennbar. Wie geradezu grauenvoll, aufgrund der Unkenntnis der wahren Begebenheiten, muten da heutige sogenannte „Initiations-" und „Einweihungszeremonien" an, die nichts weiter zum Ziel haben, als den Geldbeutel der Primitivanbieter zu füllen. Doch Vorsicht ist angesagt! Nicht nur der Geldbeutel der Teilnehmer wird erleichtert, auch schwerwiegende psychische Erkrankungen können entgegen allen hochtrabenden Erwartungen die Folge sein!

* Helena Petrowna Blavatsky: *Die Geheimlehre.* Hannover, 2012, Band II, S. 484.

Das Kreuz der Initiation

Da das Kreuz X bei den Initiationen eine zentrale Rolle spielt und sein wahrer Ursprung in Unkenntnis seiner tatsächlichen Abstammung dem Christentum zugeschrieben wird, auch hierzu ein kurzer Abriss:

„Die Wertschätzung des Kreuzes als eines christlichen Symbols datiert *angenommenermaßen* von der Zeit, da Jesus Christus gekreuzigt wurde. Und doch erscheint in der christlichen *Ikonographie der Katakomben keine Gestalt eines Menschen auf dem Kreuz während der ersten sechs oder sieben Jahrhunderte.* [...] Das Kreuz, nicht der Gekreuzigte, ist das anfängliche Symbol der christlichen Kirche. [...] Der Keim des ganzen Wachstums und der ganzen Entwicklung kann auf das Kreuz zurückgeführt werden. Und jenes Kreuz ist vorchristlich, ist heidnisch in einem halben Dutzend verschiedener Gestalten.

Bei den vorchristlichen Symbologen war es das Marterbett oder Marterlager während des Initiationsmysteriums, indem das ‚Kruzifix' horizontal auf den Boden gelegt und nicht aufgestellt wurde, wie zu der Zeit, da es zum römischen Galgen wurde."*

„Fürwahr, das Kreuz kann bis ganz in die Tiefen der unergründlichen Urzeitalter zurückverfolgt werden! Sein Geheimnis vertieft sich viel mehr, als dass es sich aufklärt, da wir es auf den Statuen der Osterinsel finden, im alten Ägypten, in Zentralasien, eingegraben in Felsen als Tau und Svastika, im vorchristlichen Skandinavien, überall! Der Verfasser der *Quelle der Maße*** steht verwundert vor dem endlosen Schatten, den es in das Altertum zurückwirft, und ist nicht imstande, es auf irgendeine besondere Nation oder einen besonderen Menschen zurückzuführen."***

---

* ebenda, S. 620.

** d. Hrsg.: Gemeint ist J. Ralston Skinner: „Key to the Hebrew-Egygtian Mystery and the Source of Measures", Cincinnati, 1875.

*** Helena Petrowna Blavatsky: *Die Geheimlehre.* Hannover, 2012, Band II, S. 588.

Und weiter heißt es: „‚Kreuzigen vor (nicht entgegen) der Sonne' ist eine bei der Initiation angewendete Ausdrucksweise. Sie kommt aus Ägypten und ursprünglich aus Indien. Das Rätsel kann nur dann gelöst werden, wenn man seinen Schlüssel in den Mysterien der Initiation sucht. Der initiierte Adept, der erfolgreich durch alle Prüfungen hindurchgegangen war, wurde *angeheftet* – nicht *genagelt,* sondern einfach gebunden – an ein Lager in der Form eines Tau, T, (+, nicht 卐) in Indien, in einen tiefen Schlaf versenkt – den *Schlaf von Siloah,* wie er bis zum heutigen Tage unter den Initiierten in Kleinasien, in Syrien und selbst im oberen Ägypten genannt wird. [...] In Ägypten wurde er in den Sarkophag in der Königskammer der Pyramide des Cheops gelegt, und während der Nacht des anbrechenden dritten Tages an den Eingang einer Galerie getragen, wo zu einer gewissen Stunde die Strahlen der aufgehenden Sonne voll auf das Gesicht des verzückten Kandidaten fielen, der erwachte, um von Osiris und Thoth, dem Gott der Weisheit, initiiert zu werden.

Der Gott Thot auf einem Relief im Tempel Ramses II. in Abydos, Ägypten.

Der Leser, der die Behauptung bezweifelt, möge die hebräischen Urwerke einsehen, bevor er abspricht. Er möge sich einigen der bedeutendsten ägyptischen Flachreliefe zuwenden. Ein Relief, insbesondere das vom Tempel von Philae, repräsentiert eine *Initiationsszene.* Zwei Gott-Hierophanten, einer mit dem Haupt eines Habichts (die Sonne), der andere ibisköpfig (Merkur, Thoth, der Gott der Weisheit und des geheimen Wissens, der Beisitzer der

Osiris.
Art Insitute Chicago, USA.

Isis mit Horusknabe.
Walters Art Museum, Baltimore, USA.

Osiris-Sonne), stehen über dem Körper eines soeben initiierten Kandidaten. Sie sind damit beschäftigt, auf sein Haupt einen doppelten Strom von *Wasser* (dem Wasser des Lebens und der Neugeburt) zu gießen, und die Ströme sind verschlungen in der Gestalt eines Kreuzes und voll kleiner Henkelkreuze. Das ist allegorisch für das Erwachen des Kandidaten, der jetzt ein Initiierter ist, wenn die Strahlen der Morgensonne, des Osiris, den Scheitel seines Hauptes treffen; indem sein verzückter Körper auf sein hölzernes Tau gelegt war, um so die Strahlen zu empfangen. Dann erschienen die Hierophant-Initiatoren, und die sakramentalen Worte wurden ausgesprochen, scheinbar an den Sonnen-Osiris, in Wirklichkeit an die Geist-Sonne im Innern, die den neugeborenen Menschen erleuchtet."*

* Ebenda, S. 588f.

Zeitalteraltes Wissen offenbart sich ebenfalls in der Dreieinigkeit Osiris, Isis und Horus. Wenig bekannt ist, dass die ägyptische Symbologie zwischen dem älteren Osiris und dem jüngeren Osiris unterscheidet. Ersterer steht als die geistgebende Intelligenz für das Universum, Letzterer für unseren Planeten Erde. Isis ist seine göttliche Gemahlin. Stets wurden die alten Gottheiten als dual, männlich und weiblich, als Sonne und Mond, betrachtet. Aus dieser Dualität ging Horus, der Sohn seiner göttlichen Eltern, hervor. Eine der bekanntesten Darstellungen zeigt Isis mit Horus auf dem Schoß – sie ist das Urbild aller Madonnen. Horus aber ist der in die Manifestation getretene Logos, der Logos des Lebens.

Ägypten und seine tiefgehenden Mysterien zu verstehen, bedeutet, in kosmische Tiefen einzutauchen, zugleich aber auch, das Leben in all seinen wunderbaren Zusammenhängen zu verstehen.

Unser Leben, unser Schicksal ist weder Zufall noch Kismet, vielmehr werden alle unsere Gefühle und Handlungen, besonders aber unsere *Gedanken,* auf der Waage des Schicksals gewogen.

Ägypten – Auf den Spuren des Unbekannten

Teil 2

Dieser zweite Teil führt in die verborgenen Einweihungszentren des alten Ägypten. Er öffnet einen kleinen Spaltbreit die Tür zu jenen einst streng verschlossenen und für den Uneingeweihten nicht zugänglichen Heiligtümern, die sich stets nur dem bewährten Neophyten öffneten, wenn er in der richtigen Weise anklopfte. Die Mysterienlehren der alten Ägypter wurden stets sehr geheim gehalten. Da sie die subtilsten Gesetzmäßigkeiten unseres Daseins beinhalten, bedarf es, um sie annähernd zu verstehen, eines tiefgehenden Studiums, das die Verantwortung und den Schutz vor Missbrauch heute ebenso einschließt wie vor Tausenden von Jahren. Dennoch wird der intuitive Leser durch die gegebenen Hinweise in sich jene verborgenen Tiefen erschließen, die sein Herz wie zum Zeichen alter Erinnerung an längst vergangene Tage schneller schlagen lassen.

Warum mumifizierten die Ägypter ihre Toten?

Wenn wir das Wort „Ägypten" hören, denken wir sofort an Pyramiden, Gräber und nicht zuletzt auch an Mumien. Warum aber mumifizierten die Ägypter ihre Toten?

Der ganze Zweck der Mumifizierung bestand in dem ziemlich ergreifenden Versuch, die niederen Lebensatome des Verstorbenen (die der unteren Vierheit, siehe Diagramm S. 97) sowie bedingt auch die seiner höheren Konstitution (mittlere Duade) an der Transmigration in die niederen Reiche zu hindern. Durch die Mumifizierung sollte der physische Körper so lange wie nur irgend möglich vor dem Verfall bewahrt werden. Die hierzu benötigten Wickelbinden würden uns heute in wahres Erstaunen versetzen. Wir würden nicht nur ihre beträchtliche Länge von zum Teil einigen hundert Metern bewundern, sondern auch die Bilder und Schriftzeichen, mit denen sie vielfach versehen waren.

Zweifellos wussten die damaligen Priester, dass die Mumifizierung nur eine sehr unvollkommene Schutzmaßnahme ist gegenüber der sehr falsch verstandenen Transmigration*. Die menschliche Seele kann ebenso wenig in einen Tierkörper migrieren und in ihm inkarnieren, wie die Seele eines Tieres im menschlichen Fleisch inkarnieren kann. Einmal Mensch, immer Mensch! Doch aus welchen Gründen und Gewohnheiten auch immer, die falsch verstandene Transmigrationslehre wurde im späteren Verlauf des zunehmend degenerierenden Ägypten zu einem der markantesten Merkmale seiner Kultur. Der Verlust an Spiritualität und die schwerwiegende materiell-psychische Atmosphäre, die ihre Wurzeln in der atlantäischen Erblast hatten, waren für den Verfall Ägyptens mitverantwortlich. Ähnlich wie sich in heutiger Zeit einige Wohlhabende nach ihrem Tod aus völliger Unkenntnis der nachtodlichen Zustände einfrieren lassen, bedeutete die Mumifizierung praktisch das Festhalten an dem physischen Erdenleben.

Welch ein Grauen lässt im Vergleich hierzu jeden Bewusstseinsnerv im Gedanken an die heutige Transplantationsmedizin erzittern! Dem Wissen um die nachtodlichen Zustände und dem Richten der abgeschiedenen Seele gemäß ihren Taten im Leben steht heute die

* Die Lehre der Transmigration bezieht sich auf die den Körper zusammensetzenden Lebensatome.

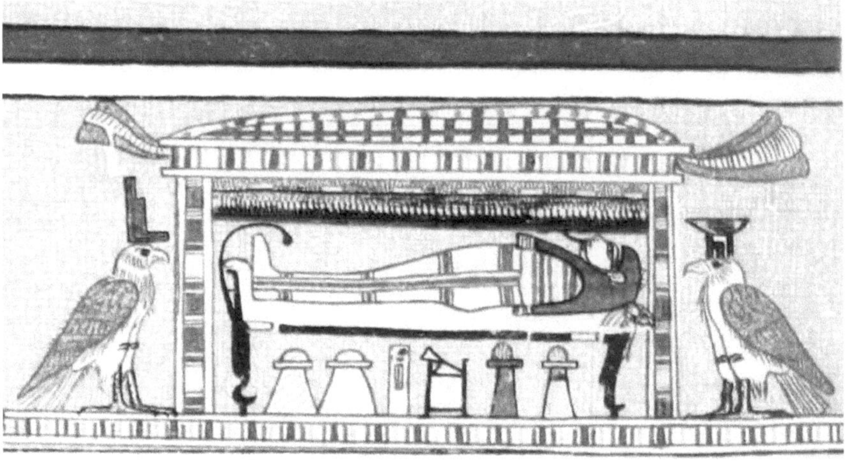

Rechts und links von der Mumie Isis und Nephthys als geistige Kräfte in Vogelgestalt. Sie begleiten die Mumie (der Kâma-rûpa). Diese und die weiteren Abbildungen stammen aus dem Buch Ani.

grauenvolle Organausbeutung eines Verunglückten noch während des Sterbevorganges, des Wechsels von dieser irdischen Sphäre zu neuem Leben, gegenüber!

Das Ägyptische Totenbuch

Das Ägyptische Totenbuch* von Budge**, bestehend aus „Hunefer", „Anhai", „Kerasher" und „Netchemet", spiegelt die ungeheure und zweifache Tragödie jenes rätselhaften Volkes wider. Die Niederlage des kosmischen Osiris, nicht des irdischen***, ist genau genom-

* Das *Ägyptische Totenbuch* darf nicht mit dem *Tibetanischen Totenbuch* verwechselt werden.

** E. A. Wallis Budge: *The Book of the Dead: Facsimiles of the Papyri of Hunefer, Anhai, Kerasher and Netchemet.* London 1899.

*** Die „Niederlage Osiris'" ist der Beginn kosmischer Evolution, der Beginn einer sich manifestierenden Welt.

men eine kosmische Tatsache. Sie betrifft die gesamte Menschheit, wird von den Ägyptern aber als nationale Tragödie empfunden.

Die zweite Tragödie wurde durch den Niedergang des spirituellen Niveaus verursacht, der auf den Mysterienverrat folgte. So ist seit einigen Jahrzehnten bekannt, dass die Mysterien etwa 2000 v. Chr. verraten wurden, das heißt, die stets sehr streng gehüteten Geheimnisse der Mysterienlehren wurden, zumindest teilweise, dem Volk zugänglich gemacht.

Dies ist die Bestätigung für die Aussagen der Theosophie. Sie besagen, dass die Totenbücher und auch zum Teil die gemeißelten Reliefs, eine zweifache Bedeutung beinhalten. Sie sind zu lesen

1. als Totenbuch, das heißt, es wird der Weg der Seele beschrieben, dem sie nach dem physischen Tode folgt, und
2. als die esoterische Beschreibung und Umschreibung der Einweihungen in den unsichtbaren Reichen und Welten, wie sie in den Mysterienschulen gelehrt und von den Chelas erfahren wurden.

Ganz ohne Zweifel gab es Mysterienschulen, in denen das Gelernte auch *erfahren* wurde: es wurde erlebt, wie das Universum aufgebaut ist und was nach dem Tode geschieht. Das Ägyptische Totenbuch legt Zeugnis ab über die großen okkulten Kenntnisse, über die die ursprünglichen Verfasser verfügten, es ist die getreue Widerspiegelung der Geheimlehre aller Zeiten, von der wir uns so weit entfernt haben.

Das Wiegen des Herzens

Das Wiegen des Herzens ist wohl eine der schönsten und ergreifendsten Darstellungen nicht nur des alten Ägyptens, sondern der Menschheit überhaupt. Welch tiefe Wahrheit und Weisheit liegt in diesem Symbol verborgen!

Unser Leben, unser menschliches Schicksal ist weder Zufall noch Kismet, vielmehr werden alle unsere Gefühle und Handlungen, besonders aber unsere Gedanken, auf der Waage des Schicksals gewogen. Diese Waage wiegt das Leben. Auf der einen Waagschale liegt das Lebenszentrum, das menschliche Herz des Initianden oder des Verstorbenen, und auf der anderen Waagschale liegt die Wahrheit, symbolisch als eine Feder dargestellt. Die Wahrheit ist durch nichts zu bestechen, durch nichts zu beeinflussen, außer durch das Herz auf der anderen Seite.

Dies ist eine ganz wunderbare Veranschaulichung des Gesetzes von Karman – der Waagschale des Lebens von Ursache und Wirkung –, das christlich mit den Worten ausgedrückt wird: „Was der Mensch säet, das wird er ernten." Die Waage kann auch als das universale Karman bezeichnet werden, der Waagebalken steht für Aktion und Reaktion. Da gibt es keine Heuchelei in Form von „Vergebung der Sünden", keine Begnadigung, sondern nur unendliche Gerechtigkeit und ehernes Gesetz. Nach seinem Tode wird der Mensch, das heißt seine Seele, auf der Waage der Gerechtigkeit gewogen. Es liegt nur an uns, nach welcher Seite sich die Waage neigt, ob unser Herz so leicht

Mitte: Das Herz von Osiris Ani wird gegen die Feder gewogen.
Rechts: Amemet, die Totenfresserin. Oberer Teil: Die 3 + 7 = 10 bzw. 12 Götter.

ist wie eine Feder oder ob es sich, schwer von groben Leidenschaften und Begierden, unaufhaltsam Amenti, der Hölle, zuwendet.

Neigt sich die Waage zur Seite des Herzens, ist die Belastung noch zu schwer. Es sind weitere Leben, weitere Verkörperungen auf dieser Erde nötig. Der mit seinen früheren Gedanken und Taten belastete Mensch benötigt neue Möglichkeiten zur Vervollkommnung, um nach bestandenen Prüfungen auf der Waage der Gerechtigkeit für würdig befunden zu werden und um aus der niederen Materialität emporsteigen zu können.

Wir können in dem Herzen auch den Tempel des Horus, des Erlösers, erblicken. Würden wir nur mehr auf unser Herz hören als auf die Einflüsterungen des kalten Gehirnintellektes, der für das grenzenlose Elend in der Welt verantwortlich ist – welch ein Segen würde sich über die gesamte Menschheit und über die leidende, missbrauchte Natur ergießen!

Die bekannte symbolische Darstellung zeigt in der Halle der zweifachen Wahrheit, wie das Herz von Osiris Ani gegen die Feder gewogen wird. Das Wesen des Schülers erleidet hier die schwerste Prüfung. Die Feder auf der Waagschale ist das Sinnbild des universalen Gesetzes. Von dem Charakter und damit von dem Karma des

Links: Der Schakal Anubis bewacht den Karma-Rest des Verstorbenen.
Rechts: Der Pilger, Ani selbst, wird weitergeleitet.

Bewerbers wird gefordert, dass es völlig dem Gesetz universaler Harmonie entspricht. Anubis, hier mit Horus identisch, gibt im Namen der 3 + 7 = 10 bzw. 12 Götter auf das Zünglein der Waage acht. Er ist das Selbst, der Erlöser und die Gerechtigkeit. Seine Arbeit geschieht gemäß der Bitte „dessen, der sich im Grabmal aufhält".

Das weibliche Ungetüm Amemet (oder auch Ammit, Am-mit, Amut, Amam), die Verschlingerin oder Totenfresserin, ist bereit, sich auf Anis niedere Duade, seine niedere Seele, zu werfen, wenn das Urteil zu ihrem Nachteil ausfällt, wenn sein Herz schwerer ist als die Feder, wenn sein Bewusstsein nicht ebenso rein ist wie die geistige Natur – wenn sich die niedere Dreiheit ▽ nicht mit der oberen Dreiheit △ verschmelzen lässt. Aus dem Unvollkommenen muss das Vollkommene hervorgehen. Das niedere Selbst muss zum höheren Selbst erhoben werden: ✡. Auch diese Darstellung ist eine der tiefsinnigsten, die menschlicher Geist je zum Ausdruck gebracht hat, sie ist der Schatzkammer unvergänglicher Weisheit entnommen. Vielfach wird sie in Unkenntnis als Judenstern bezeichnet, welch ein Irrtum! Die symbolische Bedeutung dieser Darstellung geht auf archaische Überlieferungen zurück und ist weder Eigentum der Juden noch irgendeines anderen Volkes.

Das Wissen um das nachtodliche Schicksal des Menschen war den eingeweihten Priestern jenes vergessenen atlantäischen Volkes in all seinen Phasen ebenso vertraut wie der früheren und der späteren ägyptischen Priesterschaft. Und so kann gesagt werden, dass dieses Wissen bis auf den heutigen Tag überliefert wurde und niemals verlorenging. Es muss aber auch gesagt werden, dass die tieferen Mysterien des Todes zu keiner Zeit in ihrer Vollständigkeit öffentlich gelehrt wurden.

Der Heilige See

Wenn wir die Tempelanlagen Ägyptens besuchen, finden wir bei verhältnismäßig gut erhaltenen einen sogenannten Heiligen See.

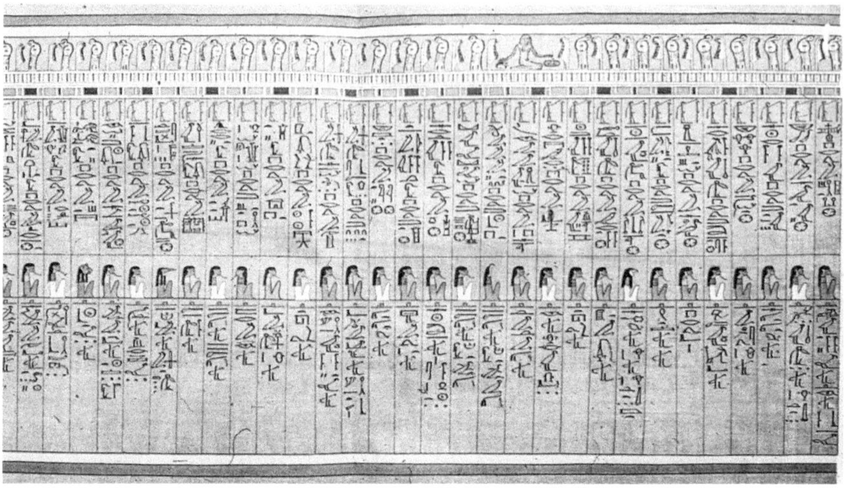

42 Richter oder Beisitzer richten die abgeschiedene Seele gemäß ihren Taten (Ausschnitt).

Eine Erklärung seiner tieferen Bedeutung gibt es in einschlägigen Fachbüchern nicht. War der heilige See ein Badeteich, eventuell ein Feuerlöschteich, oder enthielt er eine Art Weihwasser?

Blavatsky* gibt die fast völlig unbekannte, aber hochinteressante Bedeutung der heiligen Seen wieder und bezeugt das tiefe Wissen der alten Ägypter, das sie so meisterhaft in Symbole und Hieroglyphen zu kleiden wussten:

„In Ägypten wurde jede Stadt von irgendwelcher Bedeutung von ihrem Begräbnisplatz durch einen Heiligen See getrennt. Dieselbe Zeremonie der Aburteilung, die das *Buch der Toten* als in der Welt des Geistes vor sich gehend darstellt, fand auch statt während des Begräbnisses der Mumie. 42 Richter oder Beisitzer versammelten sich am Ufer und richteten die abgeschiedene ‚Seele' gemäß ihren Taten im Körper, und es war nur aufgrund eines einmütigen Gutachtens dieses Totengerichtes, dass der Bootsmann, der den Geist des Todes darstellt, den Leib des gerichteten Verstorbenen an seinen

* Helena Petrowna Blavatsky: *Isis Entschleiert*. Hannover, 2005, Band II, S. 380.

Die beiden Affen auf der rechten Seite des Bootes, der obere mit dem Auge des Horus. Hier als „Schreiber Karmans" symbolisiert.

letzten Ruheplatz bringen durfte. Danach kehrten die Priester in ihren heiligen Bereich zurück und belehrten die Neophyten über das vermutlich feierliche Drama, das alsdann in dem unsichtbaren Bereich stattfand, in den die Seele entrückt wurde."

Affen – die Schreiber Karmans

Eine weitere sehr bedeutsame Darstellung ist die der Affen. Ohne hier auf Einzelheiten eingehen zu können, möchte ich doch zumindest andeuten, dass sie die sogenannten Schreiber Karmans sind. Mit anderen Worten: Sie sind es, die alle Gedanken und Taten von Vergangenheit, Gegenwart und Zukunft sozusagen sinnbildlich aufschreiben und sie unauslöschlich dem Universalgemüt einprägen. Hiermit sind verständlicherweise sehr subtile Lehren verbunden. Und doch zeigen schon diese wenigen Ausführungen, wie untrennbar und tief Leben und Tod als die zwei Seiten des „Lebens" miteinander verbunden sind! Welch ein wundervolles, tiefe Geheimnisse bergendes Mysterium ist doch unser Leben!

Amenti – Sphären der Vergeltung

Im Zusammenhang mit Initiationen ist das Wiegen des Herzens auch eng mit Amenti, der Unterwelt, verbunden. Amenti kommt die gleiche Bedeutung zu wie dem Hades der Griechen und dem Kâmaloka der Hindus, auch schließt es die ursprüngliche Bedeutung des Fegefeuers der Christen ein.

Die niedere Natur des Menschen, seine Persönlichkeit oder die niederen Teile seiner Seele werden in dieser Region geläutert. Sie ist der große Schmelztiegel, in dem das Wahre vom Unwahren, das Echte vom Falschen, das immer Bleibende vom Vergänglichen getrennt wird, um aufgehoben zu werden im Busen des geistig-göttlichen Bewusstseins. Und dies ist für die noch nicht völlig selbst-bewusste menschliche Seele „Devachan“ – der Wohnsitz der Götter (Dhyâni-Chohans) –, für die geistig selbstbewusste Seele aber bedeutet es auf höheren Daseinsebenen „Nirvâṇa“.

Amenti und Initiationen verbindet zudem ein ganz außergewöhnliches Geheimnis. Vollkommenes, universales Mitleid ist es, das den Initianden in jene höllischen Sphären hinabsteigen lässt, um denen die Hand zum Aufstieg zu reichen, die in Nichtsein zu versinken drohen. Wo noch *ein* hoffnungsvolles

Osiris-Isis und die 4 Lipikas, eine weitere Darstellung der Schreiber Karmans.

Fünkchen Spiritualität aufglimmt, die Reue zum Himmel steigt, senkt sich der Initiand erbarmend hernieder, um die Seele vor endgültigem Zerfall zu retten.

Mitleid ist das Grundgesetz im Universum, unpersönliche, uneigennützige Liebe der Zement im Weltall. Eine ewige Verdammnis widerspräche diesen beiden Grundsätzen ebenso wie ewige Freude im Himmel, denn das Rad der Evolution dreht sich im ständigen Wechsel von Freude und Leid, von Leben und Sterben.

Das meiste musste in diesem Rahmen ungesagt bleiben, doch ich würde mich freuen, wenn ich einen kleinen, bescheidenen Einblick geben konnte, wenn ich die granitschweren Kulissen einer großen Kulturepoche ein klein wenig beiseite schieben konnte. Sie lebt auch heute noch, denn ihre Quelle ist unversiegbar.

Abschließend möchte ich an die prophetischen Klagen des dreimal großen Trismegistos*, sein eigenes Land betreffend, erinnern:

> „Ach, ach, mein Sohn, ein Tag wird kommen, wo die geheiligten Hieroglyphen nur Götzen sein werden. Die Welt wird die Embleme der Wissenschaft für Götter hinnehmen und das große Ägypten anklagen, dass es Höllenungetüme verehrt habe. Aber die, die uns so verleumden werden, werden selbst statt des Lebens den Tod verehren, die Torheit anstatt der Weisheit, sie werden Liebe und Fruchtbarkeit auf die Anklagebank bringen, ihre Tempel mit den Gebeinen toter Menschen als Reliquien anfüllen und ihre Jugend in Einseitigkeit und unter Tränen verwüsten.“**

Ja, diese Klagen sind schon teilweise eingetroffen! Und doch, jedem inneren wie äußeren Verfall folgt ein Neubeginn, möge dies unsere Hoffnung sein!

---

* Von Isis und Osiris wird in den ägyptischen Büchern gesagt, dass sie auf Erden später als Thot erschienen sind, der der *erste* Hermes war, genannt Trismegistos. Vgl. Helena Petrowna Blavatsky: *Isis Entschleiert*. Hannover, 2005, Band II, S. 51.

** Helena Petrowna Blavatsky: *Isis Entschleiert*. Hannover, 2005, Band II, S. 375f.

Einzigartige, bisher nicht
veröffentlichte Dokumentation.
Weitgehend unbekannte spirituelle
Hintergründe des bedeutenden
Papyrus Ani.

Das ägyptische Totenbuch – der Papyrus des Ani

Ein Highlight der ägyptischen Überlieferungen ist das ägyptische Totenbuch. Ab etwa 1500 v. Chr., im Neuen Reich, erhielten angesehene Verstorbene als Beigaben besondere Schriftrollen: die sogenannten Totenbücher. Manche Historiker bezeichnen sie als die ältesten Dokumente der westlichen Zivilisation. Aus dem Alten Reich sind die Pyramidentexte bekannt, aus dem Mittleren Reich die Sargtexte. Der folgende Artikel lädt zu einer faszinierenden Reise ein. Er führt durch einige Ausschnitte aus dem Totenbuch des Schreibers Ani aus der 19. Dynastie von etwa 1250 v. Chr.

In einer einzigartigen, bisher nicht veröffentlichten Dokumentation werden hier die weitgehend unbekannten spirituellen Hintergründe dieses bedeutenden Papyrus wiedergegeben.

Die Totenbücher und zum Teil auch die gemeißelten Reliefs beinhalten eine zweifache Bedeutung. Sie sind zu lesen 1. als Totenbuch, das heißt, es wird der Weg der Seele nach dem Tod beschrieben, und

2. als die Beschreibung und Umschreibung der Einweihungen in den unsichtbaren Reichen und Welten.

Im Folgenden werden Auszüge aus dem Totenbuch des Schreibers Ani (19. Dynastie, ca. 1250 v. Chr., also über 3000 Jahre alt) gezeigt. Das Original befindet sich im Britischen Museum in London. Es handelt sich um eine beschriebene Papyrusrolle – einzelne Ausschnitte dieser Rolle werden nachfolgend erläutert.

Welchen Namen der Schüler beziehungsweise der Initiand in den Totenbüchern auch trägt, immer ist es die Darstellung eines Menschen, der bereit ist, um die Probe einer Einweihung zu bestehen.

Entdecken Sie mit der Theosophie die verborgene Gedankenwelt Alt-Ägyptens und damit ein Wissen, das unveränderbar in den Annalen der Geschichte aufgezeichnet bleibt!

Farbige Faksimiledrucke in Originalgröße hat das Britische Museum (London) einst in zwei wertvollen Bänden veröffentlichen lassen:

E. A. Wallis Budge: *The Papyrus of Ani: A Reproduction in Facsimile* in two volumes. London, 1913.

E. A. Wallis Budge: *The Book of the Dead; Facsimiles of the Papyri of Hunefer, Anhai, Kerasher and Netchemet;* with supplementary text from the Papyrus of Nu.; with transcripts, translations, etc. London, 1899.

Ein Exemplar des letzteren wurde im Dezember 2023 von der Vorsitzenden der Theosophischen Gesellschaft Point Loma – Covina e. V. dem Museum August Kestner (Hannover) als Schenkung überlassen.

Die Nummern der Tafeln aus den Papyri beziehen sich nachfolgend auf die Unterteilung von Budge.

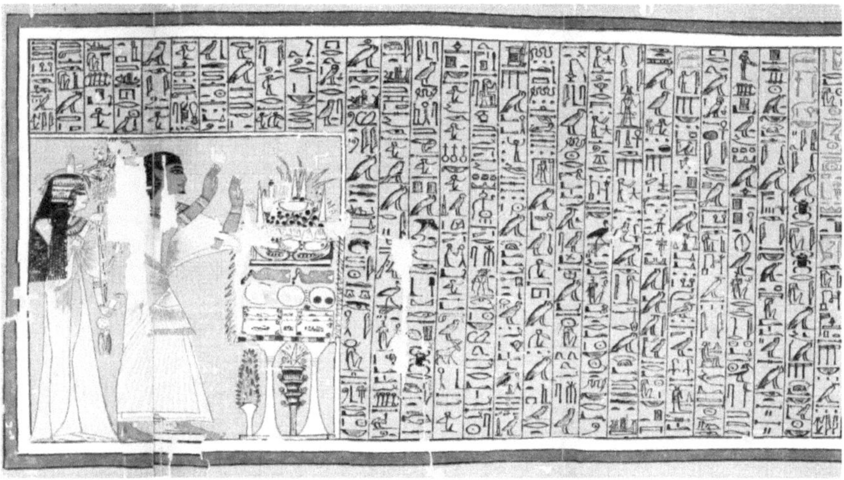

Ani-Papyrus*, Tafel 1: Anis Hymne an Ra

Das Totenbuch des Ani

Tafel** 1: Also steht der Tote oder Initiand Ani – es ist stets diese zweifache Bedeutung zu beachten – mit erhobenen Händen vor dem Tisch mit Opfergaben und ruft in seiner Hymne Ra, die steigende Sonne, an. Seine Frau Thuthu, die seine niedere Dualität oder Duade symbolisiert – das weibliche Prinzip der Natur –, begleitet ihn.

Diese duale Personifikation erscheint im Laufe des Totenbuchs immer wieder.

Tafel 2: Weitergehend passiert der Pilger das Tor, das ihm Zutritt gewährt zur sogenannten Halle des zweifachen Gesetzes oder der

* Der Ani-Papyrus ist etwa 40 cm breit und 24 m (!) lang.

** Wallis Budge hat den Ani-Papyrus unter anderem für die Reproduktion in 37 Abschnitte – sogenannte „plates" oder „Tafeln" – unterteilt. Seine Nummerierung wird zum Zweck der eindeutigen Bezugnahme als Referenz verwendet.

Ani-Papyrus, Tafel 2: Hymne an Osiris

zweifachen Wahrheit. Isis (links) und Nephthys (rechts), die Schwester der dualen Isis, knieen auf beiden Seiten des Emblems Djed des mystischen Orients und des Osiris, das die Crux ansata, das Lebenskreuz, trägt, hervorgehend aus der Sonnenscheibe – Ra –, umgeben von den sechs Göttern der Morgenröte.

Nephthys, die Schwester der Isis, ist die materielle Seite des manifestierten Weltalls. Sie ist die Gattin und auch die Schwester von Set, der Finsternis der Nacht und dem Mörder des Osiris. Set ist das vierte Prinzip des Kosmos. Kama, Begierden – kosmisch.

Tafel 3: In der Halle der zweifachen Wahrheit wird das Herz von Osiris Ani – so wird er im Text immer wieder genannt – gegen die Feder gewogen. Das Wesen des Schülers erleidet hier die schwerste Prüfung. Die Feder, rechts auf der Waage, ist das Sinnbild des universellen Gesetzes (der Maat, der Weltordnung oder immanenten Gesetzmäßigkeit), und von dem Charakter und damit dem Karma des Bewerbers wird gefordert, dass er beziehungsweise es völlig dem Gesetz universaler Harmonie entspricht. Die Waage selbst kann auch als das universelle Karma bezeichnet werden. Der Waagebalken

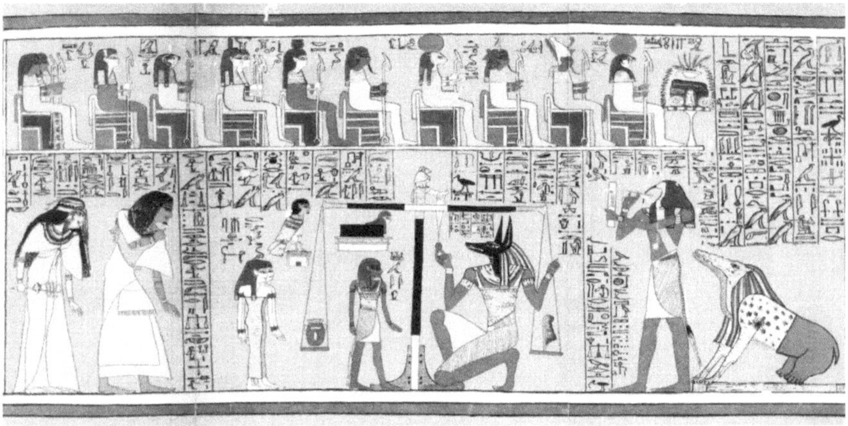

Ani-Papyrus, Tafel 3: das Wiegen des Herzens in der Halle der zweifachen Wahrheit

steht für Aktion und Reaktion. Es gibt weder Zufall noch Vergebung oder Gnade, es gibt nur absolute Gerechtigkeit.

Anubis, der hier identisch ist mit Horus, gibt im Namen der 3 + 7 = 10 beziehungsweise 12 Götter acht auf das Zünglein der Waage. Er ist das Selbst, der Erlöser und die Gerechtigkeit. Seine Arbeit geschieht gemäß der Bitte von „Dem, der sich im Grabmahl aufhält".

Anis Seele – symbolisiert durch den Seelenvogel – schwebt über den beiden Göttinnen, und Thot (als Pavian, Weisheit, sitzt er auf der Waage), der Aufzeichner der Götter (rechts), ist fertig, das Urteil aufzuschreiben. Anis Embryo oder niedere Duade steht zwischen Herz und Feder.

Ganz rechts das weibliche Ungetüm Amam, Am-mit oder Amemet, der Verschlinger, oder Totenfresser, ist fertig, sich auf Anis niedere Duade – den egoistisch-persönlichen Teil seiner Seele – zu werfen, wenn das Urteil zu seinem Nachteil ausfällt, wenn das Herz schwerer ist als die Feder, wenn das Bewusstsein nicht ebenso rein ist wie die geistige Natur. Wenn die niedere Dreiheit sich nicht mit der oberen Dreiheit verschmelzen lässt. Aus dem Unvollkommenen muss das Vollkommene hervorgehen. Das niedere Selbst muss zum höheren Selbst erhoben werden.

Dieses Bild vom Wiegen des Herzens ist eines der tiefsinnigsten und damit schönsten nicht nur des alten Ägypten, sondern der Menschheit überhaupt.

Tafel 4: Nachdem Anis Herz für gerecht befunden worden ist, wird der weiter zu testende Teil des Ani von Horus vor Osiris' Thron geleitet (rechts). Über diesem das 12-fältige Weltall.

Zwischen Horus und Osiris (in der Mitte) hockt die niedere Natur sich selbst, mit den 4 Lebenswinden zum Opfer bereit.

Ganz rechts hinter Osiris' Thron stehen Isis und Nephthys. Vor Osiris, auf dem Lotos, stehen die vier Kinder von Horus, die Wächter des Weltalls.

Tafel 5: Der von diesen aufgeschriebene Karma-Rest wird vom Schakal Anubis (oben links) bewacht. Der Pilger, Ani selbst, wird weitergeführt.

Klageweiber hier und auch im nächsten Bild begleiten die Mumie, das heißt den Kâma-rûpa. Die Klageweiber sind aus anderer Sicht auch als himmlische Heerscharen zu betrachten (um einen allgemeinen Ausdruck zu benutzen).

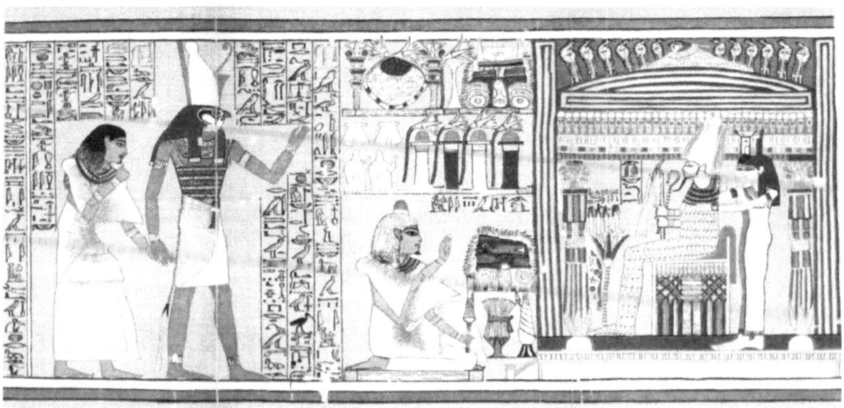

Ani-Papyrus, Tafel 4: vor Osiris' Thron

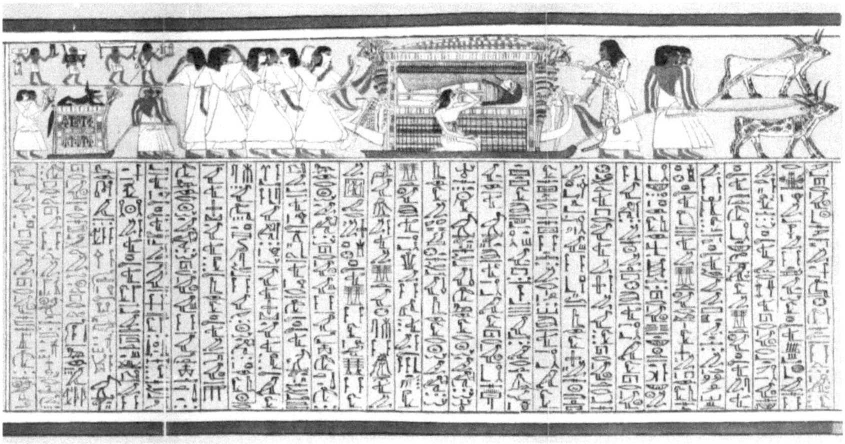

Ani-Papyrus, Tafel 5: Klagende begleiten die Mumie, das heißt den Kâma-rûpa

Ani-Papyrus, Tafel 6: Fortsetzung der Prozession mit Geschenken und Klageweibern; Zeremonie, um Osiris Anis Mund zu öffnen

TAFEL 6: Im Text heißt es hier, dass Blumen und Geschenke (links), Kuh und Kalb (in der Mitte) als Opfer dargebracht werden. Dann erfolgt die Zeremonie, um „Osiris Anis Mund zu öffnen", womit ihm „eine Stimme gegeben wird", die ihn befähigt, vor Osiris Zeugnis abzulegen.

Anubis steht (ganz rechts) hinter der lebenden Mumie (die hier aufgerichtet ist), dem gesamten Karma-Rest, davor kniet das gute Karma ohne Lebenskraft, die nun die Mumie hat.

Karma bedeutet: Was der Mensch säet, das wird er ernten. Die Ernte ist also sein Karma. Der Karma-Rest wird im Sanskṛit als Kâma-rûpa personifiziert.

Tafel 7: Bezeichnend ist das Sinnbild des Himmels (Mitte), getragen von zwei Löwen: „Gestern und Morgen", zwischen den beiden die steigende Sonne.

Ani sagt: „Ich bin [das] Gestern, ich kenne [das] Morgen."

Links die menschliche und die tierische Seele, rechts neben dem Himmel der Vogel Benu, die Weisheit, der Erhalter des Buches, des Karma, das war und sein wird.

Rechts und links von der Mumie (ganz rechts im Bild): Isis und Nephthys, hier als geistige Kräfte (in Vogelgestalt), begleiten die karmische Mumie, den Kâma-rûpa.

Ganz ohne Sanskṛitausdrücke die Bilder ein wenig zu erklären, ist nicht möglich, weil unsere europäischen Sprachen entsprechende Begriffe nicht kennen.

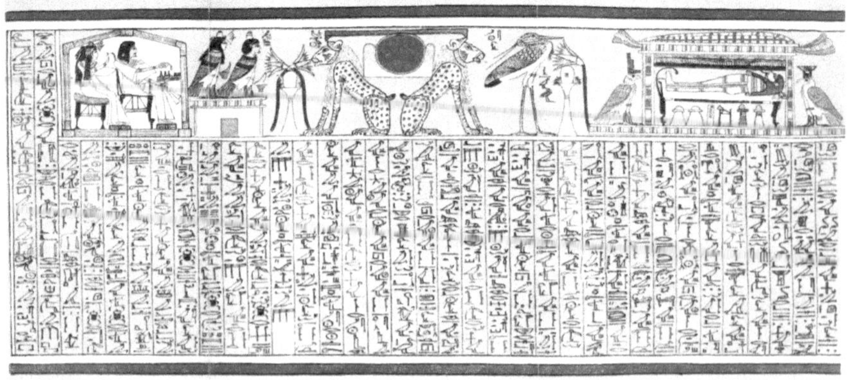

Ani-Papyrus, Tafel 7: Gestern und Morgen

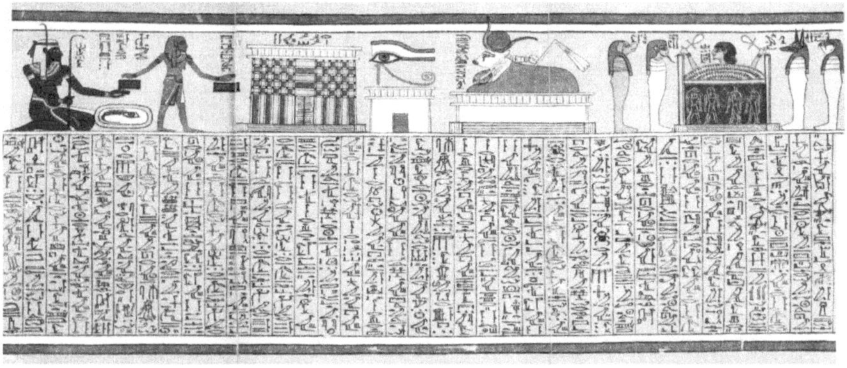

Ani-Papyrus, Tafel 8: die Vergangenheit von Millionen Jahren und der Weg durch Tore zur Himmelskuh „Mehet-weret, das Auge des Ra"

Tafel 8: Weiter geht der Weg durch Tore zu Meh-urt*, die Kuh, mit Sonne und Mond auf dem Kopf und der Geißel auf dem Rücken (Mitte rechts). Die Geißel bedeutet Macht, aber auch Lebensweg.

Es heißt im Text: „Seine [das heißt Ra's] Kraft ist meine Kraft [oder Stärke], und meine Kraft ist seine Kraft."

Die Himmelskuh ist auch Sinnbild von Sonne, Mond, Planeten, Globen, Menschheitszyklen und Runden sowie den verschiedenen Naturreichen.

Ganz rechts Ani als Horus oder Ra in Begleitung von 4 Gottheiten (die 4 Kardinalpunkte oder Himmelsrichtungen oder Kräfte des Universums), ganz links (in blau) die gesamte Vergangenheit von Millionen Jahren, wörtlich im Text.

Tafel 9: Ganz rechts die Seelen von Ra und Osiris als Zwillingsgötter des Sonnensystems. Ani muss die Namen der 10 Götter (Prinzipien) des Sonnensystems kennen. Anubis, als Aufpasser, befindet sich zwischen den 3 höchsten und den 7 manifestierten Göttern oder Prinzipien (Mitte links).

* Die Kuh *Meh-urt* oder *Mehet-weret maat Ra,* das Auge des Ra.

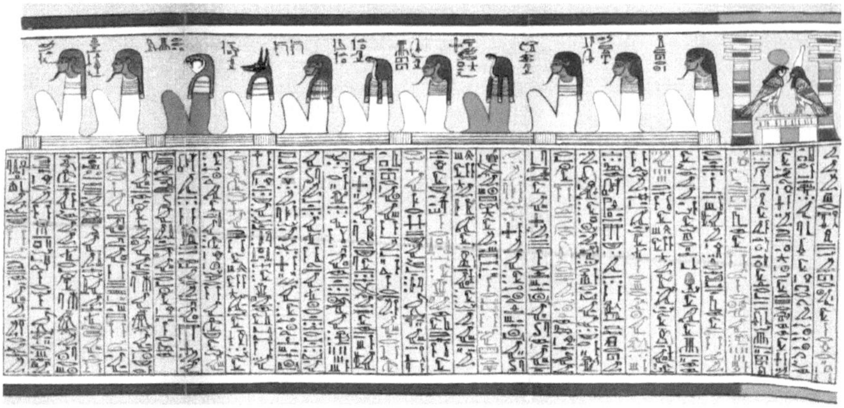

Ani-Papyrus, Tafel 9: Anubis und die 3 + 7 = 10
Götter oder Prinzipien des Sonnensystems

Tafel 10: Die sich sträubende Katze (ganz links), die den Kopf der Schlange abschneidet (als Mondknoten der Astronomie bekannt), deutet die Gefahren der Nacht und der negativen Kräfte zum Beispiel des Mondes oder der Unterwelt an.

Chepre, als Skarabäus (Bildmitte), das Symbol der Weltentstehung, in dem großen Boot, links neben dem Boot Ani mit Frau: obere und untere Dreiheit – Ani muss darüber Bescheid wissen.

Die beiden Affen (Mitte rechts) als Weisheit der Manifestation, der obere mit dem Auge des Horus.

Ani-Papyrus, Tafel 10: Gefahren der Nacht und der Unterwelt und Symbol der Weltentstehung

Ani-Papyrus, Tafeln 11 und 12: die sieben Tore und zehn Pylonen beziehungsweise Ebenen und die Götter als ihre Wächter oder Herrscher

Tafeln 11 und 12: Der Schüler muss die Struktur der verschiedenen Ebenen* durch eigene Anschauung und Erfahrung kennen lernen, und deshalb nennt Ani die Namen der Götter und der Wächter der sieben Tore (oben) sowie der zehn Pylonen (unten). Ebenfalls muss er die Namen der Herrscher der zehn Ebenen (Tierkreiszeichen) kennen, und dann ist er fertig, eine Stimme zu empfangen.

* So wie die menschliche Konstitution siebenfältig ist, sind unser Sonnenuniversum und unser Heimatplanet auf oder in sieben oder zehn Welten oder Ebenen aufgebaut.

Im Text heißt es hierzu:

„Seine Seele werde nicht von ihm weggenommen, sein Herz sei sicher, und er habe Atem in der Totenwelt."

Dann sehen wir wieder Ani mit seiner Frau – immer die gleiche Betonung der Dualität des Verstorbenen beziehungsweise des Initianden. Ganz rechts der Priester im Leopardenfell als Wegweiser. Priester bedeutet Weiser, Philosoph, Initiierter.

Wir überspringen jetzt einige Passagen aus dem Totenbuch. Ani hat inzwischen die Ebene von Amenti durchkreuzt und ist fertig, geboren zu werden in den geistigen Ebenen.

Tafel 22: Das große Boot mit der großen Sonnenscheibe steht für das große Manvantara oder Weltenei, und das kleine Boot mit der kleinen Sonne und dem Henkelkreuz steht für das menschliche Leben.

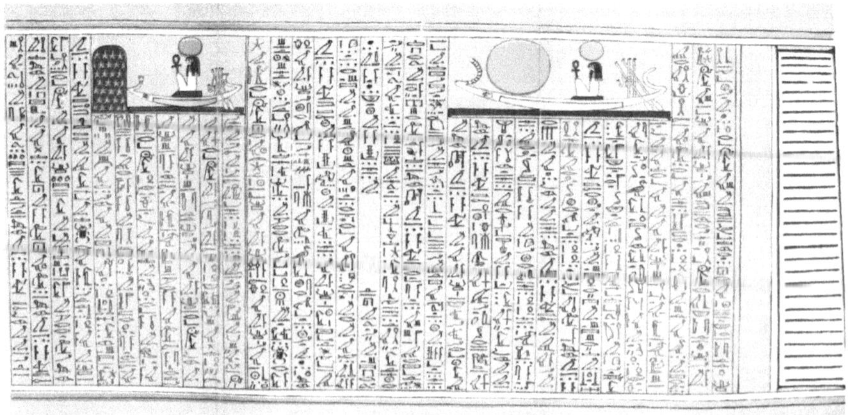

Ani-Papyrus, Tafel 22: Hymnen an Ra, das große Manvantara und das menschliche Leben

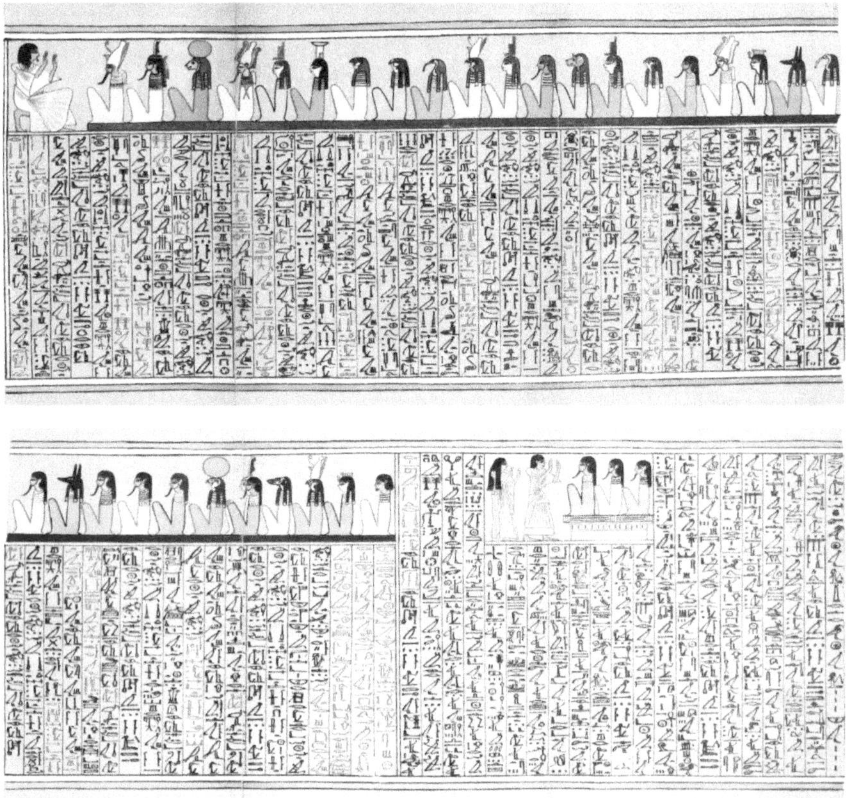

Ani-Papyrus, Tafeln 23 und 24: einunddreißig Naturkräfte;
Ani vor der dreifachen Weisheit

TAFELN 23 und 24: Ani befindet sich vor den 31 Naturkräften, er muss alle Namen kennen. Rechts im Bild Ani mit seiner Frau Thuthu vor der dreifachen Weisheit.

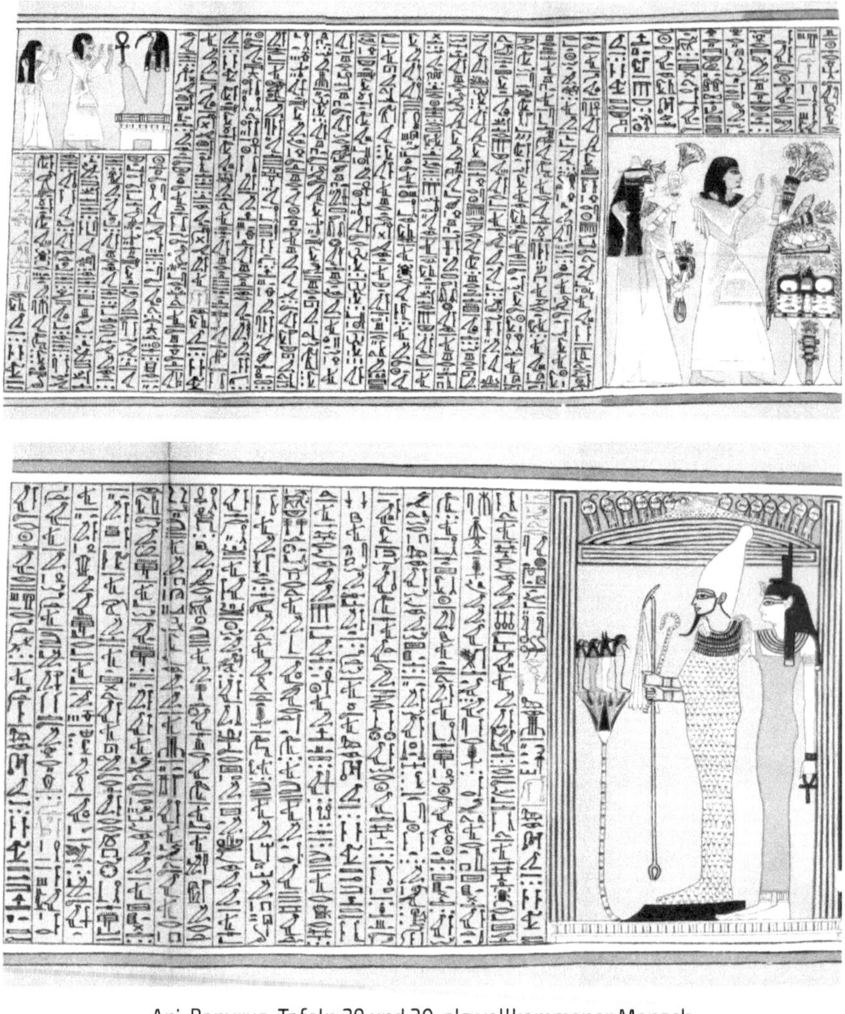

Ani-Papyrus, Tafeln 29 und 30: als vollkommener Mensch vor Osiris-Isis und den vier Kindern des Horus

Tafeln 29 und 30: Ani erhält schließlich (ganz links) von Thot das Lebenskreuz (Manas) als vollkommener Mensch.

Dann tritt er wieder vor Osiris-Isis und die 4 Kinder des Horus.

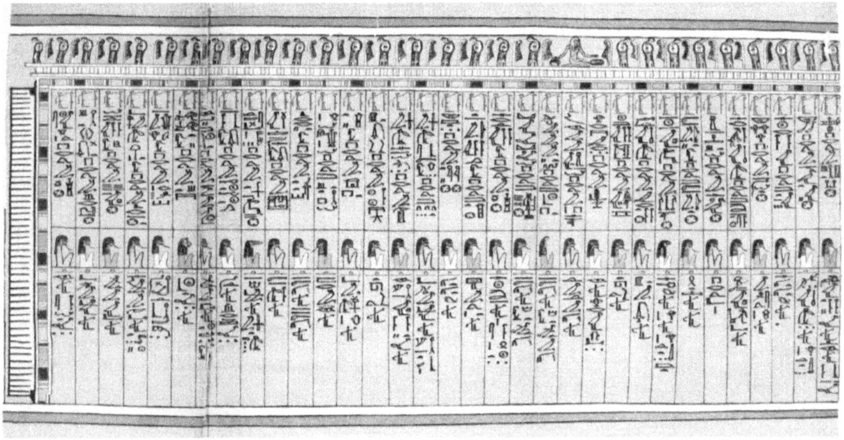

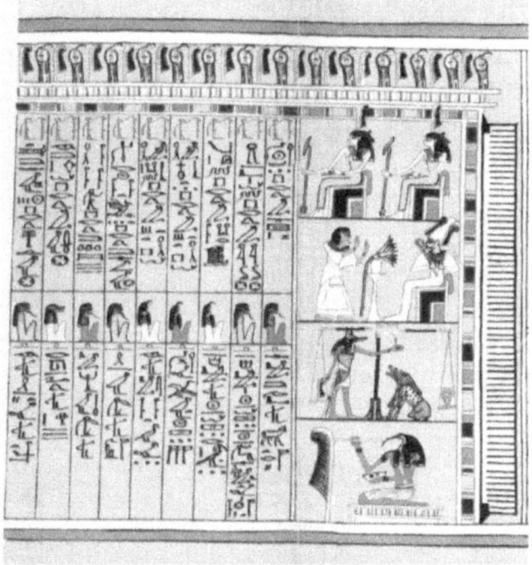

Ani-Papyrus, Tafeln 31 und 32 (linke Hälfte): Rechtfertigung gegenüber den 42 Gesetzen und Göttern und erneutes Wiegen des Herzens

Tafeln 31 und 32: Die obere Reihe zeigt Sinnbilder des Gesetzes, vor ihnen legt der Pilger Zeugnis in negativer Bedeutung seiner Taten ab (seine karmische Rechtfertigung der 42 Gesetze oder Unterebenen). Im Hieroglyphen-Text heißt es:

„Niemals hab ich Leid verursacht, […]
niemals hab ich übel gesprochen, […]
niemals war ich die Ursache für das Vergießen von Tränen, […]
nie hab ich mich taub gestellt für Gerechtigkeit [… usw.]“

Die zwei-und-vierzig Richter, 6 × 7 (mittlere Reihe), hören zu, und dann wird Anis Herz wieder gewogen (rechts). Die Götter urteilen durch die Aussage, dass die niedere Vierheit, die verschiedenen Aspekte des Bewusstseins oder Prinzipien, den Göttern gleich geworden sind. Der Sieg ist Tatsache.

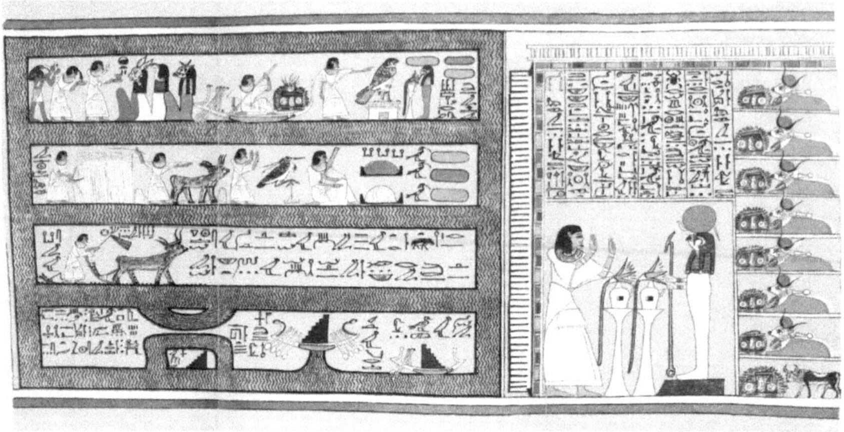

Ani-Papyrus, Tafeln 35 und 36 (linke Hälfte): die vier Sphären des Universums; Triumph, alle sieben Prinzipien evolviert

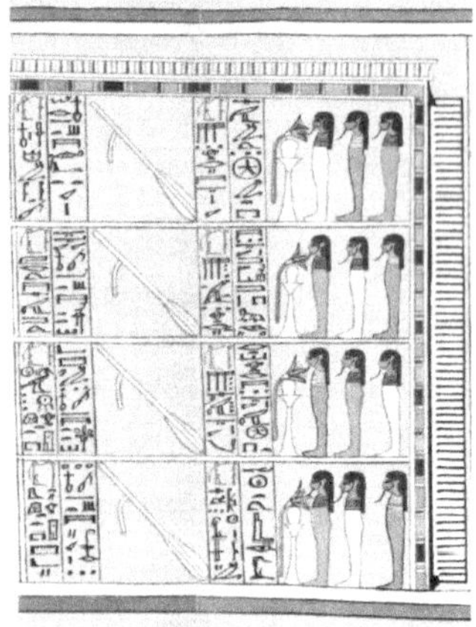

Tafeln 35 + 36li: Thot (links oben) führt Osiris Ani in die 4 Sphären des Universums hinein, die Ebenen, die durchströmt sind von Flüssen des Lebens und der Leben.

Nun steht Ani von Angesicht zu Angesicht Ra gegenüber, indem die sieben Kühe, Prinzipien, Globen oder Planeten, und der Stier als Achter, ihm die Sicherheit der geistigen Nahrung geben.

Alle 7 Prinzipien sind evolviert, der Stier (Makara) ist überwunden (Manas menschlich oder universell), er ist für dieses Manvantara unsterblich geworden.

Rechts: Auf allen 4 Ebenen sind die 3 Grundkräfte (als Farbe angedeutet) erkannt.

Ani-Papyrus, Tafeln 36 (rechte Hälfte) und 37: als vollkommener Mensch, göttergleich vor Osiris

Tafeln 36 und 37: Schließlich – als erhabenes Ergebnis – steht Ani als vollkommener Mensch, göttergleich vor Osiris.

Er ist Beherrscher aller 7 Naturkräfte (über dem Kopf des Osiris angedeutet). Die Gipfel des geistigen Bewusstseins dieses Manvantaras sind erreicht. Doch der große Osiris, kosmisch, und neue Erfahrungen in anderen Welten warten auf ihn. Er hat nun Leben in weiteren Sonnensystemen mit 11 Planeten (die Blumen rechts oben) und weiteren Universen (Lebensblumen von der Weltenkuh überstrahlt), doch zuvor hat er anderen unzähligen Wesenheiten in entsprechenden Verkörperungen zu helfen.

Die Texte des Ägyptischen Totenbuchs nehmen im Licht der Theosophie jeden Zweifel über die Bedeutung dieses Buches.

Das Buch legt Zeugnis ab über die großen verborgenen Kenntnisse, über die die ursprünglichen Verfasser verfügten, es ist eine getreue Widerspiegelung der Geheimlehre aller Zeiten.

Osiris Ani, der Sieger, sagt:

„Gegrüßt seist Du, o mein Herr, Du, der [Du] die Ewigkeit durchkreuzest und immer existierst. Gegrüßt seist Du, Herr der Herren, König der Könige, Du Fürst, Du Gott der Götter, die mit Dir leben, ich bin zu Dir gekommen …“

Die Geheimnisse der Natur und des Weltalls

Die Mysterien über Leben und Tod waren und sind zu allen Zeiten, in den verschiedenen Ländern und Völkern gleich. Die Rituale unterscheiden sich, die Lehren sind dem Evolutionsstand und damit dem Denken der Menschen ihrer Zeit angepasst, aber Zwecke und Ziele waren und sind immer die gleichen: über Belehrung zu *Erfahrung* über die Geheimnisse der uns umgebenden Natur und des Weltalls zu gelangen.

Wahrlich ein hohes, ein sehr hohes, scheinbar kaum zu erreichendes Ziel. Dass dieses Ziel erreichbar ist, davon zeugt auch in gewisser Weise das ägyptische Totenbuch.

Vieles, ja das Meiste, ist ungesagt geblieben. Möge das Gesagte einen kleinen Einblick, auch in Bezug auf die Lehren der uralten Weisheit, vermitteln. Die ägyptischen Totenbücher sind faszinierend, doch ohne das Hintergrundwissen der Theosophie ist der tiefe spirituelle Sinn ihrer Darstellungen nicht oder nur sehr schwer zu erfassen.

Möglich wurde dieser Beitrag letztlich erst dank ihrer erneuten Veröffentlichung durch Helena Petrowna Blavatsky und dank der Weiterführung und vertiefenden Erläuterung durch Prof. Dr. Gottfried von Purucker.

Nachwort

Nachwort

Bärbel Ackermann

Dringender denn je braucht die Welt Pioniere des Geistes, Pioniere für den geistigen Fortschritt, Pioniere der Tat.

Ein solcher Pionier war Hermann Knoblauch (1908–2000). Sein Lebensweg glich dem eines Wanderers zwischen zwei Welten, der trotz zweier Weltkriege von frühester Kindheit an einen besonderen Lebensweg ging. Dieser Weg war von Selbstvergessenheit und nie ermüdender Pflichterfüllung gekennzeichnet. Er lehrte die uralten Wahrheiten, die karmisches Leid mildern und verhindern helfen, und er lehrte universelle Ethik, die unser Dasein durchdringt und zum Verstehen einer alles einschließenden Vernetzung führt. Die Erfüllung von Pflichten und gelebte Ethik waren für ihn Grundvoraussetzung für Harmonie und weltweiten Frieden: „In die Tat umgesetzt, würde *Pflichterfüllung* nicht nur unser eigenes Leben ändern, sie würde darüber hinaus weltweit zu einer Verständigung der Völker untereinander führen.“ Er wurde nicht müde, diese so einfache und doch scheinbar so schwer zu erkennende Wahrheit in die Herzen der Menschen zu pflanzen.

Kaum des Lesens befähigt und in Zeiten allgemeiner Kriegsarmut vertiefte er sich bereits im frühen Kindesalter mangels anderer

Hermann Knoblauch
(1908 – 2000)

Seine lebendige, lebensnahe, inspirierende Vortragsweise, oft mit einer Prise Humor gewürzt, zog seine Zuhörer stets in den Bann.

Literatur in das Alte und Neue Testament. Dies waren die ersten Schritte auf seinem langen, erkenntnisreichen Weg. In späteren Jahren folgte ein intensives Studium der Theosophie, das Wissenschaft, Philosophie und Religion als Synthese einschließt. Es offenbarte ihm essenzielle Wahrheiten, die für seinen späteren Werdegang Verpflichtung sein sollten.

Bis zum siebenten Lebensjahr musste er sich sieben schweren Ohroperationen unterziehen. Weder die Ärzte noch die Eltern hatten Hoffnung, das Kind werde das Erwachsenenalter erreichen. Ich persönlich habe in meinem ganzen Leben keinen Menschen getroffen, der mehr Vertrauen aus dem überlieferten Wissen der Theosophie zog und nie mit seinem Schicksal haderte, sich nie beklagte, wenn die Schmerzen ihn peinigten und er zeitlebens von Ärzten abhängig war. Doch trotz aller Beschwerden in schicksalsschweren Jahren wuchs er allen Befürchtungen zum Trotz zu einem überaus sensiblen und begabten Jugendlichen heran. Einmal Erlerntes vergaß er nie. Auch im hohen Alter konnte er sich noch an Fragen erinnern, die ihm seine Schüler vor Jahren gestellt hatten, und an die Antworten, die er gegeben hatte. Immer auch wollte er einer Sache auf den Grund gehen – mit bloßen Theorien gab er sich nie zufrieden. Zunehmend wuchs sein Verständnis für die inneren Vernetzungen in der Natur und weitete sich zu einem umfassenden und fundierten Wissen aus.

Unter schwierigsten Bedingungen absolvierte er in den Jahren 1926 – 1930 das Studium zum Maschinenbau-Ingenieur. Von seinen

Eltern konnte er auf keine finanzielle Unterstützung hoffen, da aufgrund seiner schweren Ohrerkrankung niemand glaubte, er werde eine lange Lebenserwartung haben. Notgedrungen verdiente er sich tagsüber sein Studium als Schlosser, Dreher oder Büchsenmacher – und das bis zu zehn Stunden am Tag, denn einen Acht- oder Siebenstundentag wie heute gab es damals noch nicht. So blieben ihm nur die Nächte zum Studium, was schließlich zum völligen körperlichen Zusammenbruch führte. Dennoch bestand er 1930 sein Ingenieur-Examen. Von über einhundert Studenten, die das Studium begonnen hatten, blieben nur acht als Absolventen übrig, einer davon war er. Doch das war nur eine Station in seinem abenteuerlichen und wider Erwarten langen Leben.

Im Allgemeinen ist uns gar nicht mehr bewusst, welchen rasanten Fortschritt seine Generation im letzten Jahrhundert erlebt hat. So zählte er zu den wenigen Experten der Informationsverarbeitung mittels des damaligen Lochkartenverfahrens, das auf die Erfindung des deutsch-amerikanischen Ingenieurs Hermann Hollerith zurückgeht. Es sollte Vorreiter für unsere moderne Computertechnik werden (siehe Tabelle auf Seite 349 f.: „Was sich in einem Leben alles getan hat"). So baut eine Generation um die andere auf dem Wissen und den Erfahrungen der vorhergehenden auf. Und genau dieses Prinzip wiederholt sich immer wieder und in allen Bereichen unseres Lebens. Nach diesem Prinzip geben auch die großen Weisen der Geschichte, die geistigen Vorläufer, ihr Wissen an ihre Schüler weiter, Jahrhunderte, Jahrtausende hindurch.

Das Leben von Hermann Knoblauch war für heutige Verhältnisse so abenteuerlich, dass es Stoff für mehrere Bücher hergeben würde. Es schien, als hätte er in dieser Inkarnation viele Inkarnationen auf einmal durchlebt, wodurch seine Evolution erheblich beschleunigt schien. Alle seine Tätigkeiten und Berufe aufzuzählen würde hier den Rahmen sprengen, denn vom Straßenfeger für einen Tag bis zu leitenden Positionen hatte er wohl so ziemlich alles gemacht, was der Arbeitsmarkt in dieser Zeit zum Überleben und zum Aufbau der eigenen Existenz hergab.

Durch die unterschiedlichsten Berufe hatte er sich Fachkenntnisse in vielen Bereichen erworben, was stets unsere Bewunderung hervorrief. Immer wieder konfrontierte er uns mit neuen Überraschungen, teils zu unserem Erstaunen, teils aber auch zu unserer Erheiterung. Denn wer konnte sich schon vorstellen, dass ein Lehrer wie er, zu dem wir alle aufsahen, während der frühen Nachkriegsjahre eine Eisbude hatte, auf dem Jahrmarkt eine Schießbude betrieb und ganz nebenbei auch noch die ersten Ping-Pong-Bälle verkaufte, die für reißenden Absatz sorgten, obwohl während dieser Zeit eigentlich niemand Geld für solche Späße hatte. Und selbst ich, die ich über 30 Jahre lang an seiner Seite sein durfte, war immer wieder verblüfft, wenn er wie beiläufig Dinge aus seinem Leben erzählte, von denen ich noch keine Kenntnis hatte. So war er für uns, die wir ihn näher kannten, ein echtes Phänomen, das wir liebten und verehrten.

Und obwohl der Zweite Weltkrieg sein verheerendes Zerstörungswerk mit all der Not, dem Elend, dem Hunger, der Obdachlosigkeit und der Verzweiflung vollbrachte, ging er unbeeinflusst und allen widrigen Umständen trotzend seinen ihm eigenen, individuellen Weg. Nach vielen Jahren des vorbereitenden Studiums fand er zu der in heutiger Zeit Theosophie genannten Weisheit der Zeitalter zurück. Über Umwege und mit der Hilfe vieler Freunde besorgte er sich aus dem Ausland die kostbare Originalliteratur von Helena P. Blavatsky, William Q. Judge, Katherine Tingley und Gottfried von Purucker. Unter dem Einfluss des Krieges waren ihre Werke in Deutschland zum großen Teil verloren gegangen. Zunächst gründete er eine Studiengruppe und wurde dann, am 17. Oktober 1964, zum Deutschen Leiter der Theosophischen Gesellschaft Point Loma (Covina), USA, ernannt. 1984 gründete er zusätzlich den theosophischen Fachverlag Esoterische Philosophie. In den folgenden Jahren konnte das Sortiment um die wichtigste Fachliteratur der Theosophie erweitert werden, sodass heute jeder deutschsprachige Leser die Möglichkeit hat, sein Leben mit diesen Büchern zu bereichern.

Hermann Knoblauch kam still und von vielen unerkannt, nach außen hin einfach, von innen her jedoch von der nie versiegenden Flamme des spirituellen Feuers erfüllt.

Sein schier unermesslicher Reichtum an Wissen ließ seine Schüler, die wir ihm oft nicht mehr zu folgen vermochten, die grenzenlose Tiefe kosmischer Zusammenhänge nur erst erahnen. Oft sah ich, wie sich das ganze Leid der Welt in seinen Augen widerspiegelte; die Traurigkeit eines Lehrers, wenn wir Schüler nicht verstanden, an welchen Gelegenheiten wir achtlos vorübergingen. Dann wieder erhaschte ich ein Leuchten in seinen Augen, wenn er das Aufblitzen einer intuitiv erkannten Wahrheit in einem Schüler vernommen hatte. Das sind jene stillen Momente im Leben eines Lehrers, die mit einem Schimmer der Hoffnung sein Herz berühren, da er das keimende Licht in seinem Schüler erblickt.

Möge die Hoffnung seines gebenden Herzens weitergetragen werden, mögen seine Appelle allzeit widerhallen und mögen wir uns stets als treue und verlässliche Hüter seines spirituellen Erbes erweisen.

Hannover, Herbst 2024

Anhang

Was sich in einem Leben alles getan hat

Technische Errungenschaften – eine Reise durch das letzte Jahrhundert

Viele technische Errungenschaften sind heute nicht mehr aus unserem Leben wegzudenken. Sie waren im letzten Jahrhundert noch gar nicht erfunden oder kaum verbreitet, denn zwischen einer Erfindung und ihrer praktischen Nutzung im Alltag liegen oft Jahrzehnte. Unsere Eltern, Großeltern und Urgroßeltern können auf ein wahrhaft bewegtes Leben zurückblicken!

1889 Lochkartenmaschine (Hollerith)
1900 Beginn der systematischen Nutzung des Elektromotors
1900 erster Flug im starren Luftschiff (LZ 1, Zeppelin)
1903 erster Motorflug (Gebr. Wright, Karl Jatho)
1906 Erfindung des Reißverschlusses (Sundbäck)
1908 erstes Selbstwählfernsprechamt für Deutschland in Hildesheim
1912 erste Kühlschränke in Deutschland (AEG, 1500 Mark)
1912 Fernschreiber
1919 erste Atlantiküberquerung im Flugzeug (Alcock, Brown)
1920–1930 Elektrisches Licht setzt sich in Deutschland durch
1922 Tonfilm (Vogt, Engl, Massolle in Berlin)
1923 erster öffentlicher Rundfunk in Europa (Berliner Rundfunk)
1924 Beginn der Fließbandproduktion des Automobils in Deutschland (Firma Opel)
1925 Mikrofon (Maxfield)
1926 Erfindung der Elektronenoptik (Busch)
1930 Farbfilm
1930er Jahre Marktreife von Kunststoffen (z. B. Nylon, PVC)
1933 erste Fernsehsendungen (Berliner Funkturm der Reichspost)
1937 automatischer elektromechanischer Ziffernrechner Z1 (Zuse)
1938 Erfindung des Kugelschreibers (Biro)

1938 Patentierung des Fotokopierers (Carlson)
1938 Kernspaltung (Otto Hahn, Fritz Straßmann, Lise Meitner)
1939 Düsenflugzeug (Heinkel), Hubschrauber (Sikorsky)
1942 Rasterelektronenmikroskop (Zworykin, Hillier, Snyder)
1947 erster Flug mit Überschallgeschwindigkeit (Bell X-1)
1950 Elektrobügeleisen mit Temperaturregler in Deutschland
1950er Jahre Die automatische Waschmaschine zieht in die Haushalte
1950er Jahre Erfindung und beginnende Nutzung des Herzschrittmachers
1952 Einführung des Schwarzweißfernsehens in Deutschland
1955 Beginn der Massenmotorisierung in Deutschland (VW)
1955 erster Computer auf Grundlage von Transistoren
1957 erster Satellit in der Umlaufbahn (Sputnik 1)
1962 Betriebsbeginn des ersten Kernkraftwerks in Deutschland (Kahl)
1967 Einführung des Farbfernsehens in Deutschland
1969 Überschall-Verkehrsflugzeug (Concorde)
1969 Der Mensch betritt den Mond (Neil Armstrong)
1970er Jahre Mikroprozessoren ermöglichen den Aufstieg der Computer
1976 Erste Landung einer Sonde auf dem Mars („Viking")
1980 Compact Disc / CD
1980er Jahre Digitaldruck wird massentauglich
1980er Jahre Einfache Systeme der „Künstlichen Intelligenz" werden praxistauglich
1981 Erste Space-Shuttle-Mission
1984 Magnetschwebebahn „Transrapid" im Testbetrieb
1989 Einführung von ISDN in Deutschland
1990er Jahre Sequenzierung des menschlichen Genoms
1990er Jahre Etablierung des World Wide Web

Das elektromagnetische Spektrum

„Die bisher erforschte elektromagnetische Frequenzskala umfasst etwa 26 Zehnerpotenzen beziehungsweise etwa 80 Oktaven. Von dieser Skala nehmen wir Menschen jedoch nur einen ganz kleinen Bereich wahr: Über den Gesichtssinn sehen wir lediglich eine Oktave, und auch über unsere übrigen Sinne können wir unsere Welt nur ähnlich beschränkt wahrnehmen. Wir unterliegen also einem gewaltigen Trugbild, einer Täuschung, wenn wir meinen, aufgrund unserer Wahrnehmungsfähigkeit die uns umgebende Welt ganzheitlich erfassen zu können. Die *ursächlichen* Kräfte, die hinter dem äußeren Schein wirken und somit das Erscheinen von Welten und Wesenheiten erst ermöglichen, erkennen wir nicht."

Hermann Knoblauch: „Schwingungen und Zyklen – Gesetze des Lebens", S. 178.

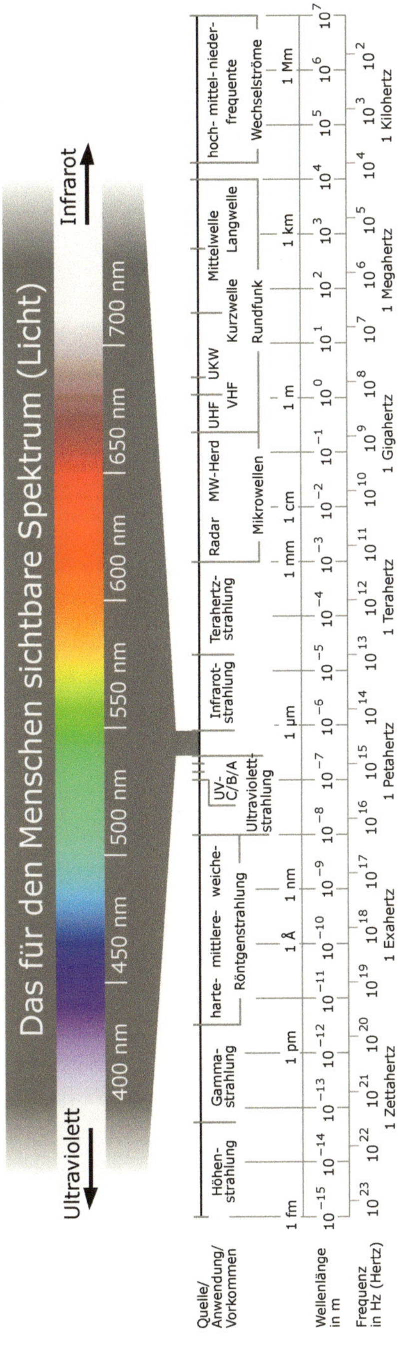

Bildnachweis

S. 23 Louis Bachrach, Bachrach Studios, restored by Michel Vuijlsteke, Wikipedia
S. 26 andrecosso, Pixabay
S. 28 M, Pixabay
S. 32 harisvithoulkas, Adobe Stock
S. 40 G.C., Pixabay
S. 41 Tom, Pixabay
S. 46 Johannes van Loon, ca. 1611–1686, Wikipedia
S. 57 KI Adobe Firefly
S. 61 WikiImages, Pixabay
S. 79 Rene Tittmann, Pixabay
S. 82 claude alleva, Pixabay
S. 88 Wolfgang Reindl, Pixabay
S. 105 Staatsbetrieb Staatliche Kunstsammlungen Dresden
S. 116 FelixMittermeier, Pixabay
S. 122 Pete Linforth, Pixabay
S. 124 kalhh, Pixabay
S. 127 Wikimedia Commons
S. 137 (links) Credit: ESA/Hubble & NASA, V. Antoniou, Acknowledgement: Judy Schmidt
S. 137 (rechts) Pixabay
S. 151 Museum over industrie, arbeid en textiel, Ghent, Niederlande
S. 152 Gerd Altmann, Pixabay
S. 159 Wikipedia
S. 160 Alex, Adobe Stock
S. 168 Gerd Altmann, Pixabay
S. 175 Albrecht Fietz, Pixabay
S. 179 Marisa04, Pixabay
S. 185 Credit: ESA/Webb, NASA & CSA, J. Lee and the PHANGS-JWST Team; ESA/Hubble & NASA, R. Chandar, Acknowledgement: J. Schmidt
S. 192 Credit: NASA, ESA, CSA, M. Matsuura (Cardiff University), R. Arendt (NASA's Goddard Spaceflight Center & University of Maryland, Baltimore County), C. Fransson (Stockholm University), J. Larsson (KTH Royal Institute of Technology), A. Pagan (STScI)
S. 195 Alamy.de
S. 204 Salih Altuntas, Pixabay
S. 212 Wikipedia, Autor: Dbachmann
S. 215 Wikipedia, Credit line: Ludovisi Collection / Public Domain
S. 220 PublicDomainPictures, Pixabay
S. 225 iamtui7, Adobe Stock
S. 228 British Museum, Wikipedia
S. 233 Credit: NASA, ESA/Hubble and the Hubble Heritage Team
S. 246 Sergio Cerrato, Pixabay
S. 252 la pet, Pixabay
S. 256 Kilawyn Punx, Wikipedia; Bearbeitung Matthias Winter
S. 260 Jonobo, Wikipedia
S. 261 Eduard Julius Friedrich Bendemann, Staatsbetrieb Staatliche Kunstsammlungen Dresden
S. 268 Otto Wilhelm Barth Verlag, Berlin
S. 273 Encyclopaedia Britannica (1st Edition, 1771; facsimile reprint 1971), Volume 1, Fig. 2 of Plate XL facing page 449. Author: James Ferguson (1710–1776), based on similar diagrams by Giovanni Cassini (1625–1712) and Dr Roger Long (1680–1770); engraved for the Encyclopaedia by Andrew Bell. Wikipedia.
S. 285, 286 Karl Brandler-Pracht: Astrologische Kollektion. Berlin, 1932
S. 289 Brüder von Limburg, Wikipedia
S. 301 John Bodsworth
S. 304 Olaf Tausch, Wikipedia
S. 305 (links) Art Insitute Chicago, Credit line: Gift of Henry H. Getty, Charles L. Hutchinson, and Norman W. Harris
S. 305 (rechts) The Walters Art Museum, Baltimore
S. 309, 311, 312, 314–316, 312–335 E. A. Wallis Budge, British Museum, London
S. 351 Horst Frank, Jailbird and Phrood, Autor: Horst Frank / Phrood / Anony, Wikipedia